LE MAROC

PARIS, TYPOGRAPHIE DE E. PLON, NOURRIT ET Cie, RUE GARANCIÈRE, 8.

PAYSANNE DES ENVIRONS DE TANGER.

Dr A. MARCET

LE MAROC

VOYAGE D'UNE MISSION FRANÇAISE A LA COUR DU SULTAN

OUVRAGE ORNÉ DE GRAVURES ET D'UNE CARTE SPÉCIALE

PARIS
LIBRAIRIE PLON
E. PLON, NOURRIT ET Cie, IMPRIMEURS-ÉDITEURS
RUE GARANCIÈRE, 10

1885

AVANT-PROPOS

L'ambition de l'Europe s'est tournée tout à coup du côté de l'Afrique. Prises d'une jalouse et subite émulation, les puissances européennes se disputent aujourd'hui la possession de cette partie du monde, jusqu'ici délaissée et abandonnée à son stérile isolement. Le drapeau civilisateur flotte déjà sur presque toute l'étendue de son immense littoral; il n'est pas téméraire de prévoir qu'il sera porté désormais, d'un pas sûr et régulier, jusqu'au cœur même de ce mystérieux continent.

Le Maroc, préservé encore de toute entreprise hostile, grâce à de puissantes et rivales compétitions, n'en est pas moins devenu, dans ces dernières années, l'objet d'une attention sérieuse et redoutable. De courageux explorateurs s'aventurent dans ses parties les plus éloignées pour en pénétrer les secrets; les voyageurs se multiplient sur les points plus accessibles de son territoire; les missions diplomatiques se succèdent auprès de son gouvernement; la presse enregistre avec intérêt ces allées et venues; les Parlements eux-mêmes s'en préoccupent ou s'en inquiètent. Avec l'esprit et les tendances de la politique actuelle, il y a là tous les symptômes d'une *question marocaine,* encore sans doute en voie de paisible et discrète évolution, mais qui un jour, ce n'est pas douteux, s'imposera avec éclat à l'opinion publique.

Au printemps de 1882, l'occasion s'offrit à moi de parcourir le Maroc, et de pousser, à la suite d'une mission française, jusqu'à l'une de ses villes capitales, la moins connue et la plus reculée dans l'intérieur.

Les notes rapportées de ce voyage tirent peut-être quelque valeur de l'intérêt croissant qui s'attache aux destinées futures du vieil empire africain. C'est ma seule raison et ma seule excuse de les publier.

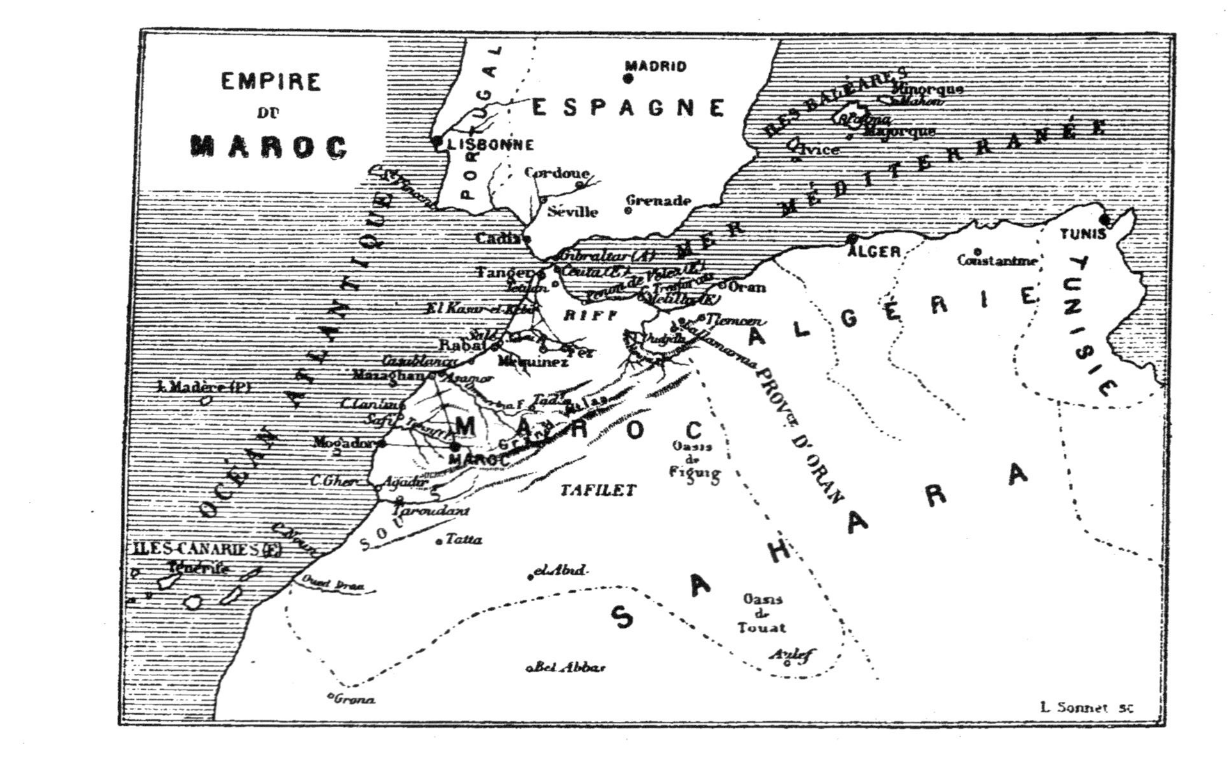
EMPIRE DU MAROC
PORTUGAL
LISBONNE
ESPAGNE
MADRID
Cordoue
Séville
Grenade
Cadix
ILES BALÉARES
Minorque
Mahon
Palma
Majorque
Ivice
MER MÉDITERRANÉE
OCÉAN ATLANTIQUE
Gibraltar (A)
Ceuta (E)
Tanger
Tetuan
El Kasar el Kebir
RIFF
Oran
Melilla (E)
Tlemcen
Oudjda
Rabat
Salé
Fez
Casablanca
Mequinez
Mazaghan
Azamor
I. Madère (P)
Safi
Mogador
MAROC
C. Gher
Agadir
Taroudant
SOU
Tatta
ILES CANARIES (E)
Ténérife
Oued Draa
el Abid
Bel Abbas
Grona
TAFILET
Oasis de Figuig
Oasis de Touat
Aulef
SAHARA
PROVce D'ORAN
ALGÉRIE
ALGER
Constantine
TUNIS
TUNISIE
L. Sonnet sc

LE MAROC

APERÇU GÉNÉRAL

Si la position d'une contrée sur le globe était déterminée par son degré de développement, c'est aux antipodes du monde civilisé qu'il faudrait chercher la place du Maroc. La réalité géographique le fixe, au contraire, tout près de nous, aux portes de l'Europe.

Situé à la pointe nord-ouest de l'Afrique, le Maroc possède des côtes étendues que baignent au nord la Méditerranée, et à l'ouest l'océan Atlantique. Le détroit de Gibraltar, qui règne entre les deux mers, le sépare à peine de l'Espagne. Ses frontières de terre s'étendent à l'est le long de nos possessions algériennes; au sud, leur tracé va se perdre dans les déserts du Sahara.

La grande chaine de l'Atlas, avec d'autres chaines secondaires, marchant parallèlement du nord-est au sud-ouest, divise le Maroc en deux régions très-distinctes. L'une septentrionale, inclinée vers les côtes, arrosée de plusieurs fleuves, comprend les villes principales, une population sédentaire, et fournit, à elle seule, toute l'activité commerciale, industrielle et politique du pays; l'autre, tournée vers le centre de l'Afrique, généralement inculte et aride, ne contient guère que des tribus nomades, batailleuses, à peu près indépendantes du pouvoir central, souvent en révolte ouverte contre son autorité.

L'empereur ou sultan du Maroc jouit d'un pouvoir absolu, discrétionnaire. Il n'y a d'autre loi que son bon plaisir. Il réside tour à tour à Fez, Méquinez ou Maroc, transportant le siége du gouvernement de l'une à l'autre de ces trois capitales, suivant les intérêts de sa politique ou les caprices de sa volonté.

Obligé de subir, sur son territoire, la présence de ministres ou consuls de différents États, il les relègue sur le littoral, à Tanger, dont il est toujours éloigné de plusieurs journées de marche. Hors les cas exceptionnels et au prix d'un déplacement long et difficile, ils ne peuvent communiquer avec lui que par l'entremise d'un agent spécial, délégué auprès d'eux, avec le titre de ministre des affaires étrangères. Celui-ci, par devoir ou par calcul, se disant, d'ordinaire, obligé d'en référer au maître, il en résulte, pour les moindres négociations, des lenteurs et des difficultés à peu près insurmontables. Cette situation, imposée aux représentants des grandes puissances, est, je crois bien, unique dans le monde entier. Rien, d'ailleurs, ne saurait mieux caractériser la terreur qu'inspire, en ce pays, l'approche de la civilisation et la résistance qu'on oppose à sa marche envahissante.

A la toute-puissance exercée par le sultan s'ajoute le prestige qu'il tient de sa qualité de chérif. Ce titre, qui signifie prince ou seigneur, est attribué dans le monde musulman à tous les descendants de Mahomet, venus en ligne directe de sa fille Fatime ou Fathma. Depuis plus de trois siècles, le trône du Maroc est occupé par des chérifs, d'où la qualification de *chérifienne*, attribuée à la personne du souverain, et le nom d'*empire chérifien*, donné aux pays qu'il gouverne.

Tous les descendants du Prophète, il s'en faut, ne sont pas assis sur un trône; mais ils occupent, d'ordinaire, des situations importantes, dans l'ordre politique et surtout religieux. Quelques-uns même seraient en état de lutter d'autorité et d'influence avec le sultan. Tel est le cas du chérif d'Ouazzan, le chef actuel de la secte religieuse la plus répandue dans le Maghreb ou Orient occidental, c'est-à-dire dans toute cette partie du nord de l'Afrique qui s'étend depuis l'Égypte jusqu'à l'Atlantique. Ce chérif, Si-Abd-es-Selam, réside à Tanger. Il y a épousé une Anglaise, et son esprit est, dit-on, largement ouvert aux idées de progrès et de civilisation. C'est plus qu'il n'en faut pour qu'il soit vu d'un œil peu favorable par la cour marocaine et par les ulémas, docteurs de la loi et gardiens scrupuleux de la tradition.

L'islamisme, on le sait, est la religion dominante du pays; mais les Juifs y sont nombreux, quoique traités en parias par leurs compatriotes musulmans.

Au point de vue administratif, le territoire est partagé en provinces ou amalats, dont les gouverneurs (amels) portent généralement le titre de pacha. Les provinces elles-mêmes se subdivisent en tribus, ayant chacune à leur tête un caïd. Tous ces chefs, à quelque rang qu'ils appartiennent, ne sont responsables que vis-à-vis du sultan.

La population du Maroc est de race blanche. Elle se compose de Berbères, aborigènes de l'ancienne Mauritanie, et, en majeure partie, d'Arabes ou Maures venus en conquérants. On y voit encore des nègres, mais en petit nombre, la plupart originaires du Soudan.

Quelques Européens trafiquent sur les côtes. Aucun d'eux ne réside dans les villes de l'intérieur.

Quant au chiffre des habitants, il est impossible d'en donner une évaluation précise; on le fait varier de 3 à 8 millions. Tous les calculs à cet égard sont hypothétiques ou de pure fantaisie.

LIVRE PREMIER

TANGER.

But de la mission. — Le détroit de Gibraltar. — Scènes de débarquement à Tanger. — Types maures. — Aspect de la ville. — Échoppes et marchands. — Quelques croquis notés au passage. — Café chantant et fumeurs de kief. — Attractions de Tanger.

M. Ordega était nommé ministre de France à Tanger. L'occupation de son nouveau poste lui faisait un devoir d'aller remettre au sultan du Maroc les lettres qui l'accréditaient auprès de Sa Majesté Chérifienne, en qualité de ministre plénipotentiaire et envoyé extraordinaire de la République française. Cette démarche exigeait un long voyage dans l'intérieur, le sultan étant alors en résidence à la ville de Maroc, éloignée de vingt à vingt-cinq jours de marche de Tanger.

Des circonstances particulières m'ayant mis en agréables relations avec M. Ordega, je reçus l'offre inappréciable d'être associé, comme médecin, à la mission qui devait accompagner le ministre.

C'est à Gibraltar qu'on quitte la terre d'Europe, pour se rendre à Tanger. Les petits vapeurs affectés au service régulier mettent quatre bonnes heures pour accomplir ce trajet, d'une dizaine de lieues à peine. Pas plus grands qu'une barque de pêche, ils n'offrent qu'une faible résistance aux remous et aux courants qui règnent sans cesse dans le détroit.

Favorisée par un beau temps, la traversée est tout ce qu'on peut imaginer de plus agréable. On navigue entre l'Europe et l'Afrique sans jamais perdre de vue les deux côtes : d'une part, le rocher de Gibraltar, qui domine les eaux de sa masse imposante, et le littoral espagnol, dont la pointe de Tarifa, avec son phare et ses faibles défenses, forme l'extrémité méridionale ; de l'autre, les falaises montagneuses de la côte marocaine, sur lesquelles on distingue les blancs édifices de Ceuta et où l'on devine Tanger, dans une dépression de la rive. Des navires de toute forme et de toute dimension sillonnent le canal et l'emplissent d'une joyeuse animation.

C'est généralement le soir, entre cinq et six heures, qu'on arrive à Tanger. Le soleil est déjà bas sur l'horizon, et comme on marche dans sa direction, l'éblouissement produit par ses rayons lumineux empêche de distinguer de loin les détails de la côte. Il faut être déjà engagé dans la vaste rade, au fond de laquelle s'abrite la ville, pour apercevoir sa masse blanche de maisons carrées qui, de la rive, s'étagent en amphithéâtre sur les flancs d'une double colline, et que dominent les flèches brillantes des minarets et la cime élevée de quelques palmiers. Mais alors le spectacle est saisissant, et l'on reçoit, comme par magie, une impression subite de l'Orient, avec son cachet pittoresque, son caractère étrange et son aspect éblouissant.

Quantité de petites barques montées par des Arabes, au costume bariolé, flottent dans le port, attendant l'arrivée du bateau. Dès que le steamer est prêt à jeter l'ancre, toutes ces embarcations se précipitent sur lui, et courent s'accrocher à ses flancs. L'escalier de débarquement n'est pas encore posé, que les bateliers sont déjà sur le pont, grimpant de tous côtés avec une agilité de singe, pour venir se disputer les passagers et leurs bagages. Au milieu de cris perçants, de mouvements brusques et désordonnés, avec une ardeur de forcenés, c'est alors, entre eux, une lutte dont le malheureux voyageur est le prix et la victime. Ils vous arrachent les valises, s'emparent de vos personnes, et sans qu'on puisse s'en défendre, vous jettent en tas dans les barques, pêle-mêle avec les sacs, les caisses, les barils et les colis de toute sorte. On croirait assister aux scènes de pillage d'un navire pris d'assaut par des pirates barbaresques.

La ville est entourée de remparts. Une des portes donne directement sur la mer, au point même où les barques nous déposent à terre. Auprès d'elle se trouve un petit pavillon affecté au service de la douane. Tandis que des employés procèdent, au dehors, à la visite des bagages, trois fonctionnaires supérieurs, préposés au contrôle et à la recette, se tiennent à l'intérieur, accroupis, dans la posture orientale, sur un large banc de pierre. L'attention est vivement sollicitée à la vue de ces trois personnages, placés là, semble-t-il, pour donner à l'étranger qui débarque un spécimen des plus beaux types qu'il est appelé à rencontrer. Leur air de grandeur et de dignité sous les plis soyeux de leurs vêtements d'une blancheur immaculée, l'ovale allongé de leur visage encadré d'une fine barbe noire, leur teint blanc et délicat, la finesse exquise de leurs mains, toute leur attitude pleine de noblesse et de distinction, donnent bien l'idée de cette fière et élégante race maure, dont les villes du midi de l'Espagne gardent les traces impérissables de la splendeur passée.

La porte franchie, on s'engage dans la rue principale de Tanger, qui s'élève en pente roide, avec sa direction sinueuse, son alignement irrégulier, son pavé inégal et glissant. Cette montée s'opère péniblement à travers une cohue de gens affairés, de mulets, de chameaux et d'ânes bâtés dont il faut inévitablement subir les bousculades, malgré les cris continuels et assourdissants de : Balak! Balak! (Gare! Gare!) Tout le mouvement se porte sur cette voie, qui pourtant n'est pas large. Les autres artères de la ville, qui ne compte pas moins de 20,000 habitants, ne sont que d'étroites, sales et tortueuses ruelles, où la rencontre d'un bourriquet chargé vous oblige à chercher refuge sur le seuil d'une porte.

Si l'on court le risque d'être bousculé par la foule, ou maltraité par les bêtes de somme, il y a du moins cet avantage qu'on n'a pas à craindre d'être écrasé par les voitures. Les véhicules de ce genre sont parfaitement inconnus au Maroc, par l'excellente raison que l'étroitesse et le mauvais entretien des rues s'opposent d'ordinaire à leur circulation, et qu'en dehors des villes il n'existe pas de route carrossable. On peut donc en toute sécurité, à cet égard, s'abandonner aux vives impressions qui saisissent le voyageur brusquement transporté dans un milieu si nouveau et si étrange.

Ce qui, peut-être, contribue le plus à donner à la grande rue de Tanger sa physionomie originale, c'est sa bordure de petites échoppes, dans lesquelles se pratiquent les petites industries, où sont représentés tous les petits commerces. On ne peut tenir debout dans

RUE PRINCIPALE DE TANGER.

ces étroites niches où le marchand accroupi trouve à peine place pour lui-même. Il y reste blotti la journée entière, impassible, immuable, ainsi qu'une momie. C'est à peine s'il prête une attention distraite au client qui s'arrête sous l'auvent de sa boutique. Libre à celui-ci de regarder, toucher, examiner les produits étalés; jamais un mot, jamais un geste qui le provoque ou l'encourage à l'achat d'un objet.

A quelques pas de là, au contraire, on est assailli au passage par une foule d'importuns, toujours postés à l'affût de l'étranger. L'un ou l'autre, par habileté de sa part ou lassitude de la vôtre, arrive à ses fins et vous entraîne alors dans une maison, le plus souvent écartée, où plusieurs chambres regorgent de marchandises, armes, tapis, costumes, ustensiles, délicats et rares produits du pays, assure-t-il. La vue en est d'ordinaire intéressante et vaut bien qu'on se dérange. Mais il faut s'attendre à payer son plaisir du prix de quelque acquisition. Le marchand est ici obséquieux et tenace, il ne lâche guère sa proie sans avoir réussi à lui colloquer quelque article de son assortiment, un bibelot plus ou moins authentique, une chachia rouge, une paire de babouches, un rien neuf ou vieux.

Sur une petite place, des marchands de dattes et de fruits étalent leur denrées, à l'abri de quelques misérables toiles; d'autres y exhibent des sucreries qui n'ont pas à nos yeux tout l'attrait désirable; d'autres, enfin, y tiennent à la disposition du public des aliments tout préparés, dont la friture de poisson fait la base, et dont l'aspect et l'odeur n'ont encore rien de bien ragoûtant.

Des femmes accroupies par terre offrent à la pratique

du lait, du beurre et des œufs. Venues de la campagne, avec leurs provisions, et vieilles pour la plupart, elles ne s'astreignent pas aussi rigoureusement que les femmes de la ville à cacher leur visage, ce qui permet de constater sur leur menton la présence habituelle d'un petit tatouage bleu; s'il en est de jeunes dans le nombre, elles se conforment à l'usage général et dissimulent soigneusement leurs traits sous les plis rapprochés de leur *haïk*. Quelques-unes sont coiffées d'un volumineux chapeau de paille, à bords démesurés; bonne manière de remplacer le parasol, réservé en ce pays à l'usage exclusif du sultan, comme emblème de la souveraineté.

Sans sortir des rues, la distraction est continuelle. Aux abords de la grande mosquée, dont l'intérieur est religieusement caché à l'œil des profanes, des mendiants ou des malades déguenillés sont étendus sur les dalles d'un porche, attendant nuit et jour, dans une impassible résignation, le secours d'Allah ou celui des passants. Un peu plus loin, la porte entre-bâillée d'une école laisse voir un groupe d'enfants, accroupis autour du maître, et chantant en chœur leurs leçons ou leurs prières. Dans une maison voisine, c'est une réunion de vénérables scribes à barbe grise, le nez garni de larges lunettes, occupés à griffonner, de droite à gauche, leurs feuillets tenus sur la main, sans autre appui; cela représente une étude de notaire de l'endroit. Devant les boutiques de barbier, on s'amuse à regarder la tête du patient, flegmatiquement accroupi sur un siége élevé, pendant que le raseur opère sur son crâne. C'est à chaque pas un tableau saisissant, un sujet nouveau de piquante et originale observation.

Il n'est pas rare de rencontrer un groupe d'hommes

et d'enfants parcourant les rues d'un pas rapide, bannières déployées, rouges et vertes, et vociférant des prières. C'est l'iman, avec ses acolytes, implorant la miséricorde du ciel pour les biens de la terre, compromis par une désastreuse sécheresse. Si la pluie arrive après cette manifestation religieuse, rien de mieux; le ciel s'est montré favorable. Si, au contraire, l'ondée bienfaisante tarde à venir, c'est que les Juifs ont eu l'impudence de prier de leur côté, et Allah, on le comprend, ne saurait entendre ni exaucer les prières des mécréants. L'explication est aussi simple que commode.

Le plus souvent, avec un cérémonial analogue, c'est un cortége de parents et d'amis, conduisant un des leurs au cimetière. Le cadavre, porté sur un brancard, est enveloppé d'un simple suaire à travers lequel ses formes se dessinent. L'usage du cercueil est parfaitement inconnu, et le corps est enfoui directement dans la terre. Une bordure de petites pierres entoure l'espace où il a été déposé; l'une d'elles, plus grande, marque la place où repose la tête, qu'on ne s'est nullement inquiété de tourner du côté de l'Orient ou de la Mecque. Pas d'inscription sur la tombe, pas le moindre signe qui rappelle désormais le souvenir de celui qui vient de disparaître. Le champ de repos n'est protégé par aucune clôture; bêtes et gens y accèdent en liberté, séduits d'ailleurs par l'ombrage des figuiers et des oliviers qui y prospèrent merveilleusement.

Une des curiosités qu'on se hâte de signaler aux voyageurs est une espèce de café chantant, petit réduit obscur, au fond d'une ruelle sombre, où des Arabes se réunissent le soir à la clarté de chandelles fumeuses; trois artistes, musiciens et chanteurs à la fois, y produisent tous les jours leur talent. La pièce est dépourvue de siéges et de tables; un modeste banc de bois y figure seul, à l'intention des visiteurs européens.

Les indigènes prennent place sur les nattes qui recouvrent le sol. A leur entrée, un serviteur nègre, vêtu d'une longue tunique blanche, apporte devant eux la tasse de café, seule consommation qui se débite dans l'établissement. Les clients, de leur côté, se mettent en devoir de préparer leur pipe, une toute petite pipe de terre grise, qu'ils bourrent avec une poudre verte, désignée sous le nom de *kief,* et qui n'est autre chose que le haschich avec ses enivrantes propriétés. Une fois établis dans leur posture favorite, les babouches posées à leur côté, et la pipe allumée, les fumeurs se perdent dans leurs vagues rêveries et s'abandonnent sans réserve aux extases d'une douce ivresse. La plupart restent là des heures entières, silencieux et immobiles, engourdis sous l'action continuelle de cette fumée stupéfiante, bercés d'ailleurs dans leur somnolente béatitude par le rhythme monotone d'une interminable mélopée. Le *kief* ravage les malheureux soumis à l'empire de sa funeste passion.

Je ne m'attarderai pas à décrire Tanger et sa population. Ces mêmes mœurs, ces mêmes coutumes, ces mêmes usages, nous les retrouverons, et j'aurai l'occasion de les consigner à leur place dans mon récit.

Je signalerai cependant quelques vieilles maisons mauresques intéressantes à visiter, pour leur disposition et l'élégance de leur ornementation. Mais c'est à la Kasbah, citadelle qui renferme l'habitation du gouverneur, qu'on trouve les plus précieux vestiges de l'ancienne architecture arabe.

Quand on sort de la ville par la porte s'ouvrant à

l'extrémité supérieure de la grande rue, on débouche sur le Zocco, immense place déserte et triste d'habitude, mais où se tient une fois la semaine un grand marché, plein de pittoresque et d'animation. Des hauteurs du Zocco, la vue est splendide, idéale. Elle embrasse la ville entière dominée par la Kasbah; la rade, aux larges contours, où se balance une flottille de bateaux; la nappe bleue du détroit, toujours parsemée de voiles blanches, et où parfois s'étale en longue bande noire la fumée floconneuse d'un steamer; puis au delà, fermant l'horizon, la ligne ondulée et chatoyante des côtes espagnoles dont le proche voisinage était bien fait pour tenter les appétits conquérants de la race maure, tout comme le Maroc excite aujourd'hui les convoitises de l'Espagne.

Les étrangers affluent de plus en plus à Tanger, et dans la rue les costumes européens bigarrent de taches sombres la traînée blanche des accoutrements arabes. La ville n'est plus seulement un but d'excursion, le couronnement obligé d'un voyage en Andalousie, d'une visite à Grenade, elle devient une véritable station d'hiver, dont les Anglais ont su trouver la route, attirés par la douceur du climat et les avantages d'une vie facile.

A ces privilèges elle ajoute encore des attraits particuliers pour les artistes, à qui elle offre d'inépuisables sujets d'étude. C'est à ses types saisissants et originaux, à son atmosphère transparente, chaude et lumineuse, que les Regnault, les Benjamin Constant, et tant d'autres avec eux, doivent leurs plus heureuses inspirations. C'est ici qu'ils sont venus concevoir et reproduire leurs scènes si vibrantes de la vie orientale.

Le séjour à Tanger n'est pas du reste dépourvu de

charmes. A côté de l'étude et de l'observation, la colonie européenne offre déjà des ressources précieuses, pour l'emploi agréable de son temps; et en dehors de la ville on peut encore se procurer de très-réelles satisfactions. Avec la jouissance continuelle d'une vue splendide, on fait d'agréables promenades le long de jardins plantés d'espèces rares et bien entretenus, parmi lesquels on remarque ceux de quelques légations. Si l'on veut se donner le plaisir d'une véritable excursion, on a pour but intéressant le cap Spartel, la pointe extrême de l'Afrique où viennent se confondre les eaux de l'Atlantique et celles du détroit de Gibraltar. Enfin les plus courageux, les plus amoureux d'imprévu et d'originalité, entreprennent le trajet par terre, de Tanger à Tétouan. C'est alors un petit voyage à l'intérieur, une véritable marche en caravane qui procure l'amusant plaisir de camper et de dormir une nuit sous la tente.

LIVRE II

DE TANGER A MAZAGAN.

CHAPITRE PREMIER

Impressions de départ. — État social du Maroc. — L'ancien yacht *Jérôme-Napoléon*. — Armement de l'aviso de guerre *le Desaix* : canons; nouveau modèle de torpilles. — Installation à bord. — En vue de Mazagan. — Difficultés de débarquement. — Entrée au port. — Réception solennelle.

23 mars 1882.

Un aviso de guerre, le *Desaix,* détaché de l'escadre de la Méditerranée, est en rade de Tanger, avec ordre de prendre la mission et de la transporter à Mazagan, sur la côte occidentale d'Afrique. Notre but à atteindre en sera sensiblement rapproché.

A une heure, nous devons être à bord. La mer est forte, poussée par un vent violent du nord-est. Le ciel est gris et brumeux. Tout nous présage un départ assez maussade.

Enfin le moment approche. Des pensées un peu tristes viennent nous envahir. Notre voyage, avec son caractère séduisant, ses perspectives si riantes et si heureuses, n'en offre pas moins un côté hasardeux, une sorte d'inconnu, qui jettent sur les adieux une ombre de mélancolie.

Rien de plus simple, de plus aisé, de plus habituel aujourd'hui, que d'entreprendre un long voyage. On part pour l'Amérique, on s'embarque pour un des ports de la Chine ou de l'Australie avec une indifférence presque parfaite, ou du moins sans une trop vive émotion. Là, en effet, pas de surprise à attendre, pas d'imprévu à redouter. Tout est réglé, escompté, supputé à l'avance; le jour même du départ, on peut annoncer l'heure de son retour.

Ici, rien de semblable. Nous allons parcourir une contrée à peine explorée, vivre au milieu d'une population à demi barbare, fanatique pour sa religion, esclave de ses traditions et de ses préjugés, étrangère à nos mœurs, indifférente, sinon hostile, aux conquêtes les plus précieuses et les mieux justifiées de notre civilisation européenne.

Dans un milieu si étrange, si contraire, serons-nous à l'abri de toute surprise désagréable? N'est-il pas permis d'y penser? N'est-il pas naturel d'en éprouver quelque préoccupation? surtout à l'heure d'une séparation qui doit être longue, quand on va mettre entre soi un espace à peu près infranchissable.

Car, une fois engagés dans l'intérieur, nous ne conserverons avec le dehors que de rares et difficiles communications. Nous n'aurons ni postes, ni télégraphes, ni chemins de fer, ni routes carrossables à notre usage; nous serons réduits à un isolement presque absolu, condamnés à ignorer les événements qui pourront s'accomplir dans le monde, et forcés de subir la pénible incertitude que donne l'absence de nouvelles des êtres qui nous sont chers.

C'est là le côté sombre de notre voyage. Mais en

revanche, que d'attraits il nous offre! que de plaisir, que de charmes il nous promet!

Rendez-vous est donné à la légation, d'où nous devons partir tous ensemble. Dès que le personnel de la mission est réuni au grand complet, nous nous rangeons en cortége à la suite du ministre, et nous nous mettons en marche, précédés des quatre superbes soldats maures, spécialement affectés au service de la légation. Nous suivons la rue principale de Tanger, qui descend vers la mer. La foule se presse sur notre passage et nous accompagne, curieuse d'assister à notre départ.

La porte de la ville franchie, nous défilons devant une haie de soldats, dont la ligne nous trace le parcours, sur la plage, jusqu'à la petite jetée de bois qui s'avance dans la rade. Le pacha ou gouverneur de Tanger, Si-Abd-el-Saddok, est déjà là, venu pour présenter ses compliments et ses hommages au ministre de France; puis arrive, courant et essoufflé, Si-Mohammed-Bargach, le ministre des affaires étrangères de Sa Majesté Chérifienne, qui vient, à son tour, serrer la main de M. Ordega et souhaiter bon voyage à la mission.

Nous prenons place dans les chaloupes qui nous attendent à l'extrémité de la jetée. Dès que les premiers coups d'aviron nous ont détachés du rivage, les remparts nous saluent de dix-sept coups de canon, auxquels répond bientôt le *Desaix* par le même nombre de coups réglementaire.

Nous arrivons à bord, un peu mouillés par la pluie et beaucoup par les vagues. Le commandant Gadault se tient au haut de l'escalier pour nous recevoir. Les officiers sont rangés autour de lui; des matelots présentent les armes. Nous courons déposer notre léger bagage de pardessus et de couvertures, et nous remontons à la hâte sur le pont, pour attendre, les yeux tournés vers la ville, l'heure et le signal du départ.

L'ancre est levée; deux heures sonnent; l'hélice se met en mouvement. Tanger s'efface et disparaît bientôt derrière les collines. Nous sommes dans le détroit de Gibraltar. L'aviso prend sa marche rapide. Nous doublons le cap Spartel. Nous voici dans l'Océan. Adieu et au revoir, chère femme, chers enfants, chers parents, chers amis! Le vent s'est beaucoup apaisé depuis le matin. La pluie fine qui avait contrarié notre embarquement a cessé. Le soleil est radieux; la mer est supportable.

A son origine, l'aviso sur lequel nous sommes embarqués n'était pas destiné à un service de guerre. C'est l'ancien yacht *Jérôme-Napoléon*, sur lequel le prince Napoléon fit autrefois son voyage au pôle nord. Cela explique le luxe de son aménagement et quelques particularités de sa construction. Sa mâture est considérable, prodigieuse de hauteur, ce qui rend l'équilibre du navire fort instable, et, par une mer un peu houleuse comme nous l'avons, l'entraîne à un roulis désordonné.

Le *Desaix* est armé de quatre canons, établis l'un en avant, l'autre en arrière, un à bâbord, l'autre à tribord. De calibre et de dimension modestes, leur aspect n'a rien de farouche; on les prendrait volontiers pour des ornements inoffensifs Mais tout à l'heure, avant le départ, au moment où ils exécutaient leur salve, en réponse au salut de la ville, on pouvait juger, à la rapidité de leur tir, à la netteté et à l'énergie de leur projection, qu'ils étaient capables de porter au loin une grande puissance de destruction.

Ce n'est là, d'ailleurs, qu'une partie de son armement,

et non pas la plus redoutable. Sur le pont et montés sur affût, comme des canons, se trouvent également deux énormes cylindres réguliers de plus de deux mètres de longueur, qu'on prendrait tout d'abord pour deux immenses mitrailleuses, ou mieux encore pour les tubes de deux gigantesques télescopes. Ces instruments, de forme inusitée, sont loin en tout cas d'avoir une destination scientifique. Ils doivent servir à lancer des torpilles, dont le *Desaix* est amplement pourvu, et qu'en raison de ses qualités nautiques de bateau léger et bon marcheur, il a pour mission, en temps de guerre, d'aller projeter contre les navires ennemis.

Les torpilles actuellement en usage n'ont rien de commun avec ce que nous connaissons des torpilles exclusivement employées autrefois dans la marine, qu'on était obligé de transporter sur le point même où l'on voulait les utiliser. Les nouveaux engins, torpilles Whitehead, du nom de leur inventeur, sont autrement redoutables, en raison surtout de la commodité de leur emploi.

Elles sont en acier poli, et présentent exactement la forme d'un poisson de la grosseur et de la longueur du cylindre qui doit les contenir et les lancer. On croirait voir quelque saumon colossal. La tête de l'animal est sa partie active; c'est elle qui reçoit la matière explosible, fulmicoton ou dynamite. Le corps est disposé de façon à faire flotter la torpille à un niveau déterminé. Il renferme dans son intérieur un mécanisme terminé en arrière par une hélice, et destiné à imprimer à l'engin destructeur un mouvement propre de propulsion, indépendant de celui qui lui a été communiqué au départ. La queue, comme celle des poissons, fait l'office de gouvernail.

C'est au moyen de l'air comprimé, et non d'une substance explosible, que le canon-cylindre lance la torpille. Celle-ci plonge d'abord à une plus ou moins grande profondeur dans la mer, où elle ne tarde pas à se placer à un niveau réglé d'avance. Elle chemine alors entre deux eaux, suivant l'impulsion donnée; mais en même temps son mécanisme est entré en jeu, et son mouvement propre vient s'ajouter au mouvement communiqué. Sa marche représente alors une vitesse de trente-cinq à quarante kilomètres à l'heure. Elle peut ainsi fournir une course de quatre à cinq cents mètres, et atteindre, avec une très-grande précision, un but placé à cette distance. Mais aussitôt que sa tête a rencontré un obstacle, l'explosion a lieu, et ses effets destructifs se manifestent. Malheur au navire dont les flancs ont arrêté sa course!

Sur un navire de guerre, où l'espace est soigneusement mesuré, où le plus petit recoin est précieusement utilisé, où nulle place n'est réservée pour des passagers de circonstance, l'installation d'un personnel aussi considérable que le nôtre se présentait comme une question assez grave. MM. les officiers du bord s'en sont tirés à leur honneur, mais il n'a fallu rien moins que leur aptitude reconnue à résoudre les problèmes les plus difficiles, pour caser honnêtement une douzaine de nouveaux venus et donner abri à leur suite nombreuse.

Le grand salon du commandant a été mis à la disposition du ministre. Un rideau posé transversalement sépare la pièce en deux parties. Dans l'une d'elles est suspendu, aux crochets de deux potences fixées dans le parquet, un *cadre* ou hamac fait de pièces de toile disposées en façon de baignoire rectangulaire.

Quatre d'entre nous trouveront place, cette nuit, dans

des *cadres* analogues, accrochés au plafond du corridor qui sépare les chambres des premiers officiers. D'autres iront se balancer, *horresco referens,* au-dessus des torpilles, dans la pièce réservée à ces engins. Chacun aura donc, et son lieu, et son gîte, où il pourra goûter les douceurs du sommeil, si le ciel et la mer n'y mettent pas obstacle.

Pendant le jour, c'est à chacun de se tirer d'affaire, de se caser, de s'organiser suivant ses goûts ou ses fantaisies. La promenade sur le pont, l'examen de l'armement de guerre, le spectacle des manœuvres, l'organisation du service, tous les détails auxquels nous sommes initiés avec la plus extrême obligeance sont pour nous du plus vif intérêt et constituent un agréable passetemps. Mon confrère du bord s'est d'ailleurs empressé de mettre à ma disposition sa chambrette et toutes les petites commodités qu'elle renferme. Mes camarades sont assurés, en cas de besoin, de trouver auprès des officiers, leurs voisins, la même hospitalité que j'ai reçue du Dr Eyssautier.

Le matin, à sept heures, nous apercevons la côte et nous piquons sur Mazagan. Les cartes marines de la région sont fort incomplètes. La marche du navire est ralentie. Nous voyageons avec la sonde pour reconnaître les fonds, et à dix heures et demie nous sommes forcés de jeter l'ancre, à une grande lieue de la ville.

La côte est basse, plate et nue. Des murailles, formant une masse encore confuse, d'où émerge la pointe d'un minaret, nous donnent la première impression de Mazagan. Quelques rares maisons blanches sont disséminées dans la campagne.

Le soleil brille de tout son éclat, tandis que la mer, qui ne nous a pourtant pas ménagés cette nuit, a redoublé de violence. Des embarcations parties de la ville se dirigent vers nous. La force du vent et des vagues les obligent bientôt à regagner le port.

Nous commençons à être pris de quelque inquiétude au sujet de notre débarquement. MM. les officiers nous assurent que ce n'est que de la houle, et s'ingénient à nous faire comprendre la différence qui existe entre une mer houleuse et une grosse mer. L'explication est charmante, mais les secousses et notre malaise n'en persistent pas moins, les difficultés de la situation n'en sont pas moins réelles. Un vapeur de commerce tente vainement, sous nos yeux, d'approcher de la rade. L'état de la mer l'en détourne. Il vire de bord et poursuit sa route dans une autre direction.

Deux heures se passent dans une incertitude assez pénible, tandis que le roulis nous accable de ses mouvements incessants. Le commandant se décide enfin à faire hisser le drapeau pour demander des embarcations à terre. Il a reconnu qu'il pouvait mouiller plus avant, près de la ville. Il fait lever l'ancre, et nous approchons à une distance de moins d'un mille. Le canot de la côte parvient ainsi à nous atteindre.

Cette barque grossière, absolument inondée par les lames, n'est pas utilisable pour nous transporter. La mise à l'eau d'un canot du bord serait, d'autre part, très-périlleuse. Nous avons à lutter contre de nouvelles hésitations de la part du commandant. Toutefois, si l'on a pu venir jusqu'à nous, malgré le vent contraire, il est à présumer que, poussés par un vent favorable, il nous sera possible d'arriver à terre. Nous finissons, non sans peine, par triompher des dernières résistances, et l'ordre est donné d'armer le « canot du commandant ».

En un instant, le canot avec son équipage flotte le long du *Desaix*. Les matelots, armés de leurs gaffes et de leurs avirons, s'évertuent à le maintenir éloigné du navire, pour l'empêcher de venir se briser contre ses flancs. L'embarquement présente des difficultés sérieuses et n'est pas sans danger. Les vagues sont énormes. Le canot est soulevé, avec une force à briser tous les obstacles, jusqu'au niveau des bastingages, pour ensuite, par un brusque retrait de la mer, s'affaisser et disparaître, en quelque sorte, dans la profondeur des eaux. L'escalier craque sous un choc violent qui n'a pu être évité. Il faut se tenir prêt sur les premières marches, suivre de l'œil le mouvement de la mer et saisir le moment favorable, entre deux oscillations, pour sauter dans l'embarcation. Le ministre et six d'entre nous, désignés d'avance, parviennent à s'y établir tant bien que mal, grâce à des prodiges d'agilité et non sans force éclaboussures et pas mal de bains de pied.

Le canot est aussitôt repoussé du bord. Les avirons sont mis à l'eau, et nous voilà en route pour Mazagan. Tout péril est conjuré; la vague nous berce doucement et nous pousse vers le rivage. Nous entrevoyons avec plaisir la fin de nos angoisses.

A peine sommes-nous éloignés de quelques mètres que le *Desaix* salue le départ du ministre par une salve de quinze coups de canon. Bientôt après, les batteries de la ville commencent en notre honneur un branle-bas étourdissant.

A mesure que nous approchons, les murailles se dessinent nettement et nous montrent d'assez imposantes fortifications, édifiées jadis par les Portugais. Les pavillons de toutes les nations flottent sur les habitations de leurs représentants respectifs. Nous distinguons la manœuvre des artilleurs sur les remparts. Ceux-ci sont couverts d'une population compacte, avide du spectacle de notre arrivée. Hommes et femmes, confondus dans une même masse blanche, couvrent le faîte des murs ou se pressent à l'embrasure des créneaux. Pas une place ne reste inoccupée.

Le canot s'engage enfin dans la passe étroite d'une jetée, et nous faisons notre entrée dans le port, petit bassin bien abrité, mais accessible seulement aux barques de faible dimension. Sur le môle où nous accostons, sont réunis le pacha ou gouverneur, avec son khalifat ou vice-gouverneur, l'administrateur et le personnel de la douane, d'autres fonctionnaires indigènes, le capitaine du port; et avec eux, notre agent consulaire, M. Brudo, commerçant de la ville. Une escorte de moghazni, soldats d'élite, chargés de la police et de la garde d'honneur des grands dignitaires, les accompagne.

Quelques paroles courtoises sont échangées, par voie d'interprète, entre le ministre et le pacha. Et aussitôt, réception faite et présentations terminées, le cortége se met en marche.

Nous franchissons une des portes de la ville, qui nous conduit dans une grande cour appartenant aux bâtiments de la douane. Toute la garnison de Mazagan y est réunie, prête à nous rendre les honneurs. Rien n'y manque, pas même la musique militaire, représentée tout entière par deux tambours et deux clairons. Nous passons devant les rangs des soldats. Les uns sont armés d'un fusil et présentent les armes; les autres tiennent un sabre à la main dans l'attitude du salut; le plus grand nombre est simplement aligné, sans sabres ni fusils, ne portant rien, tout comme le fameux chevalier de Marlborough. Il y a là, paraît-il, des fusiliers, des artilleurs, des marins; mais rien ne révèle à l'œil la spécialité à laquelle ils appartiennent.

Les costumes sont aussi variés que misérables. Ce qui domine cependant, c'est la veste rouge, avec pantalon de cotonnade bleue, descendant à peine jusqu'aux genoux. Tous ont les jambes nues, les pieds passés dans des babouches, et quand ils le peuvent, une chachia rouge sur la tête. Quelques-uns n'ont que des lambeaux de vêtements. Certes, non, « le militaire n'est pas riche », dans ce beau pays de Maroc! Le malheureux est obligé de travailler pour vivre et se vêtir. Pas de solde, pas d'entretien. Tout ce qu'il rèçoit est un petit tribut en nature, qui représente quelque chose comme 6 ou 7 centimes par jour.

De la douane nous passons sur une vaste place publique tout encombrée et toute blanche de curieux, que les soldats ont de la peine à refouler. Nous cheminons à travers les flots pressés de cette population étrange, si pleine pour nous de pittoresque et d'originalité. Puis, franchissant l'enceinte de la ville, nous atteignons bientôt la maison de notre agent consulaire, mise gracieusement par lui à la disposition du ministre.

Le pacha, avec sa suite de fonctionnaires, accompagne M. Ordega jusqu'à l'appartement qui lui est destiné. Là, nouvel échange de paroles flatteuses et de poignées de main; après quoi, nous sommes libres de nous abandonner à la suprême jouissance de sentir la terre sous nos pieds, après vingt-quatre heures d'une horrible navigation.

CHAPITRE II

Une première visite au camp. — Le caïd, chef d'escorte. — La mouna ou tribut en nature. — La mission au complet. — Aspect de Mazagan. — La police dans les rues. — Visite officielle au gouverneur. — Un ultimatum posé.

Quelques instants donnés à un repos bien mérité, nous allons visiter le camp, établi hors de la ville, et où sont réunis, depuis quelques jours déjà, par ordre du sultan, et aux frais du gouvernement marocain, l'escorte et tout le matériel de notre caravane. La violence du vent a été telle que toutes les tentes, dressées la veille, ont été renversées. Nous sommes reçus par le chef de l'escorte, entouré de ses officiers, qui nous promènent à travers les chevaux, les mulets, les chameaux, et nous expliquent tous les détails du campement.

Ce chef d'escorte, Allah-ben-Kassem, est un homme jeune encore, à l'extérieur séduisant, à la physionomie intelligente et fine, quoique de race nègre. Ses yeux brillent avec une douce expression, au milieu de la teinte fortement accusée de son visage; ses dents éclatent de blancheur à travers sa barbe d'ébène. Il a le titre de *caïd-el-agha*, ou colonel. Il semble très-flatté de la poignée de main que lui offre le ministre.

En revenant du camp, nous rencontrons dans les rues une quinzaine d'hommes qui plient sous le poids de leur fardeau, consistant en provisions de bouche. Ils se dirigent vers la résidence du ministre, où ils pénètrent après nous. Le chef de la troupe fait déposer et ranger tous les objets dans la cour de la maison; après quoi, s'adressant au ministre : « C'est au nom du pacha, dit-il, et « par ordre du sultan, que je vous apporte ces provi- « sions. Si elles vous paraissent insuffisantes ou si vous « éprouviez quelque désir particulier, le pacha s'empres- « sera de vous satisfaire. » Dieu merci ! les provisions étaient suffisantes, et nous aurions eu mauvaise grâce à en demander davantage. Il y avait deux énormes moutons, une centaine de poulets, un millier d'œufs, d'immenses bourriches remplies de légumes, salades et fruits; des épices pour assaisonner le tout; plusieurs boites de thé avec de nombreux pains de sucre.

Cette offrande est la *mouna,* contribution imposée, en des cas déterminés, afin de pourvoir à la subsistance des hommes et des animaux en voyage. La mouna est d'autant plus importante qu'on veut faire plus d'honneur aux personnes à qui elle est destinée. En somme, c'est le pauvre peuple qui en fait les frais, et il en résulte, à son détriment, de grands abus de prodigalité.

D'après ce que l'on sait des ambassades qui ont antérieurement parcouru le Maroc, les offrandes dépassent toujours de beaucoup les besoins réels. Nous venons d'en avoir la preuve manifeste. Ce qui n'est pas utilisé est, suivant l'usage, partagé entre les gens de service ou de l'escorte, qui le trafiquent et le vendent à leur profit. M. Ordega, par un juste sentiment d'équité, aurait voulu réagir contre ces abus et n'admettre de ces offrandes obligées que ce qu'il en était absolument nécessaire pour les besoins de la caravane. Mais on lui fait observer que ce serait diminuer son prestige et par suite celui de la

France, que de ne pas montrer, tout au moins, les exigences des pachas du pays. Considération implique toujours, ici, vexation. Les malheureux contribuables ne profiteraient guère de la générosité du ministre français.

Le gouverneur de la ville ou de la tribu, chargé de fournir la mouna, en fixe d'abord l'importance. Chacun de ses administrés est ensuite imposé en raison de sa fortune, calculée sur le nombre de chevaux qu'il possède. Naturellement et par suite d'une pratique qui fait partie des mœurs du pays, le total des apports exigés dépasse considérablement la quantité nécessaire. D'où la conséquence qu'une part, la plus grosse, reste entre les mains du gouverneur. Refuser la mouna ou la réduire à des proportions raisonnables ne serait donc qu'un acte de générosité envers les caïds. Est-il bon, pour cela, de risquer son prestige?

Cependant nous attendons avec impatience le retour des barques envoyées au *Desaix,* et qui doivent mettre à terre le reste de la mission. L'embarquement parait offrir des difficultés au moins égales à celles que nous avons éprouvées. Nous sommes en observation sur les terrasses des maisons; la nuit approche, et, avec elle, toute opération deviendra impossible. Enfin les barques se détachent du bord, et le *Desaix,* déroulant son panache de fumée, se hâte de quitter son mouillage, probablement en route pour Cadix.

Nous courons au port. Les barques arrivent, mais, hélas! à notre grand désespoir, sans nous ramener un seul de nos compagnons. Elles n'apportent qu'une partie de nos caisses; c'est tout ce qu'on a réussi à embarquer. Le départ du *Desaix* nous est expliqué : le commandant, n'ayant pas jugé la rade assez sûre, a gagné la haute mer, pour y passer la nuit. Prudence bien justifiée : deux navires échoués près de là, et montrant leur mâture, à marée basse, témoignent assez de l'insécurité du mouillage.

Le lendemain, à notre réveil, notre première pensée est encore pour les absents restés à bord. Le *Desaix* apparaît au loin, mais il semble éviter Mazagan et prendre la direction du sud, vers Mogador. La mer cependant est plus calme dans la rade ; le débarquement serait plus facile aujourd'hui. Les mouvements du navire sont suivis et signalés avec intérêt. On le voit enfin changer sa direction ; il revient en effet ; il s'avance, il approche, et vers dix heures il est à l'ancre, à une faible distance de la ville. Les barques du port se dirigent vers lui en toute hâte, et moins d'une heure après, nous avons le plaisir de revoir nos compagnons, qui nous sont rendus sains et saufs, avec tout le personnel et le reste de nos bagages. La nuit avait été horrible et ne leur avait pas épargné les plus rudes épreuves.

Mazagan, en arabe Djedida (la neuve), est une ville de six à sept mille habitants. Elle n'a pas l'aspect pittoresque de Tanger, ni son cachet si complétement oriental. Les rues sont suffisamment larges, relativement propres et pas trop mal pavées. A côté des échoppes habituelles des marchands arabes, on y voit des boutiques assez convenables, tenues en majeure partie par des Israélites, indigènes ou étrangers. L'une des faces de la grande place que nous avons traversée en arrivant est occupée par une série de petits établissements, où l'on boit le thé et le café, au bruit continuel et monotone du chant et de la musique maures. Quatre ou cinq réverbères servent à l'éclairage de la ville ; c'est un luxe à signaler.

Mazagan est entouré de remparts, héritage des Portugais, ainsi que je l'ai déjà rappelé. Ils sont en bon état de conservation et aussi élevés que les maisons qu'ils enserrent; aussi, du large ne voit-on que des murailles jaunâtres, dominées par un minaret blanc. De l'intérieur, ils ne laissent échapper aucune vue ni sur la mer ni sur la campagne, et contribuent ainsi à rendre l'aspect de la ville assez triste et son séjour fort peu agréable.

Les maisons ont, pour la plupart, un étage, jamais plus. Suivant les pratiques du midi de l'Espagne et de tous les pays chauds, les toits sont transformés en terrasses qui offrent ici cette particularité de communiquer librement les unes avec les autres. Les habitants d'un même quartier peuvent ainsi se rendre visite, sans avoir l'obligation de sortir dans la rue. C'est un moyen commode, et dont on use volontiers, d'entretenir des relations de bon voisinage.

Notre séjour à Mazagan devait être utilisé par M. Ordega au mieux des intérêts de sa mission. Une réclamation d'indemnité, formulée depuis longtemps par notre agent consulaire, restait toujours en suspens. Une visite de notre ministre au gouverneur semblait une occasion naturelle et facile de résoudre la question. Toutefois, afin de donner le plus de relief possible à la démarche, nous fûmes tous invités à nous y associer.

A l'heure fixée d'avance, nous nous mettons en mouvement. Cinq moghazni et cinq soldats ordinaires, qui constituent la garde d'honneur du ministre, nous précèdent, comme dans toutes nos sorties officielles. Ils portent tous un long et solide bâton qui, par le large et généreux usage qu'ils en font, devient, dans leurs mains, une arme plus redoutée que le sabre inoffensif passé à la ceinture des moghazni.

Notre sortie avait naturellement amené une affluence de curieux sur notre passage. Ceux qui avaient la témérité de trop s'approcher étaient impitoyablement repoussés et poursuivis à grands coups de bâton, qui s'abattaient sur eux et autour d'eux, un peu au hasard, dans le tas, ni plus ni moins que s'il se fût agi de presser la nonchalance d'un vil troupeau. C'est la manière usitée de faire la police dans les rues. Un malheureux chien qui s'était follement aventuré a dû payer son imprudence de la perte d'une jambe : c'est du moins ce qu'il est permis de déduire des cris déchirants que poussait le pauvre animal.

La maison du pacha est située dans une ruelle étroite et ne présente rien moins qu'un aspect monumental. La garnison est en armes au devant de la porte ; les tambours, accompagnés des clairons, battent aux champs à notre approche. Le ministre et sa suite montent un perron de quelques marches, de forme et de construction des plus primitives, en haut duquel se tient le gouverneur, seul cette fois, pour nous recevoir. Une toute petite pièce carrée, blanchie à la chaux comme tout le reste de la maison, aux murs nus, sans la moindre décoration, donne directement sur le perron. C'est là que nous sommes introduits.

Un vieux fauteuil, cinq ou six chaises de canne, apportés pour la circonstance et recrutés on ne sait où, composent l'ameublement de la pièce. M. Ordega prend place dans le fauteuil ; ceux d'entre nous qui n'occupent pas les chaises se tiennent debout. Le pacha s'accroupit sur une natte à la gauche du ministre, et à côté de lui, dans la même posture, notre interprète, M. Benchimol. Le ministre commence par témoigner toute sa satisfaction de l'accueil qu'il a reçu à Mazagan. Il fait ensuite compliment de la tenue de la ville et de l'aspect de propreté qu'elle présente. Puis, passant à un autre ordre d'idées, qui paraît moins du goût de son interlocuteur, il l'entretient de la réclamation présentée par notre agent français.

Des marchandises lui ont été volées dans un magasin; le voleur est un moghazni, soldat préposé à la garde de ce magasin. M. Brudo réclame en vain la restitution de la valeur de ces marchandises, estimée à 750 francs. Cependant le fait est bien établi; le voleur est connu et emprisonné par ordre du pacha lui-même. Le ministre exige la restitution immédiate de la somme réclamée.

Le pacha répond par des protestations d'amitié et de dévouement. Il s'incline, porte la main sur son cœur et promet de faire son possible, d'arranger l'affaire pour le mieux. On devine aisément qu'il n'a aucune intention de faire droit à la demande, qu'il veut simplement gagner du temps et éluder ainsi toute espèce de remboursement.

Le ministre feint cependant de croire à sa sincérité, tout en insistant avec force pour que l'affaire soit réglée, non pas plus ou moins tôt, non pas plus ou moins tard, mais immédiatement, avant notre départ. Il n'a qu'une seule réclamation à présenter, il désire qu'elle soit entendue. A ce prix, il promet au pacha de faire au sultan son maître des éloges de sa personne et de son administration.

La-dessus nous prenons congé du gouverneur que nous abandonnons à ses pensées, peut-être amères, et nous regagnons notre demeure, au bruit des fanfares guerrières et avec le cérémonial qui avait présidé à notre venue.

Successivement les agents de toutes les puissances, quelques-uns en tenue officielle, viennent se présenter et faire acte de déférence envers notre ministre. Arrive ensuite une députation de la communauté israélite, sans distinction de nationalité. Ses principaux membres ont sollicité la faveur d'être admis à offrir leurs hommages au représentant de la France, comme témoignage de leur reconnaissance pour la nation généreuse qui, assurent-ils, se montre si bien disposée à leur égard, et sait, en toute occasion, proclamer et défendre la liberté de conscience.

LIVRE III

DE MAZAGAN A MAROC.

CHAPITRE PREMIER

Suite de l'ultimatum, le pacha s'exécute. — Levée du camp. — Ordre de marche. — Tribu d'El-Fhas. — Goum de la tribu. — Fantasia arabe. — Le caïd sous la tente. — La koubba de Sidi-Brahim.

Le moment est venu d'entreprendre notre véritable voyage à travers le Maroc.

Dès six heures du matin, nous nous dirigeons vers le camp, précédés comme toujours de nos moghazni et de nos soldats, qui, selon leur douce habitude, n'ont pas hésité à faire usage des bâtons dans l'intérêt de notre circulation. A la porte de la ville, nous rencontrons le gouverneur avec sa suite. Malheureusement, la question soulevée dans la visite de la veille n'était pas résolue, loin de là. Après échange de communications dans la soirée, et après mise en demeure formelle, le pacha avait refusé de verser la somme qui lui était réclamée, non point toutefois d'une façon absolue, mais à la manière arabe, en demandant des délais, prétextant la nécessité d'en référer au sultan, employant, en un mot, toutes sortes de procédés dilatoires dans le seul but d'éloigner la solution et de la faire oublier.

Sous cette impression, le ministre refusa la main que le gouverneur s'empressait de lui offrir, et continua sa route sans plus s'inquiéter de sa présence. L'étonnement, la surprise, l'angoisse, se trahirent à la fois sur la figure du pacha. Il essaya d'expliquer son refus, de l'atténuer, assurant de plus en plus qu'il ferait tout son possible pour donner satisfaction au désir du ministre.

Mais celui-ci n'était pas d'humeur à se laisser berner par des promesses vagues, par des protestations banales d'amitié. M. Ordega n'est pas depuis longtemps au Maroc, mais il en a étudié les mœurs et sait comment il faut agir avec ces personnages qui n'ont trop souvent que la rapacité pour but et la duplicité pour principe. « Hier, « dit-il au pacha, je t'ai adressé une demande, une seule; « tu refuses d'y faire droit. C'était pourtant une chose « juste que je réclamais. C'est bien! Mon rôle est fini « avec toi, je ne te connais plus. C'est au sultan que je « m'adresserai directement; c'est la première chose dont « je m'occuperai en arrivant à Maroc. Le sultan, je le « sais, ne manquera pas de faire droit à ma réclamation, « car lui, ton maître, n'ignore pas que lorsque la France « défend une cause, c'est toujours la cause du droit et « de la justice. »

Le vieux pacha est abasourdi par une attitude aussi nette, aussi ferme, à laquelle il parait peu habitué. Il s'incline, s'humilie, semble ramper, et d'une voix pleurnicheuse balbutie encore les mêmes protestations de dévouement, les mêmes phrases d'excuse et de regret.

« Tu as manqué à ta parole, reprend le ministre, les « mots et les promesses ne me suffisent plus. Ou tu vas

« verser à l'instant la somme que tu dois, ou j'en réfère « au sultan, et je demande ta révocation immédiate. »

Devant cette menace, le bonhomme se déclare vaincu et, sans autre observation, envoie chercher les 750 francs réclamés. La somme est apportée au camp où nous étions arrivés. Elle est en bons douros d'argent, enfermés dans un sac de toile. On la présente au ministre, qui la fait remettre directement entre les mains du créancier.

La scène se passait publiquement en plein camp, devant nous, au milieu des hauts fonctionnaires de la ville. C'était une sanglante humiliation infligée au gouverneur.

Aussi le procédé pourra paraître rude, au point de vue de nos mœurs européennes. Mais quand on connaît ces pays musulmans, quand on a été victime ou témoin de la mauvaise foi insigne des pachas ou caïds, quand on a éprouvé que la douceur et la persuasion n'amènent à rien, que les procédés délicats ne font que vous rendre ridicules à leurs yeux, il faut de toute nécessité employer la rudesse des formes, et nous félicitons sincèrement M. Ordega, dans l'intérêt de la France, de l'avoir ainsi compris et d'avoir eu l'énergie et le dévouement nécessaires pour la mettre en pratique. L'exemple sera salutaire et ne manquera pas de retentir bien au delà des portes de Mazagan.

Le camp offre l'inévitable confusion d'un premier jour de départ; c'est une organisation tout entière à établir. Chevaux, mulets, chameaux, tentes, cantines, équipements, chefs, soldats, serviteurs, tout cela s'agite et se confond dans un admirable pêle-mêle. Nous arrêtons le choix définitif de nos montures que nous faisons équiper. La plupart de nous ont apporté une selle européenne pour éviter les selles arabes qui obligent à un raccourcissement et à un écartement de jambes fatigants; mais il est, paraît-il, préférable de laisser aux chevaux les brides auxquelles ils sont accoutumés. En même temps on charge les mulets et les chameaux; la besogne s'accomplit au milieu des cris perçants, des gestes brusques et violents des conducteurs. Les hommes ne ménagent pas plus les bêtes de somme qu'ils ne se ménagent eux-mêmes. Malheur au mulet rebelle ou au chameau lent à se relever sous son fardeau trop lourd! Le bâton fait aussitôt son office.

Le convoi prend les devants, se met en route par petits groupes, dès qu'un certain nombre d'animaux est prêt à partir. Le camp se dégage ainsi peu à peu, mais lentement; il est neuf heures quand nous montons en selle.

Le ministre serre la main du pacha, dont la figure de fouine et de vieille sorcière prend une expression de joie délirante quand M. Ordega lui assure que la paix est faite, que tout est oublié, et qu'il ne portera pas l'incident à la connaissance du sultan.

Nous subissons une dernière fois les honneurs de l'inévitable garnison. Mais depuis un instant sa musique est désemparée, ses instruments de cuivre sont réduits de moitié. Nous avions besoin d'un moyen de ralliement dans notre voyage, on nous a généreusement accordé l'une des deux trompettes de la fanfare.

Nous voilà décidément en route. A une cinquantaine de mètres en avant, un cavalier, porteur du drapeau rouge chérifien, guide la marche de la colonne. Après lui cheminent de front quatre autres cavaliers drapés dans leur large burnous blanc, la tête ornée du turban. Ils tiennent leurs longs fusils de la main droite dans la direction verticale, la crosse reposant sur le pommeau de la selle. Vient ensuite le chef de l'escorte, flanqué des deux moghazni à cheval, amenés de la légation de Tanger.

A quelques pas en arrière s'avance le ministre, monté sur un élégant cheval gris, à la longue et flottante crinière, à la queue traînant à terre. Quatre hommes à pied marchent à ses côtés. Nous allons à sa suite, un peu à l'aventure, au caprice de nos bêtes, dont les mains inexpérimentées de quelques-uns d'entre nous ne savent pas très-bien régler l'allure et la direction. Non loin de nous et montés sur des mules, se tiennent nos serviteurs particuliers, munis des petits objets dont nous pourrions réclamer en route l'usage immédiat.

Enfin, quatre cavaliers, dans l'attitude et le costume de ceux qui nous précèdent, complètent l'ordre de la marche adopté.

La colonne se déroule sur un chemin assez large, tracé ou plutôt indiqué au milieu des cultures qu'il traverse, par une robuste et sauvage végétation de palmiers nains. Plusieurs pistes ou sentiers serpentent au milieu des touffes et permettent le libre et facile passage des animaux. Nous gravissons une pente légère pour atteindre bientôt le sommet d'une colline peu élevée, d'où nous jetons un dernier regard sur la ville et la mer. Le long de la route, derrière nous, les muletiers et les chameliers attardés se hâtent de nous rejoindre, tandis qu'en avant sur le plateau, s'espacent les bandes parties les premières. Au milieu d'elles se distingue la litière, sorte de palanquin porté par des mules, qui doit nous accompagner pendant le voyage, et dont la couleur jaune orange est bien faite pour attirer de loin le regard.

Les champs cultivés disparaissent pour faire place aux

seules productions abondantes de palmiers nains et d'asphodèles. Çà et là sont dressées quelques tentes noires, autour desquelles paissent de maigres troupeaux de vaches ou de moutons. Puis, la route, un instant incertaine au milieu de landes pierreuses, se dessine de nouveau et se continue à travers de vastes et riches cultures d'orge, de blé et de maïs. Leurs teintes vertes variées se succèdent ensuite sans interruption, dans une immense plaine, légèrement déprimée en vallée, jusqu'aux limites d'un horizon infini.

A l'entrée de cette plaine, nous rencontrons la tribu d'El-Fhas, la première que nous ayons à traverser après avoir quitté le territoire de Mazagan. Elle appartient à la grande et fertile province de Dukala, dont la production, par les années favorables, suffit presque à tous les besoins du pays, et dont on pourrait tirer des richesses incalculables avec des soins plus actifs et intelligents, et surtout par la levée de la prohibition qui interdit l'exportation des céréales.

A ce point de notre course, un véritable coup de théâtre nous réservait une surprise agréable. Une cinquantaine de cavaliers, commandés par le caïd de la tribu et jusque-là soigneusement dissimulés à une centaine de mètres de la route, derrière une légère ondulation du terrain, se précipitent sur nous avec une impétuosité, une *furia* qu'on aurait pu prendre un instant pour une charge à fond contre notre colonne. Mais, à un signe de commandement, tous les cavaliers s'arrêtent net. Le caïd, se détachant alors de sa troupe, s'avance seul à notre rencontre. Arrivé près du ministre, il lui offre la main et, au nom du sultan, lui promet amitié, aide et protection sur son territoire. « Je ne m'attendais pas à un autre

« accueil, répond le ministre. Représentant de la France, « je viens ici en ami de ton pays et de ton maître. » Le caïd s'incline en signe d'hommage et de reconnaissance, et, reprenant la tête de ses hommes, vient se placer à notre suite pour nous faire escorte. Quelques cavaliers en retard accourent de toute la vitesse de leurs chevaux et traversent comme des éclairs les champs ensemencés.

Notre colonne, avec sa nouvelle escorte de brillants cavaliers, bien montés, bien équipés, est du plus bel effet. Les tentes et les huttes de paille, appelées gourbis, qui abritent la population du pays, se vident à notre approche. Les hommes viennent tout près nous considérer; les femmes plus réservées se tiennent à distance. Elles agitent sous nos yeux de petits drapeaux, ordinairement rouges, en même temps qu'elles poussent, à l'aide de la langue et de la gorge, un cri particulier, tremblotant, continu, une espèce de susurrement aigu, qui dans tout l'Orient est un signe de joie et d'allégresse.

Nous faisons halte au pied du village d'El-Fhas, dont les constructions, aujourd'hui en ruine, remontent à l'époque de l'occupation portugaise. Quelques rares familles y vivent sous la tente, ou bien trouvent asile au milieu de ces ruines que dominent une dizaine de superbes palmiers, enracinés dans les décombres. Tout autour, de vigoureux caroubiers projettent leur ombre, çà et là, et dans des vergers enclos de pierres sèches prospèrent le figuier et l'amandier.

Une petite mosquée sans minaret reste seule debout au milieu du village effondré. Sur un faux renseignement, nous l'avions prise pour un établissement de bains ou hammam. Et pour qui donc, mon Dieu? Nous n'avons pas tardé à revenir de notre erreur. Des Arabes, nous voyant prendre cette direction, sont accourus de leur côté, et au moment où nous allions pénétrer dans le lieu saint : Djemma ! Djemma ! s'écrient-ils, Mosquée ! Mosquée ! Inutile d'insister; un chrétien s'exposerait à tous les malheurs, s'il osait en franchir les portes.

Dans un terrain vague avoisinant avait été dressé une tente destinée à nous fournir un abri pendant le déjeuner.

Quand le repas touche à sa fin, le caïd vient demander au ministre la permission de lui offrir le spectacle d'une fantasia. Six ou sept cavaliers rangés en ligne partent au petit trot, au signal de leur chef placé au milieu d'eux. Au cri de : Ah ! ah ! poussé vigoureusement, les cavaliers mettent leurs chevaux au galop, en élevant leurs fusils au-dessus de la tête, de toute la longueur de leur bras droit. A un second : Ah ! ah ! plus énergique, les chevaux sont lancés à toute vitesse, les hommes élèvent de nouveau leurs fusils, exécutent un moulinet, ajustent et tirent avec le seul secours de leur main droite. En même temps que les détonations retentissent, des cris, des hurlements s'échappent de la poitrine des cavaliers, emportés en ce moment dans une course vertigineuse. Arrivés au but, les chevaux sont brusquements arrêtés et retournés, tandis que le chef, continuant sa course en demi-cercle, revient bientôt se placer au devant de ses hommes, à la tête desquels il regagne paisiblement le point de départ. Quatre ou cinq fois, le même exercice recommence sous nos yeux, exécuté par des groupes différents. Mais certainement le plus remarquable de ces groupes par l'adresse et l'agilité est celui que commande le fils du caïd, reconnaissable entre tous au riche équipement jaune de son magnifique cheval.

Nous adressons nos remerciments et nos félicitations

au caïd, beau vieillard à barbe blanche, grand, fort, vigoureux, à l'attitude imposante et majestueuse. Le ministre lui offre de venir s'asseoir sous notre tente, ce qu'il accepte avec plaisir, ainsi que le chef d'escorte, à qui nous voulions témoigner la même prévenance. Tous les deux, après avoir déposé leurs babouches à l'entrée, viennent, pieds nus, prendre place auprès de nous sur les nattes étendues par terre. Comme ils n'auraient ni mangé de nos viandes, ni bu de nos vins, on leur fait servir du café et une demi-douzaine d'œufs qu'ils se mettent aussitôt en devoir d'attaquer à leur façon, avec les doigts, puisant dans le plat commun, sans paraître soupçonner l'usage qu'on pouvait faire des assiettes et des fourchettes mises à leur portée. La présence de ces hôtes achève de nous distraire agréablement, et, après un repos suffisant accordé à nos personnes et à nos bêtes, nous remontons à cheval pour continuer la route.

Vers quatre heures, nous arrivons sans incident nouveau au pied d'un petit mamelon, sur lequel s'élève la koubba ou marabout (tombeau) de Sidi-Brahim. C'est là que devait être établi notre premier campement. Les tentes étaient déjà dressées à notre arrivée, et chacun a pris possession de celle qui lui a été désignée. Nous avons bien éprouvé quelque difficulté à découvrir nos caisses dans la confusion où elles gisaient à terre; mais une demi-heure après, nous étions tous complétement installés.

Hier, pour notre seconde journée de séjour à Mazagan, on nous avait apporté une seconde mouna, à peu près semblable à la première par la nature et la quantité des provisions. Le caïd de la tribu sur laquelle nous campons vient maintenant nous offrir celle de ce jour. Elle représente la charge de plusieurs bêtes de somme. Chameaux et mulets sont conduits jusqu'à la tente du ministre devant laquelle tous ces produits sont étalés. C'est toujours la même abondance, la même profusion. Mais ici, en plus, il a fallu pourvoir à des nécessités nouvelles. Nous recevons du combustible pour préparer nos aliments, des bougies pour éclairer nos tentes et de l'orge en quantité pour tous nos animaux.

On serait tenté de protester encore contre l'abus de ces prodigalités inutiles, mais à quoi bon? Il est certain que notre présence, qui pourrait être un sujet de joie et d'amusement pour les populations placées sur notre passage, devient pour elles un fléau redouté, en raison des charges et des vexations qu'elle leur impose.

CHAPITRE II

Une première nuit sous la tente. — Voyage en litière. — Les puits des Ouled-Zied. — Visite du village. — Enclos ou douars. — Tente arabe. — École de garçons. — Une femme reconnaissante. — Feu de joie au camp.

Rien de plus agréable qu'une nuit passée sous la tente, quand l'installation y est bonne au dedans et que la température est douce au dehors. Involontairement, je me reporte aux tristes nuits où je dormais aussi, sous la tente, de service à l'ambulance du mont Valérien, pendant ce rude et funeste hiver de 1870. Les temps et les lieux sont bien changés! Ce qui était pénible alors est devenu un charme aujourd'hui.

Nous sommes, d'ailleurs, admirablement organisés. Impossible de réunir plus de confortable pour une expédition de la nature de celle que nous avons entreprise. Nous occupons, soit isolément, soit par groupe de deux au plus, une tente conique, vaste, élevée, une vraie tente de général en campagne. Deux longues pièces de bois, réunies parallèlement par des bandes de toile et dont on fait reposer les bouts sur les quatre poignées de nos deux caisses à bagages, forment le fond d'un lit de sangle, assez large et suffisamment élevé au-dessus du sol. Par là-dessus, un bon matelas, des draps fins, un traversin, un oreiller, les couvertures nécessaires, et l'on dispose d'un excellent lit sur lequel nous avons passé une nuit délicieuse.

De l'eau pour nos ablutions est contenue dans une poterie d'étain très-pratique en voyage; des serviettes et tous nos ustensiles de toilette reposent sur une table à côté. Un siége pliant complète notre petit mobilier. De forts crochets, fixés au poteau central qui supporte la tente, servent le soir de portemanteaux.

Que désirer de mieux? Aussi ce matin à cinq heures et demi, quand le clairon sonne la diane, sommes-nous parfaitement disposés et tout prêts à fournir notre seconde étape. Il nous faut utiliser les bougies de la mouna pour éclairer les tentes. Au dehors le jour commence à peine à poindre, les formes sont confuses et indécises; le dôme du marabout voisin apparait comme une lune à demi plongée dans l'eau.

Le ciel est gris, et la pluie menace; mais dès que nous sommes en route, le soleil ne tarde pas à chasser les nuages et dissiper nos inquiétudes à cet égard. La contrée est plus accidentée que la veille. Le terrain s'élève par une série de collines incultes et pierreuses sur lesquelles se montrent quelques misérables douars, uniquement composés de tentes et de gourbis.

L'idée me vient d'utiliser la litière inoccupée et de m'y installer pour écrire mes notes pendant la marche. J'en reconnais bientôt l'impossibilité. L'artisan qui l'a construite n'a pas le sentiment bien juste des lois de l'équilibre. Ce palanquin, dont la couleur éclatante trahit aussitôt le faste oriental et dont la vue réveille à l'esprit l'idée de quelque sultan majestueux parcourant ses provinces, n'est simplement qu'une chaise à porteurs de grande dimension, absolument dépourvue de luxe et de confortable. Elle est traînée par deux mulets placés, l'un en avant, l'autre en arrière, entre deux brancards accrochés à l'aide d'un anneau à la sellette des bêtes de somme. Ces brancards, au lieu d'être glissés à côté et à une certaine hauteur de la litière comme dans la chaise à porteurs que nous connaissons, sont passés tout à fait en dessous; de sorte qu'à chaque pas le palanquin se livre à des évolutions désordonnées qui rendent la position du voyageur intenable. Les six hommes qui l'escortent, trois à droite, trois à gauche, ont l'occupation continuelle de le maintenir en équilibre, et dans les secousses violentes ils ont toutes les peines du monde à l'empêcher de culbuter. Je sais bien qu'on a voulu, en élevant le fond à la hauteur des flancs des animaux, l'empêcher de heurter contre les inégalités de terrain, qui dans quelques passages difficiles l'auraient inévitablement défoncé. Mais pour éviter ce danger on a rendu la machine impossible. Il eût été pourtant facile, semble-t-il, à l'aide d'anneaux ou mortaises fixés latéralement, de permettre que les brancards mobiles pussent être passés, par une manœuvre aussi simple que rapide, tantôt sur les côtés, tantôt en dessous, suivant la nature du terrain parcouru. On aurait pu ainsi utiliser cet édifice monumental dans les parties plates et unies de notre parcours. Mais c'eût été beaucoup demander au génie du constructeur marocain.

La seule manière de s'y maintenir est de s'étendre complétement dans le fond; encore y est-on soumis à des agitations qui n'ont rien d'agréable. Et comme, en outre, dans les profondeurs de cette caisse, on n'a aucune jouissance de la vue, qu'on est privé de la société de ses camarades et qu'on s'y ennuie profondément, on préfère remonter à cheval et réserver l'autre moyen de locomotion pour les cas à prévoir d'excessive fatigue ou de trop grande difficulté de se tenir en selle.

Nous sommes escortés, ce matin, par les caïds et les cavaliers de deux tribus réunies. Leur costume, leurs chevaux, leur équipement n'ont pas la richesse de ceux que nous avons rencontrés hier. On voit que nous parcourons une contrée pauvre et stérile.

Après trois heures de marche, nous atteignons les bords d'un chott ou daya, petit lac situé au fond d'une cuvette enserrée par les collines environnantes. Le lieu est triste, désert, un peu sauvage. Cependant une pelouse assez drue, coupée de quelques bouquets d'arbustes, et le voisinage d'une fontaine, nous permettent d'y fixer commodément notre halte. Sur ce même emplacement se tient un marché, le mercredi de chaque semaine, d'où le nom de Souk-el-arba (marché du mercredi) donné à la localité.

Nous n'adressons pas cette fois aux caïds l'invitation de venir partager notre tente et notre déjeuner. Ils se pourvoient chacun de leur côté. Non loin de nous, accroupi, solitaire, à l'abri du soleil derrière le palanquin, notre chef d'escorte se régale d'un œuf dur qu'il assaisonne avec du sel tenu dans le creux de sa main gauche. A terre, près de lui, un morceau de pain, ruisselant d'une couche de beurre huileux, forme le complément de son menu. Du repas du colonel, qu'on juge du régime des soldats!

Pour terminer notre étape de la journée, nous avons encore à franchir quelques collines, mais qui déjà présentent d'assez belles cultures dans les parties basses, tandis que les hauteurs gardent encore leur caractère de landes pierreuses. Puis, une plaine bien cultivée nous conduit aux douars des Ouled-Zied, auprès desquels nous allons camper.

Le lieu choisi pour dresser les tentes est éminemment favorable. C'est un vaste terrain plat, à surface unie, propre et bien tassée. Les sportsmen y trouveraient un magnifique champ de course. Le site est largement ouvert, gai et riant; on y éprouve une impression de bien-être.

Près de là, deux puits, assez semblables à la plupart de ceux que nous avons déjà rencontrés, nous promettent de l'eau en abondance. Ces puits ont un cachet particulier, malgré la simplicité primitive de leur disposition. Deux piliers en maçonnerie, montés de chaque côté sur une margelle circulaire plus ou moins élevée, supportent un arbre horizontal, servant de treuil, autour duquel s'enroule une corde.

C'est à l'aide de bêtes de somme, attelées à l'une des extrémités de la corde, qu'on élève l'eau contenue dans le récipient fixé à l'autre extrémité. Les animaux tirent en s'éloignant, et tracent ainsi une piste dont la longueur mesure exactement la profondeur du puits, qui est habituellement considérable. Elle atteint ici une quarantaine de mètres. Contre l'un de ces puits, un réservoir, ménagé au centre d'une masse de matériaux accumulés en forme de monticule rocailleux, tente tout particulièrement le crayon de nos artistes, surtout à l'heure où les chameaux viennent s'y abreuver.

Les douars des Ouled-Zied constituent un village de deux cents habitants environ, situé sur un petit mamelon, au pied duquel le camp est établi. Dès notre arrivée, les hommes accourent et viennent nous observer de près; les femmes descendent, par groupes successifs, jusqu'à mi-côte, et nous saluent de leurs cris stridents.

C'est la plus importante agglomération que nous ayons rencontrée depuis notre départ de Mazagan, et comme nous l'avons là, sous la main, nous sommes tous désireux de la connaître et de l'étudier. On y accède par un chemin assez facile. Un cavalier de notre escorte et trois hommes de la tribu vont à pied devant nous.

Le village est constitué par une série de petits enclos ou douars, entourés de pierres sèches, plus rarement de murs assez bien bâtis. Dans leur intérieur s'élèvent les tentes et les gourbis, autour desquels se montrent parfois quelques cultures, mais pas un seul arbre. Chaque douar sert à l'habitation d'une famille.

Dans l'espace resté libre entre ces enclos irrégulièrement disséminés, des tentes et des gourbis isolés donnent asile à des gens moins fortunés. On nous fait remarquer cependant une véritable construction d'assez belle apparence ayant servi de demeure à l'ancien caïd. Celui-ci est mort, et son frère est encore en prison pour ne s'être pas assez bien souvenu que dans ce charmant pays, quelque fortune qu'on accumule, on n'en est jamais que le détenteur provisoire, et que le sultan reste toujours libre d'en revendiquer l'entière possession.

Rien de plus misérable que ces tentes isolées que nous trouvons sur notre passage. Leur aspect extérieur, sale et délabré, donne à peine une idée de leur dénûment intérieur. Nous pénétrons dans l'une d'elles, vide pour le moment de ses locataires. Des lambeaux de nattes étendus par terre, une pierre à broyer le grain, quelques poteries ébréchées, des racines de manioc destinées sans doute au prochain repas, c'est tout ce qu'on y découvre. Une toile en loques pendue verticalement divise la tente, toute petite qu'elle soit, en deux compartiments, dont l'un, réservé aux femmes, n'en est pour cela ni plus propre, ni plus luxueux.

Une autre tente à côté, de meilleure apparence et largement ouverte sur une de ses faces, nous offre un spectacle plus réjouissant. C'est l'école du village. Huit petits bambins, tondus au rasoir, avec leur petite mèche réservée et tressée sur le sommet de la tête, sont là, accroupis en cercle, sous l'œil de leur maître. Ils tiennent chacun à la main une ardoise sur laquelle sont gravés des images et des caractères arabes. Du bas de leur petite stature, ils lèvent sur nous des yeux ébahis. Ce sont de futurs interprètes du Coran, car toute l'instruction se borne ici à la connaissance du livre saint. Encore est-elle réservée aux seuls garçons, les filles étant laissées dans une ignorance absolue. Dans les villes, quelques rares privilégiés trouvent encore occasion d'apprendre les rudiments de l'arithmétique, de l'histoire et de la géométrie. Il ne leur en faut pas davantage pour appartenir à la classe des lettrés et des savants.

A la nouvelle de notre présence dans le village, les habitants s'empressent d'accourir autour de nous. Les soldats veulent naturellement les écarter, mais à notre demande, il les laissent librement s'approcher. Leur curiosité n'a rien, d'ailleurs, que de très-sympathique. La plupart nous présentent du lait, dans des pots de ferblanc ou des jattes de terre, non point, comme nous aurions été disposés à le croire tout d'abord, avec l'intention d'en tirer quelque profit, mais simplement à titre d'accueil gracieux. Nous distribuons à ces braves gens quelques pièces de monnaie, tout en refusant de recevoir leur offrande. Mais un de nos interprètes auxiliaires, l'Arabe Bou-Taleb, qui connait les usages, se croit obligé de répondre à la politesse qui nous est faite, et, tout plein de dévouement, se met en devoir de boire le lait.

Attardée sans doute par ses occupations, une femme accourt de toute la vitesse de ses jambes et fend la foule qui se presse autour de nous. Elle est jeune et laisse voir à découvert son visage expressif, encadré de beaux cheveux noirs en désordre. Elle porte sur le dos un enfant empaqueté qu'elle soutient de sa main gauche, tandis que de la droite elle tend un poulet dont elle veut absolument nous faire hommage. Nous apprenons que c'est la femme dont nous avons honoré la tente d'une visite. La pauvre créature met la plus touchante insistance à nous faire accepter cette marque de sa reconnaissance, joignant à son geste et à sa parole tout ce qu'elle a de suppliant dans son regard profond. Le poulet n'étant ni cuit ni plumé, Bou-Taleb ne se croit pas dans l'obligation de se l'appliquer.

Nous regagnons le camp, très-satisfaits de notre petite excursion. Mais le jour baisse déjà, et nous devons redoubler de précautions, pour ne pas nous abimer dans les nombreux silos dont le sol est creusé.

La soirée s'achève agréablement. Après le diner, on amoncelle devant nos tentes des tas de broussailles comprises dans la mouna du jour, et dont nos préparations culinaires n'avaient pas exigé l'emploi. On en fait un immense feu de joie, que nos Arabes du camp s'amusent à franchir au milieu des flammes, et dont les habitants du village viennent contempler le spectacle, sur la pente du mamelon.

CHAPITRE III

Brillante fantasia. — Une chasse au faucon. — Mendiants lépreux. — Important marché de Sidi-ben-Nour. — Délicats procédés du caïd à notre égard. — Puritanisme marocain.

La nuit a été froide, et le vent a secoué nos tentes. Mais la dose de fatigue que nous prenons tous les jours, suffisante sans être excessive, nous dispose admirablement au sommeil. Nous avons donc bien dormi, et personne ne manque à l'appel devant la tasse de café, qui est notre coup de l'étrier du matin.

La matinée conserve la fraîcheur de la nuit; il nous faut endosser nos vêtements les plus chauds. Cependant le ciel est clair, et le soleil montre déjà son disque éclatant.

Après avoir gravi les pentes légères auprès desquelles était dressé notre admirable campement, nous atteignons un vaste plateau tout couvert de riches et vertes cultures. De tous côtés, un horizon presque sans limites se déroule sous nos yeux. Vers le sud, des montagnes d'un bleu tendre, estompées par les vapeurs du matin et fondues par l'éloignement, découpent dans le ciel leur silhouette ondulée. Dans ses grandes proportions, le paysage est fin, délicat, harmonieux. L'esprit se dilate agréablement au milieu de cette belle et riante nature. On se sent pénétré d'une impression de douce joie et de bien-être intime.

A une assez grande distance devant nous apparaissent bientôt une cinquantaine de cavaliers, le goum ou contingent d'une nouvelle tribu. Le terrain est des plus favorables à leurs évolutions. Dès qu'ils nous aperçoivent, quelques-uns se mettent à exécuter une fantasia dans notre direction, puis, avant de nous atteindre, tournent bride et vont rejoindre le gros de la troupe.

Alors les cinquante cavaliers se remettent en marche, développés sur une seule ligne de front. Le caïd les précède, un vieux caïd encore, mais à la figure fine, douce, distinguée et sympathique. Il vient au-devant du ministre, lui donne une poignée de main suivant l'usage, et semble lui exprimer, avec plus d'éloquence que les précédents, les mêmes souhaits de bienvenue, les mêmes protestations d'amitié. Les saluts échangés, la ligne des cavaliers s'ouvre pour nous livrer passage, et les deux groupes viennent se ranger derrière nous.

De ce moment, ce n'est plus, pendant le reste de notre marche matinale, qu'une suite continuelle d'exercices éblouissants, exécutés sur les flancs de la colonne par ces superbes cavaliers, tous admirablement montés et richement équipés. Tandis que nous cheminons paisiblement, eux courent en avant, reviennent en arrière, repartent et retournent sans cesse. Souvent, nous nous arrêtons pour mieux admirer leur prodigieuse agilité et leur étonnante adresse.

C'est ordinairement par groupes de quinze qu'ils s'élancent au commandement de leur chef. Emportés alors par toute la vitesse de leurs chevaux, ils élèvent leur fusil d'une main, l'agitent au-dessus de la tête, lui font exécuter une série de moulinets, puis, tout à coup, abandonnant les rênes, ils saisissent l'arme des deux mains, visent le but, font feu, et se rejettent convulsivement en arrière, en poussant des cris frénétiques. Au milieu de ces contorsions, ils brandissent de nouveau leur fusil avec rage, et les plus habiles le lancent en l'air, pour le ressaisir toujours avec une admirable précision.

Deux mulets chargés de munitions suivent le peloton dans ses exercices, et, après chaque décharge, viennent lui apporter une nouvelle provision de cartouches.

Parfois un des cavaliers se produit isolément et nous offre un spectacle encore plus surprenant. Une fois son cheval lancé à toute bride, les rênes sur le cou, il se dresse sur ses étriers, pivote sur sa selle, vise à droite, vise à gauche, en avant, en arrière, et fait feu dans n'importe quelle direction, sans perdre son équilibre ni interrompre sa course insensée.

Ces costumes resplendissants de blancheur, ces armes étincelantes, ces montures élégantes et fières, ces riches équipements où l'or scintille, où éclatent le rouge, le jaune, le bleu, le vert; tout cet ensemble mis en mouvement, ruisselant de couleur, inondé de lumière, est d'un effet éblouissant. Malgré la répétition des mêmes exercices, on ne se lasse pas de les contempler.

Le ministre, après avoir exprimé sa satisfaction au caïd, le prie de vouloir bien lui présenter ses deux fils et son frère qu'il sait à la tête des cavaliers; il désire leur adresser ses remercîments et ses félicitations. Le vieux chef de la tribu est touché de ces marques d'égard. Il en témoigne sa reconnaissance en essayant de nous retenir sur son territoire, et manifeste le vif désir de nous y voir fixer notre prochain campement. Les dispositions déjà prises ne nous permettent pas d'accepter cette généreuse hospitalité.

La contrée est plus riche et partant plus peuplée que celle que nous avons traversée hier. On en pourrait juger rien qu'à la quantité de drapeaux blancs ou rouges que les femmes agitent sur notre passage, toujours en poussant leur susurrement inexprimable, leur cri d'oiseau inconnu dont nous nous ne pouvons trouver une comparaison satisfaisante.

Les douars sont plus nombreux et presque tous entourés d'une haie de cactus. Les gourbis s'y montrent, presque à l'exclusion de la tente, ce qui indique une population plus sédentaire, la tente, étant par son facile déplacement, l'abri ordinaire des peuplades nomades. Ces gourbis sont des huttes de paille élevées en forme de cône pointu et qui, de loin, rappellent à s'y méprendre les meules de foin de certaines contrées de la France.

Nous avons pris l'habitude de faire, toutes les heures, une halte de quelques minutes pour dégourdir nos jambes. A l'un de ces points d'arrêt, nous voyons tout à coup devant nous, sans nous être avisés jusque-là de leur présence, un grand nombre de fauconniers, portant chacun leur oiseau de proie sur une de leurs mains gantée. L'animal a la tête couverte d'un capuchon de cuir qui lui cache les yeux, et on ne lui donne l'usage de la vue que pour le lancer à la poursuite de ses faibles et innocentes victimes.

C'est l'occasion de nous donner le plaisir d'une chasse au faucon, et dans ce but quelques-uns de nous s'engagent dans les terres à la suite des fauconniers. On lâche les faucons; nous les voyons bientôt évoluer et planer dans l'air; les malheureux petits oiseaux pourchassés, assez rares, il est vrai, dans cette région absolument dépourvue d'arbres, s'envolent, affolés, dans toutes les directions; mais, grâce à leur fuite précipitée, tous parviennent à se soustraire à la serre de leurs ennemis. Notre distraction reste ainsi innocente et ne coûte pas de victimes. Du reste, le temps presse et ne nous permet pas de trop prolonger cet amusement.

A mesure que nous avançons sur cette plaine interminable, le terrain s'appauvrit de plus en plus, et en approchant de la koubba de Sidi-ben-Nour, il ne reste autour de nous que des landes stériles. Un épais nuage de poussière qui s'élève dans le lointain nous avertit de la présence du marché qui se tient tous les mardis auprès de cette koubba. C'est une bonne fortune pour nous de le rencontrer à pareil jour sur notre itinéraire.

Mais avant de l'atteindre, nous trouvons échelonnés sur notre route des mendiants accourus, sans doute, à la nouvelle de notre arrivée. Ce sont des lépreux ou, pour parler plus exactement, des gens couverts d'ulcères ou d'affections eczémateuses. Aucune partie de leur peau n'est laissée à découvert. Leur accoutrement uniforme permet à peine la distinction des sexes. Hommes et femmes ont le visage soigneusement caché par des linges trop souvent sanieux, et tous portent sur la tête un chapeau de paille à large bord. Ils ne font en cela que se conformer aux prescriptions rigoureuses qui les obligent à signaler leur présence et leurs maux de façon qu'on puisse au besoin les éviter. Une distribution généreuse de monnaie ne fait que les mettre en goût d'en avoir davantage. Ils se montrent si pressants et si importuns que les soldats jugent bon d'intervenir, et manquent d'en assommer un d'un coup de barre vigoureusement appliqué. On a beau vouloir s'élever contre ces usages barbares, l'action est si prompte que la protestation est toujours tardive.

Enfin le marché (souk-tléta, marché du mardi) se

dessine à nos yeux. C'est un rassemblement de deux à trois mille personnes, venues de tous les points du Maroc. Leur masse blanche, compacte, qui de loin semble immobile au milieu de la plaine nue, aride et poudreuse, fait songer à un vaste troupeau de moutons que la frayeur a rapprochés. Pas un arbre, pas un édifice, pas le moindre abri ne s'élève au-dessus de cette foule, assemblée là comme par hasard. La koubba en est voisine de quelques centaines de mètres; c'est la seule raison qui explique pourquoi ce point, plutôt qu'un autre, a été choisi pour lieu de réunion.

Tout le marché se déplace à notre approche et se porte à notre rencontre. Nous sommes envahis par une marée de fantômes blancs que les soldats s'efforcent de contenir. Notre campement de halte est à côté. Les hommes du goum se rangent en ligne, et nous pouvons défiler sous leur protection.

Aussitôt que nous avons mis pied à terre et confié nos chevaux aux serviteurs chargés de leurs soins, nous avons hâte de courir au marché, qui nous offre une si piquante attraction. Sans les soldats qui nous accompagnent, il serait impossible de nous frayer un chemin au milieu de cette cohue agitée, aussi avide de nous voir que nous le sommes nous-mêmes de la contempler. En raison des difficultés de la circulation, le chef de l'escorte et le frère du caïd de la tribu sont restés à cheval, et viennent nous protéger de leur présence et de leur autorité. Ils font écarter tout ce qui nous fait obstacle, chevaux, ânes, moutons, chameaux, sans oublier les hommes, beaucoup plus empressés autour de nous et beaucoup plus difficiles à éloigner que les bêtes.

Nous circulons ainsi assez librement, un peu au

hasard, cherchant à tout voir, à tout observer à travers ce désordre et cette confusion. De leur côté, les Arabes nous considèrent avec attention, mais sans se rendre nu compte exact de ce que nous sommes. Ils nous désignent sous le nom de chrétiens, et à chaque instant cette qualification nous est appliquée, à ce que nous assurent les interprètes. Mais sommes-nous des Français, des Anglais? Ils l'ignorent; et la différence ne les touche guère. Nous sommes des chrétiens; ils n'en sauraient demander davantage.

A l'exception de quelques petites tentes sous lesquelles on vend des étoffes de cotonnade, les produits apportés sur le marché s'étalent et s'échangent en plein air. La seule apperence d'ordre que l'on puisse constater, au milieu d'un fouillis inextricable, c'est que les objets de même nature sont, en général, réunis sur un même point : ici, les animaux ; là, les grains ; plus loin, les fruits, oranges et dattes; à côté, la volaille et les œufs; ailleurs, les boucheries où les animaux tués sont suspendus à des traverses de bois, tandis que d'autres râlent encore sous le couteau de l'exécuteur ou palpitent, écorchés, sous les yeux des passants; dans un coin, des teintureries en fonction opèrent « à la minute »; dans un autre, ce sont des ateliers de forge et de ferrure, où les artisans, accroupis devant les enclumes fixées en terre, semblent ne pas se donner plus de peine à battre leur fer que s'ils étaient appliqués à des ouvrages d'orfévrerie. C'est, d'ailleurs, à chausser les petits pieds des ânes qu'ils sont le plus souvent occupés.

Au milieu de tous ces produits, à travers toutes ces industries, pêle-mêle avec les animaux, grouille et se démène la foule agitée et bruyante. Devant les étalages, ce ne sont que cris, gestes et attitudes de forcenés. On les croirait tous emportés de colère, se disputant, et prêts à s'entre-dévorer. Il n'en est rien. C'est leur ton et leur manière habituelle de débattre les affaires. Ils sont calmes au fond; dans tous les cas ils s'imaginent l'être. Du reste, pas la moindre querelle ne s'est élevée parmi eux, en notre présence.

La vie matérielle n'est pas chère au Maroc. Dans les années de sécheresse, comme celle qui menace le pays, si les grains sont à un prix un peu plus élevé, les animaux se vendent presque pour rien. Une vache vivante ne coûte pas plus de 50 à 60 francs; un mouton tout entier, à l'étal du boucher, se paye 3 francs environ; on peut avoir un très-bon poulet pour quarante centimes.

Les valeurs inférieures à un franc ou *peseta* se comptent par flouss, menue monnaie de cuivre du pays, à peu près la seule qu'ils possèdent. Pour l'or et l'argent, ils font généralement usage des pièces espagnoles, mais ils acceptent volontiers les nôtres.

Quant à leurs flouss, il en faut sept pour faire un de nos sous. Et comme chacune de ces pièces est aussi grande que notre sou lui-même, on peut juger du poids et du volume que représente, en pareille monnaie, une somme tant soit peu importante. Le marchand qui les reçoit les accumule dans un panier placé devant lui. Il n'est pas rare qu'à la fin de la journée, il en ait réuni la charge d'un bourriquet. Dans tous les cas, la recette, quand elle est bonne, est longue à compter.

Sous la tente où nous sommes revenus, à la grande satisfaction du père Davin, dont les côtelettes commençaient à se carboniser, nous trouvons une abondante provision d'oranges, avec du lait caillé et des galettes. C'est une première attention du caïd, qui nous en ménageait une autre. A peine sommes-nous à table, que des Arabes viennent, en effet, nous présenter, de sa part, huit grands plateaux de bois, contenant chacun un demi-mouton rôti et quatre petits pains; avec cela des corbeilles de noix et amandes, cassées et épluchées, et une nouvelle provision d'oranges.

Ces offrandes toutes spontanées sont indépendantes de la mouna que nous devons recevoir sur un autre territoire. Elles répondent certainement aux intentions du sultan, qui partout sur notre passage a réclamé pour nous un accueil cordial et généreux, mais elles semblent plus particulièrement inspirées ici par le sincère désir de nous être agréable. Le ministre en remercie chaleureusement le vieux et sympathique caïd, qu'il invite ensuite à pénétrer dans la tente. Celui-ci accepte avec empressement et vient prendre place au milieu de nous, avec un autre personnage qui l'accompagne. C'est le *cadi* de la contrée, fonctionnaire considérable, chargé de rendre la justice, et dont la juridiction s'étend sur tout un vaste territoire.

L'occasion se présente toute naturelle d'engager la conversation sur les mœurs et les coutumes du pays. Les nouveaux convives prennent volontiers le café avec nous, mais on leur offre vainement des cigarettes et des cigares. Leur refus était prévu. Personne ne fume au Maroc, en vertu d'un précepte religieux rigoureusement observé. On leur cite l'exemple des Turcs, qui font un large usage du tabac; ils n'en persistent pas moins dans leur résolution, blâmant les Turcs de leur faiblesse, les considérant, à d'autres titres encore, comme des frères corrompus, tandis qu'ils se flattent avec orgueil de conserver pures les traditions de l'islamisme.

Nous étions déjà en marche pour accomplir la seconde partie de notre étape, quand le cadi, dont nous avions pris congé en forme, cherche de nouveau à nous atteindre. A l'exemple du caïd, il veut aussi nous témoigner une attention personnelle et accourt nous offrir ce qu'évidemment il a trouvé de plus beau et de plus rare à sa disposition. C'est un charmant petit lapin, au poil blanc comme neige, aux yeux d'un rouge feu. Le cadeau paraît d'abord embarrassant; mais la bête est si mignonne! Le jeune photographe Davin veut bien se charger de la transporter, au devant de lui, sur sa mule. On l'accueille alors avec plaisir, et nous l'associons à notre caravane, sous le nom de Blanche de Sidi-ben-Nour. Blanche sera un agréable souvenir d'une délicieuse journée.

Les cavaliers de la tribu continuent à nous accompagner, mais sans renouveler leurs exercices du matin. Ils marchent à notre suite, leur fusil placé en travers de leur selle. La plupart ont eu même la précaution de le passer dans un fourreau de laine rouge, afin de le protéger. Les Arabes ont l'amour de leur arme; ce soin en est la preuve.

Toujours la plaine, une plaine aride, sablonneuse et plus loin caillouteuse, nous conduit à la koubba de Sidi-Rackal, située à l'entrée d'un défilé dans lequel la route s'engage pour franchir une chaîne de collines désignées sous le nom de Djebel-Fhathnassa. Notre camp de Mtal est établi à proximité des puits, à un kilomètre au delà de la koubba.

CHAPITRE IV

Coup d'œil de la caravane dans les gorges. — Cavaliers grands seigneurs. — Apparences de gisements métalliques. — Femmes vêtues de noir. — Pays de la soif. — Entretien muet avec le chef d'escorte. — Camp de Smira.

On se serait difficilement imaginé ce matin que nous étions au Maroc par 32° de latitude, tant la nuit a été froide. L'eau contenue dans nos pots de zinc était comme de la glace fondue, et les conducteurs d'animaux avaient trouvé bon d'allumer des feux de bivouac, devant lesquels ils se tenaient accroupis, en attendant le signal du départ. Avant que le soleil se fût montré au-dessus de la cime des montagnes, nous n'étions pas à l'aise sur nos chevaux; nos doigts étaient engourdis à tenir les rênes, nos pieds étaient gelés dans les étriers.

Cependant la chaleur du jour n'a pas tardé à nous pénétrer, et nous gravissons joyeusement la petite chaîne de hautes collines au pied de laquelle avait été établi notre campement. La contrée est pauvre, nue, désolée; mais avec ses accidents de terrain, l'aspect nous en est agréable, en raison du contraste qu'elle offre avec l'immense, et finalement monotone plaine, que nous avons parcourue la veille pendant toute la journée.

A peine avons-nous effectué une heure de marche que nous voyons apparaître, selon le cérémonial adopté, le contingent de cavaliers de la nouvelle tribu que nous allons parcourir. Il se compose, comme le précédent, d'une cinquantaine d'hommes, précédés de leur caïd monté sur un superbe cheval tout harnaché de jaune. A notre approche, le goum tout entier se précipite au-devant du ministre, qui échange avec le chef le serrement de main et les compliments d'usage.

Ce qui était moins dans les usages, c'est la confusion qui s'ensuivit. L'arrivée soudaine des cavaliers, l'approche brusque du caïd et peut-être la couleur jaune de son équipement effrayent le cheval de M. Ordega. Les gardes à pied s'efforcent de le retenir; mais l'animal, sensible de la bouche, n'en est que plus effaré. Il se met à reculer, tourne plusieurs fois sur lui-même et vient s'embarrasser au milieu de nos chevaux, menaçant à chaque instant de renverser son cavalier et de produire quelque grave accident. Il n'en est rien heureusement. Et, la courte émotion passée, nous nous hâtons de tirer de l'incident prétexte à jeux de mots et à plaisanteries. Jamais, en effet, occasion plus opportune de parler de chute de ministre et de crise ministérielle.

Dans cette région montagneuse, engagée le long d'une gorge étroite, où ne règne qu'un misérable sentier à peine praticable, notre colonne offre un coup d'œil particulièrement intéressant. Aucun ordre de marche n'est possible à observer, à moins de s'avancer à la suite l'un de l'autre et de former une ligne à peu près interminable. Chacun va donc à l'aventure, laissant à son cheval le soin de tracer sa piste dans la direction qui lui convient le mieux. Les cavaliers de la tribu, plus hardis et plus familiers avec la contrée, escaladent les flancs des collines et se dispersent tout autour, échelonnés à différentes hauteurs. Parmi eux sont mêlés quelques groupes de convoyeurs, dont les bêtes lourdement chargées hésitent à chaque pas pour trouver la place où reposer leurs pieds.

Dans sa confusion, dans ses dispositions capricieuses, avec son aspect bigarré, son miroitement de vives couleurs, le tableau est de l'effet le plus charmant, et l'on éprouve à le considérer une délicieuse satisfaction. Quelque retardataire, lancé au galop de son cheval sur ces pentes escarpées, vient parfois ajouter sa note émouvante à cet ensemble séduisant.

Qui dirait à voir ces hardis et fiers cavaliers, à leur tenue éblouissante, qu'ils sortent des misérables tentes et des affreux gourbis que nous leur connaissons? Ce sont là cependant les seules habitations du pays. Et c'est bien de là qu'ils viennent, en effet, car en passant devant les douars, nous n'y retrouvons plus que des femmes et des enfants.

Après avoir dépassé le point culminant de la chaîne que nous avions à franchir, et à mesure que nous descendons le versant opposé, le défilé que nous suivons, d'abord resserré, s'évase peu à peu. Il offre déjà une surface large, plane et unie, quand nous arrivons au pied d'un monticule qui supporte les ruines de Guérando, restes romains ou portugais, qui ne valent certes pas la pénible escalade que nous avons dû accomplir pour les visiter. Ce point paraît être le quartier général de la tribu, car sur les collines en face nous apercevons un douar auprès duquel le caïd a dressé ses tentes dont la blancheur attire nos regards.

On nous demande encore la permission d'exécuter des fantasias sur ce terrain relativement propice. Certes, après le spectacle de la veille, nous nous serions volontiers dispensés de celui-ci, quoiqu'il soit toujours intéressant de voir manœuvrer d'habiles cavaliers. Mais comment refuser? Les Arabes semblent prendre un goût infini à ces exercices, les occasions de montrer leur adresse et leur agilité doivent être rares pour eux; ce serait donc peu gracieux de notre part de les priver de ce plaisir. Aussi bien est-ce l'heure où nous devons mettre pied à terre pour nous dégourdir.

Ces nouveaux cavaliers se montrent, à l'égal des autres, étonnants d'entrain et d'énergie; ici comme ailleurs, les chefs qui les dirigent sont presque toujours des fils ou parents du caïd. On les reconnait à la finesse de leurs vêtements, à l'élégance de leur monture, à la richesse de leur équipement, où l'or et la soie sont largement prodigués. Ils ont de plus des manières dégagées, des attitudes majestueuses, des airs de suffisance qui les désignent encore à notre attention. Jamais, par exemple, ils ne se donnent la peine de charger leur fusil. Ils se font suivre dans leurs exercices, par des serviteurs auxquels, après le coup de feu, ils passent l'arme, et cela sans daigner détourner la tête, négligemment, nonchalamment, tout à fait à la façon de nos grands seigneurs ou de nos petits-maîtres.

L'étape du jour n'est pas très-bien réglée; nous ne savons au juste où nous allons camper ce soir. Il nous faut tenir compte pour le choix d'un campement d'une double considération : d'abord la distance à parcourir, et ensuite la présence de puits susceptibles de fournir assez d'eau pour les besoins des hommes et des animaux.

Pour ce qui est de la distance, les renseignements que l'on reçoit sont si vagues, si peu sûrs, qu'il est à peine possible d'y compter. Il faut faire enquête, contre-enquête, surenquête pour arriver à en déduire une idée tant soit peu approximative. L'usage des montres est absolument inconnu aux gens du pays. Ce que représente une heure, ils ne s'en doutent pas. Du lever au coucher du soleil, ils n'admettent que trois ou quatre divisions du temps, correspondant aux intervalles compris entre leurs prières. La durée de chaque période est absolument incertaine, et pour le moins aussi variable que l'apparition de l'astre au-dessus de l'horizon.

De Guérando, la route se poursuit le long de la vallée, dont les élévations circonvoisines s'abaissent de plus en plus.

Depuis notre départ de Mazagan, jusque vers la fin de la plaine de Sidi-ben-Nour, le sol était constitué par des roches calcaires, dont nous rencontrions les affleurements et les dislocations dans les parties élevées qui en dessinaient les ondulations.

Maintenant, le calcaire a fait place à des grès schisteux qui, depuis le camp de Mtal, se présentent généralement avec la direction verticale et indiquent la constitution géologique de la petite chaîne du Djebel-Fathnassa, dont nous venons de franchir l'extrémité occidentale déjà fortement déprimée.

Au milieu de ces grès, en quelque part finement lamellés et même ardoisiers, les veines du quartz se montrent nombreuses et puissantes; il ne serait pas téméraire d'affirmer qu'elles renferment des gisements métalliques.

Avec ce changement assez brusque de la nature du sol coïncide une modification non moins sensible dans la végétation. Plus la moindre culture, plus de palmiers nains, plus d'asphodèles, mais à la place une production abondante de jujubiers sauvages, buissons épineux, toujours disposés en touffes arrondies au milieu d'une herbe drue, mais courte, à peine suffisante pour les pâturages.

L'existence sur ce sol ingrat est déjà un problème; il y a pire encore. Nous rencontrons un douar, en un point où l'herbe même a disparu et où l'on ne voit au loin, tout autour, que pierres et broussailles. Rien d'ailleurs de plus misérable. Ce ne sont plus des drapeaux, mais des loques informes suspendues à des bâtons, qu'on agite sur notre passage, et contrairement à tout ce que nous avions vu jusqu'ici, les femmes, au lieu de porter le vêtement blanc, se montrent enveloppées dans une gaine de cotonnade sombre. Bou-Taleb, qui affirme être allé à Tombouctou, m'assure que c'est le costume en usage dans le Sahara et le Soudan. Le manque d'eau dans ces contrées rend le blanchissage difficile, et une étoffe noire trahit moins la saleté.

A proximité du douar se montre une petite source tout à fait insuffisante pour l'établissement définitif de notre caravane. Il faut nous résoudre, bien qu'à regret, car l'étape est déjà longue, à ne lui demander qu'un secours momentané. Dans l'après-midi, par une seconde chevauchée, nous gagnerons Smira, où la nature doit se montrer plus généreuse.

Malgré la sévérité du site, notre petit campement de halte offre un coin plein de cachet et d'originalité. Deux cents chevaux ou mulets, libres de leurs cavaliers, mais encore harnachés, broutent, disséminés çà et là autour de notre tente, l'herbe rare qu'ils rencontrent, tandis que les Arabes, étendus à leur ombre, attendent avec une tranquille résignation le moment de se remettre en marche. On regrette de n'être pas artiste pour reproduire au passage ces scènes saisissantes, mais trop fugitives.

Le scorpion abonde dans ces parages. On ne soulève pas une pierre sans en déloger quelques-uns. Mais ils se montrent bons enfants à notre égard. Nous sommes étendus par terre, ils s'agitent autour de nous; nous les troublons dans leur repos, et aucun d'eux n'a la mauvaise pensée de nous faire sentir la piqûre de son dard. Ils rentrent complaisamment leur venin, sans doute aussi par ordre du sultan. Au froid du matin a succédé une chaleur accablante. Nous sommes peu disposés à remonter à cheval, alors surtout que nous en tenons déjà près de cinq heures dans les jambes. On nous en promet encore deux, qui, selon l'inévitable sort, se trouveront transformées en trois, quand nous atteindrons le but que les exigences de la contrée nous ont imposé.

Toute cette partie de la route s'effectue à travers une plaine aride, poudreuse, coupée seulement de maigres buissons de jujubier. Au dire du commandant de Breuilhe, beaucoup d'espaces en Algérie présentent ce même aspect désolé, qui les fait désigner sous le nom caractéristique de *pays de la soif*. Des collines, au loin, ferment cette plaine dans toutes les directions, et au-dessus d'elles, là-bas, tout là-bas vers le sud, nous croyons distinguer la silhouette vague, encore douteuse, de la grande chaîne de l'Atlas, dont les sommets neigeux se confondent avec les nuages blancs qui les enveloppent.

Pendant ces longues marches, il serait pénible de s'astreindre à un ordre régulier. Le pas inégal des montures s'y prêterait d'ailleurs difficilement. On va, on vient, on s'avance, on s'attarde, on cause avec l'un, avec l'autre, suivant le goût ou la fantaisie du moment. Mon cheval, étant de ceux qui préfèrent rester en arrière que courir en avant, trouve bon aujourd'hui de régler son allure sur le pas ralenti des mules qui traînent la litière, et où M. Ordega essaye justement de reposer ses membres endoloris par nos trop longues séances d'équitation.

Je reste donc à peu près seul, bien loin derrière le gros de la colonne, avec le chef d'escorte qui ne s'éloigne guère de la personne du ministre.

Le hasard de la marche m'ayant amené auprès du chef arabe, je veux tâcher de lier conversation avec lui. Mais comment faire? Il ne connaît rien de ma langue, et je ne possède pas un traître mot de la sienne. C'est égal. J'ai recours aux gestes, qui ont une expression plus éloquente qu'on ne saurait l'imaginer, et nous arrivons à nous comprendre parfaitement. J'ai déjà dit qu'il paraissait intelligent, et il m'en a donné la preuve. Par notre entretien muet, nous parvenons à nous faire entendre que je fumais et qu'il prisait, qu'il avait un joli cheval et que j'étais moins bien monté. Jusque-là rien d'étonnant. Ce qui le devient davantage, c'est que lui ayant appris, au risque de commettre une indiscrétion, que le ministre lui ferait sans doute un cadeau à la fin du voyage, et lui ayant demandé ce qu'il préférerait d'une montre ou d'une arme à feu, il a su très-bien m'expliquer qu'il avait des armes à feu, mais pas de montre, et que par conséquent cette dernière lui serait de beaucoup plus agréable. Sur cette indication, je lui promets d'intervenir auprès du ministre, afin de lui faire obtenir ce qu'il désirait. Il comprend si bien ma promesse qu'il se penche aussitôt vers moi, étale dans un sourire sa superbe rangée de dents blanches, me pénètre d'un regard joyeux et me tend la main en signe de reconnaissance.

Nous approchons lentement. Il nous faut traverser un lit de rivière, où l'eau est un mythe, où les chevaux enfoncent dans le sable. Malgré notre allure modérée, nous devançons les chameaux qui cheminent tranquillement, mais sûrement, fournissant toute leur course de la journée, sans jamais faire de halte. Leur marche est curieuse à observer. On dirait qu'ils ont sous les pieds des coussinets en caoutchouc remplis d'air, qui s'élargissent et s'aplatissent par la pression. Cette disposition, en leur offrant toujours une base élastique qui modère les secousses, doit certainement atténuer leur fatigue.

Mais voilà Smira. On distingue son minaret et sa ceinture de constructions. C'est donc une ville, et non point une ville arabe aux blanches maisons, mais une ville européenne, avec la teinte sombre de ses habitations? C'est notre première impression; mais à mesure que nous avançons, l'illusion s'évanouit. Le minaret est une tour délabrée d'une forteresse en ruine, les constructions ne sont que des cactus, des figuiers de Barbarie et des jujubiers, entourant quelques pauvres gourbis!

Nous avions franchi dans la journée la limite qui sépare le territoire de Dukala de celui de Réhamna, qui va nous conduire jusqu'à Maroc. Ici, nous recevons l'accolade du caïd de la première tribu, appartenant à la nouvelle province. Il est accompagné seulement de quatre cavaliers et de deux hommes à pied.

Notre camp est établi à quelques pas des ruines du fort, sur un sol tout couvert de débris quartzeux. L'eau, ainsi qu'on l'avait annoncé, y est bonne et abondante.

Les sources qui la fournissent sont les plus considérables que nous ayons encore rencontrées.

Parmi les provisions qu'on nous apporte, il est difficile de ne pas signaler, comme originalité, la présence d'une quantité énorme d'œufs de perdrix. Trois cents œufs de perdrix au moins, à mettre en omelette ou sur le plat! Disciples de saint Hubert, voilez-vous la face!

CHAPITRE V

Montagnes et plateau de Guentour. — Une bande de convoyeurs. — Petit Sahara. — Les phénomènes de mirage. — Illusions sans cesse renaissantes. — Citerne de Saharidj.

Le clairon est impitoyable! A peine, semble-t-il, est-on couché et endormi que le maudit cuivre résonne désagréablement à vos oreilles, pour vous avertir qu'il est cinq heures et qu'il faut sauter à bas de son lit. A quoi bon se faire prier? Il ne s'agit d'ailleurs que d'un petit effort, aussitôt oublié. Les impressions agréables arrivent en foule, et tout en faisant sa toilette, par la portière soulevée de la tente, on jouit du lever de l'aurore, « cette étrangère qu'on n'a jamais vue à Paris ».

Au départ du camp, la route se poursuit sur un terrain de pierres désagrégées, à travers lesquelles se dégage avec peine une chétive végétation. Une petite crucifère en fait tous les frais. Sa gousse déjà mûre a laissé échapper ses graines et perdu ses valves latérales. La cloison du milieu persiste seule, brillante et nacrée, et l'ensemble rappelle un vaste champ d'avoine aux tiges rares, frêles et rabougries.

Nous atteignons ainsi les montées du Guentour, chaine plus réellement montagneuse que le Fathnassa. Les pentes y sont cependant moins roides et les sentiers plus nombreux et mieux tracés. Nous pouvons, sans grand risque, courir à l'aventure sur ses mamelons arrondis. Près du sommet, quelques ânes cherchent une maigre pitance autour d'un douar qui semble abandonné; c'est tout ce que nous rencontrons d'êtres vivants.

Après cinq quarts d'heure de marche, nous arrivons au point culminant de la chaîne. Au lieu d'avoir un col à franchir et une descente à opérer, comme nous devions le supposer, nous débouchons sur un haut plateau gazonné en forme de disque plat, horizontal, dont la démi-circonférence antérieure s'accuse, à une assez faible distance, avec une netteté géométrique. Sur la gauche, un pic bleuâtre se profile sur les bords du disque, et au devant de nous se dessine la crête de l'Atlas, dont les pointes neigeuses émergent des nuages.

L'avant-garde de la colonne nous paraît déjà à la limite du plateau; mais à mesure que nous avançons, le disque s'élargit, et la plaine s'étale de tous côtés. Bientôt le sol s'incline légèrement, et nous avons sous les yeux l'immensité du désert, la plaine désolée d'El-Béhira, avec sa tristesse et son uniformité désespérantes. Pas un arbuste, plus une broussaille; encore quelques brins d'une herbe à moitié sèche, qui bientôt même nous quittera pour faire place à l'aridité la plus absolue.

Heureusement que l'étape ne sera pas longue aujourd'hui, on nous l'assure du moins. Nous la ferons d'une seule traite, sans arrêt, sans obligation de fournir une seconde marche aux heures les plus accablantes du jour. Cette perspective nous donne du courage.

Le convoi est éparpillé, c'est un signe de lassitude. On le voit tout entier sur cette plaine infinie s'étendre sur une longueur de deux kilomètres. La litière, partie en tête, perd du terrain. Mon cheval semble heureux de la rencontrer; ce sera un prétexte pour lui de ralentir un peu plus son allure. Le caïd qui nous avait reçu à Smira chevauche à son côté. Ses quatre cavaliers l'ont abandonné; il n'est suivi que d'un homme à pied, portant le fusil sur l'épaule.

Quand rien autour de soi ne vient distraire l'esprit, les secousses régulières que le pas du cheval imprime à tout le corps disposent à la somnolence et à la rêverie. J'étais sans doute dans une de ces douces minutes où, sans être endormi, on a déjà perdu le sentiment de la réalité, quand tout à coup mon attention est éveillée par un son de cloches lointaines. Je me retourne du côté d'où vient le bruit, cherchant le hameau ou le village dont le clocher appelle les fidèles à la prière. Je ne découvre ni hameau, ni village, ni chapelle; et alors seulement je me rappelle que nous voyageons en pays musulman, où les cloches sont absolument inconnues. Le son que j'ai entendu n'est simplement que le bruit d'une marmite de cuivre frappant contre une caisse sur laquelle elle est mal assujettie.

La dernière bande de convoyeurs arrive, bruyante et joyeuse, et défile en chantant. Ils sont une trentaine, des nègres presque tous, et semblent faire partie du monceau de bagages au milieu desquels ils sont nichés, les pieds étendus sur le cou des mules. Celles-ci portent allègrement leur pesant fardeau sous lequel elles semblent ensevelies. Ce sont des caisses, des paniers, des ustensiles divers, et, couronnant le tout, une apparence de paquet de linge sale, d'où se dégage une boule rouge et noire, la tête d'un nègre coiffée de son fez.

Le soleil nous envoie déjà ses rayons les plus piquants, et le sol aride commence à s'échauffer. Les nuages de l'horizon perdent peu à peu de leur opacité, et nous distinguons plus nettement le massif montagneux dont chaque pas, il est vrai, nous rapproche, mais lentement, péniblement et au prix de réelles fatigues. Nous sommes au milieu d'un véritable désert; partout la misère et la désolation; la chaleur nous accable; la lassitude nous gagne; la soif nous envahit, vive, impérieuse, sans qu'il soit prudent de la satisfaire. C'est le Sahara avec toutes ses tristesses et ses rudes privations.

Si les épreuves et la nature du lieu nous donnent un avant-goût du grand désert, nous subissons encore la même impression, mais cette fois plus agréable, au spectacle curieux et saisissant qui se manifeste tout à coup à nos regards. C'est le phénomène du mirage, ce bizarre effet d'optique propre aux pays chauds dont nous avons appris la théorie sur les bancs du collége, sans jamais avoir bien cru, peut-être, à sa réalité.

Il existe cependant; il est là dans toute son intensité, complet, absolu, visible, palpable en quelque sorte, et il va nous fournir, pour le reste de notre course, une distraction bien amusante, et jamais plus opportune.

Quelque effort que l'on fasse, il est impossible de se défendre de l'illusion produite par cet étrange phénomène, tant les apparences sont conformes à la réalité. Au milieu de ce sable, de ces cailloux, dans ces espaces vides, apparaît à l'improviste un lac, quelquefois immense, avec sa surface miroitante, ses îles et ses bords verdoyants qui se reflètent dans les eaux. On presse un peu le pas, on veut l'atteindre; on approche, on va le toucher, et le lac disparaît subitement, comme par magie, sans qu'on puisse saisir le moment précis où il se dérobe à la vue. Puis aussitôt, un peu plus loin, à côté, là où rien n'apparaissait tout à l'heure, une rivière déroule son cours sinueux, un marécage étale ses eaux tranquilles, dont les contours irréguliers sont envahis par les joncs.

Nous nous précipitons vers ces lacs, ces rivières, ces marécages que nous croyons atteindre, en un instant, au galop de nos chevaux. Nous fixons un point précis, un petit rocher sur les bords, un bouquet d'arbres sur la rive. Il est bien là, ce rocher; ils sont bien là, ces arbres, avec leur tronc, leurs branches et leur feuillage; ils ne sauraient nous échapper. Bah! l'enchantement se produit; tout s'efface et disparaît; et à la place de ces rafraîchissants paysages nous ne trouvons plus qu'un sol nu et desséché.

Vingt fois nous recommençons les mêmes exercices, les mêmes poursuites furibondes; vingt fois nous repartons avec des illusions sans cesse renaissantes, pour arriver toujours aux mêmes étonnantes déceptions.

Mais voici un douar; bien réel celui-là, avec ses huttes pointues et son enclos de broussailles. Le lac qui l'entoure n'est pas, à coup sûr, un effet de mirage cette fois; la présence d'un douar ne suppose-t-elle pas l'existence de l'eau dans le voisinage? C'est là, sans doute, que nous allons camper. En effet, nos hommes sont occupés à ériger les tentes; nous voyons distinctement leurs manœuvres. Mais quoi donc! non-seulement le douar, mais les tentes elles-mêmes se reflètent dans l'eau. Établirait-on notre camp sur pilotis? Quelques pas encore, et cette nouvelle illusion s'évanouit. Nous sommes bien auprès d'un douar véritable, notre camp se dresse bien à ses côtés, mais tous les deux reposent sur un terrain solide qui n'a rien de la fraîcheur que nous lui avions attribuée.

Le lieu où nous nous arrêtons, désigné sous le nom de Saharidj, est le point de halte habituel des caravanes qui traversent la contrée. Il est pourvu d'une grande citerne bâtie et voûtée que des sources alimentent sans doute, mais qui reçoit aussi, en de trop rares occasions, l'eau recueillie dans une dépression artificielle du sol environnant. On pénètre dans la citerne par une petite ouverture; des marches de pierre, établies jusqu'au fond, permettent d'aller puiser l'eau à ses différents niveaux. La construction a une longueur d'une quarantaine de mètres. Sa faible largeur la ferait prendre du dehors pour un simple mur plein, surmonté à chacune de ses extrémités d'une petite tourelle carrée. L'eau n'est pas de très-bonne qualité, mais elle est assez abondante pour suffire à l'alimentation d'une assez forte caravane.

Quatre ou cinq jujubiers arborescents élèvent, à côté, leur tronc noueux et leurs branches desséchées; c'est toute la végétation qui s'y montre. Quelques chameaux, accroupis sur leurs genoux, se reposent, en ruminant, sous leur ombre imaginaire.

Dans tout le parcours de la journée, nous n'avons guère rencontré d'habitations, et partant nous n'avons eu ni cavaliers, ni fantasias, ni escorte d'honneur d'aucune sorte. Au campement, nous retrouvons quelques caïds venus, isolément et à pied, des tribus voisines. Nous recevons leurs hommages et ensuite leur mouna, qui ressemble à toutes les autres, sans plus de variété, mais avec moins d'abondance peut-être.

CHAPITRE VI

Du meilleur mode de locomotion. — La chaîne du Djebilat. — Rencontre de notre mission militaire en permanence au Maroc : impression réciproque. — Plaine de Maroc. — Minarets de la ville. — Campement dans une forêt de palmiers.

Sur cette mer de pierres et de sable dont l'horizon semble infini, surtout du côté de l'orient, le lever du soleil offre un spectacle de majestueuse grandeur, qu'on retrouve à peine sur l'immensité de l'Océan. A l'heure où nous quittons le camp, le spectacle se manifeste dans toute sa beauté et toute sa splendeur.

Après le repos d'une longue après-midi, en plus de l'habitude, que les difficultés de la route nous ont en quelque sorte imposé, le corps est entièrement remis de ses fatigues. L'esprit se sent libre et dégagé, et nous abordons gaiement notre étape nouvelle, qui sera la dernière sérieuse avant notre arrivée au terme du voyage. Si bien cependant que l'on soit disposé, il est tels accidents particuliers qu'un jour de repos ne suffit pas à guérir, et qui dès qu'on est remonté en selle se réveillent aussitôt.

Le cheval est une monture élégante et gracieuse, sur laquelle on est d'abord très-agréablement, mais qui, à la longue, on peut m'en croire, offre ses petits désagréments. Une litière bien aménagée fournirait un moyen commode de voyager en ces pays, mais celle que nous avons est impossible, et ne peut nous être d'aucune utilité. Quant au chameau, son pas trop lent le destine exclusivement au transport des lourds fardeaux, à moins que le climat brûlant des latitudes plus méridionales et le manque de ressources ne l'imposent aux voyageurs, à cause de sa résistance et de sa sobriété.

M. Ordega, qui a pu apprécier les inconvénients de ces divers modes de locomotion, se décide, sur nos conseils, à s'établir sur un mulet dont on a recouvert le bât d'un matelas et d'un tapis. La posture, il est vrai, n'est pas des plus nobles, mais elle est pratique, et c'est, à n'en pas douter, cette dernière considération qui doit primer dans la circonstance.

Je suis fortement tenté de suivre l'exemple du ministre. Mon cheval est tranquille et sûr, mais il lui est impossible de suivre, aujourd'hui, l'allure de la colonne qui file avec un entrain admirable. A chaque instant, je suis obligé de piquer un temps de galop, pour rattraper la distance perdue. Le jeune Davin s'offre à moi comme une providence; il monte une mule agile et veut bien l'échanger contre mon cheval. J'accepte avec plaisir et reconnaissance, et dès ce moment, sans effort et presque sans fatigue, je me trouve toujours en tête, à côté de ceux qui ouvrent la marche.

Il n'y a pas de doute, la mule est la monture par excellence de ces pays. Son pas est plus sûr, plus soutenu, plus rapide et beaucoup moins saccadé que celui du cheval. Sans qu'il soit à peine besoin de la talonner, elle conserve indéfiniment sa même allure, et laisse toujours bien loin derrière elle tous les autres animaux.

Nous entrevoyons enfin, et non sans plaisir, notre sortie prochaine de ce monotone désert, dont Saharidj (de Sahara sans doute) a été la maigre oasis. La chaine bleuâtre du Djebilat, qui le ferme devant nous, laisse déjà distinguer les reliefs et les plans successifs de sa structure. Le sol commence à perdre son aridité absolue. Des buissons de jujubiers se montrent de nouveau çà et là; et une douzaine de ces jujubiers, en arbre, au milieu d'une espace piétiné et plus uni que le sol environnant, indiquent la place d'un marché, qui se tient là chaque dimanche.

Par une montée presque insensible, nous atteignons le pied des montagnes, au lieu dit de Suinia, où se trouvent une koubba, un douar, et par suite des puits, les uns expliquant la présence des autres.

La koubba de Sidi-Mohamed-el-Effedhil, comme toutes celles que nous avons rencontrées, est un édifice carré, aux murs découpés en créneaux et surmonté d'un dôme en demi-sphère, ou demi-orange, comme disent les Espagnols. Ce sont à peu près les seules constructions de pierre que l'on voit sur la route. Chaque koubba renferme les restes d'un marabout ou prêtre vénéré, d'où le nom de marabout attribué également à ces petites mosquées. Leur couleur blanche extérieure les désigne de loin à l'attention, et les musulmans de la contrée, ainsi que les voyageurs, y viennent pieusement réciter leurs prières et se prosterner devant les saintes reliques. La porte en reste continuellement ouverte, à moins que le tombeau ne renferme de grandes richesses, ce qui semble tout à fait exceptionnel.

La gorge dans laquelle nous nous engageons est plus sévère qu'elle ne nous avait d'abord paru. Nous marchons sur des schistes dénudés et des cailloux de quartz qui roulent sous les pieds. Cependant, des genêts, a petites fleurs blanches, ne tardent pas à venir se mêler aux jujubiers sauvages. Plus loin, s'élèvent au-dessus d'eux des cassias épineux, au feuillage de sensitive, dont les troncs tordus et bas laissent échapper une gomme abondante. Leur tête arrondie et touffue procure une agréable fraîcheur. Au pied de l'un d'eux, les reliefs d'un festin, débris de coquilles d'œufs et noyaux de dattes, trahissent le passage récent d'une petite caravane.

Le col franchi, nous descendons la pente d'un étroit défilé, par un sentier sinueux et fortement encaissé, sur lequel nous sommes obligés de cheminer un à un. La nature est ici vigoureusement tourmentée, le site est âpre et rude, la montagne nous enserre, mais la vue et l'esprit, rassasiés des horizons sans bornes, se reposent agréablement sur ces perspectives rapprochées. Le corps en devient plus alerte, et c'est presque sans fatigue que nous arrivons, après quatre heures de marche, au lieu fixé pour notre halte principale.

Nous n'éprouvons, cette fois, aucune hésitation à reprendre notre route après le déjeuner. On sent d'ailleurs que le but approche. La chaîne du Djebilat est à peu près franchie, et ses dernières ondulations vont bientôt se confondre avec la plaine sur laquelle s'élève la ville de Maroc.

Nous n'avons pas encore quitté les pentes, déjà pourtant bien adoucies, qui mènent à cette plaine, que nous voyons fondre sur nous trois cavaliers soulevant sur leur passage un nuage de poussière. A leur costume, nous croyons que quelque riche caïd ou quelque noble messager de cour, suivi d'une petite escorte, vient à notre rencontre. Nous sommes bientôt désabusés. Les trois personnages qui se précipitent sur nous sont des Français transformés en Orientaux, les membres de notre mission militaire, en résidence fixe auprès du sultan.

A leur tête est le capitaine d'artillerie X..., ayant auprès de lui un maréchal des logis de son arme, et un homme détaché d'un régiment de zouaves.

Le capitaine X... excite l'admiration par sa belle barbe blonde et la magnificence de sa tenue. Il monte un joli cheval gris, équipé à la mode arabe; haute selle reposant sur une douzaine de feutres diversement colorés; brides et poitrail de soie, rehaussés de broderies d'or; mors et étriers dorés.

Un volumineux turban est enroulé autour du fez qui couvre sa tête et duquel pend un énorme gland d'or. Il est drapé dans un vaste burnous blanc, dont les plis disposés avec une intelligente symétrie laissent apercevoir tous les détails d'un costume éblouissant.

Il faut bien le dire, l'impression produite par l'arrivée de ces cavaliers ne leur est pas favorable. Ce n'est pas ainsi que nous nous étions imaginé notre mission française. Rien à sa vue ne réveille le souvenir de la patrie lointaine que nous avions l'espoir de retrouver en elle. Le capitaine X... n'ayant du costume français que les bottes, ce n'est pas assez, à notre avis, surtout dans la démarche officielle qu'il accomplit en ce moment.

Je m'imagine que si le gouvernement français a recherché et obtenu le privilége d'envoyer un de ses officiers au Maroc, c'est, je le veux bien, pour instruire les soldats du sultan dans la manœuvre du canon, mais aussi, ce me semble, pour apprendre à ces populations ignorantes à connaître la France et à la respecter dans la personne de ses représentants. Or, comment les respecter, si rien ne signale leur présence et leur qualité? L'uniforme français, dans sa modestie et sa simplicité, serait certainement plus profitable à notre prestige que tous les accoutrements de fantaisie, si riches et si brillants qu'ils soient.

Après tout, je juge peut-être en profane et ne me rends pas un compte exact des exigences du climat et du milieu dans lequel vivent, ici, nos envoyés. Cependant deux membres de la même mission, le docteur Linarès et le lieutenant Chaumet, que nous avons vus à Mazagan, se sont présentés dans leur costume réglementaire; les officiers qui nous accompagnent portent aussi l'uniforme de leur corps, sans trop paraître en souffrir; enfin, nos régiments d'Afrique font campagne dans des climats au moins aussi rigoureux, sans qu'on juge utile de transformer leur tenue.

Dans ces dernières années, j'ai eu l'occasion de connaître et de fréquenter des jeunes Chinois, envoyés en mission à Paris. Ils parlaient notre langue avec beaucoup de correction et s'étaient assimilé, avec une rapidité étonnante, les mœurs et les usages de notre capitale; mais ils avaient conservé le costume de leur pays. Je leur demandai pourquoi ils s'exposaient ainsi à une curiosité indiscrète et gênante. Ils me répondirent que c'était par ordre de leur gouvernement. De cette manière, on apprenait en Europe à les reconnaître, à ne pas s'étonner d'eux et à juger qu'il y avait ailleurs que chez nous, sous un habit différent, autre chose que des barbares, des hommes instruits et intelligents. J'admirai la prévoyance du gouvernement chinois, et je souhaite aujourd'hui que nous sachions l'imiter.

L'impression légèrement pénible que nous avons reçue, à cette première rencontre, de notre mission militaire au Maroc a dû être réciproque, et certainement nous n'avons pas produit sur ces brillants cavaliers l'effet

ABORDS DU CAMP A L'ENTRÉE DE LA FORÊT D'EL-KANTARA (MAROC).

qu'ils attendaient de nous. En ce qui me concerne, j'en ai la preuve assez manifeste. Monté sur ma mule et cheminant discrètement à l'écart, plus désireux d'observer que de me produire, je me figure aisément que j'avais plutôt l'air d'un Sancho Pança que d'un don Quichotte. Toujours est-il que le sous-officier, s'étant approché de moi, enhardi sans doute par mes humbles allures, me demande à brûle-pourpoint si je fais partie de la mission. Je lui réponds par une simple affirmation, croyant, d'ailleurs, à la brusquerie de sa question, que c'est une simple manière d'entrer en conservation. Pas du tout, c'est une information plus complète qu'il désire, je le devine bientôt. N'osant plus m'interroger directement, son œil investigateur supplée à ses paroles. Il m'analyse des pieds à la tête, cherchant visiblement à déduire de son examen la qualité de ma personne. Je me garde de venir à son secours. Je me fais au contraire un jeu de son incertitude et je m'amuse, tandis que nous échangeons des phrases banales, à suivre la marche de sa pensée, obstinément en quête de savoir à quel rang il pourrait bien me placer, parmi les membres de la mission, entre le ministre et son cuisinier.

Cependant nous avançons. Au seuil de la plaine dont nous découvrons déjà la sombre verdure, au milieu de notre chemin, un amoncellement de pierres indique, parait-il, l'endroit où quelque saint du calendrier musulman s'est arrêté pour dire sa prière. Chaque passant ajoute une pierre à l'autre, et le tas grandit ainsi, en raison sans doute de la vénération dont le saint est l'objet.

Une dizaine de cavaliers, venus là pour nous attendre, se joignent à notre escorte. Dès ce moment, nous distinguons la ville toute noyée encore dans une légère brume.

Elle est dominée par une haute tour carrée dont la vue rappelle aussitôt la fameuse Giralda de Séville. A sa gauche, s'élèvent deux autres minarets de plus modestes proportions.

Nous atteignons à El-Kantara la lisière d'une forêt de palmiers. Bou-Taleb, en véritable Arabe, me montre avec orgueil un étroit canal où l'eau coule à pleins bords. C'est une satisfaction qu'il n'avait pu se donner jusqu'ici. Ce canal est une des nombreuses dérivations de l'Oued-Tensift qui servent à l'irrigation de la plaine et concourent à sa fertilité. Il fait partie d'un système analogue à celui que les Maures d'Espagne établirent jadis dans les plaines de Murcie et d'Alicante, et qui fait encore aujourd'hui la prospérité et la fortune de ces fertiles provinces.

Nous n'avons plus qu'à franchir, à gué, cette *séguia* d'irrigation pour atteindre le camp établi dans une de ses courbes. Le terrain sur lequel il est placé n'est pas heureusement choisi. C'est un marécage desséché que les chameaux ont labouré de l'empreinte profonde de leurs pieds et recouvert de leurs nombreuses déjections, assez semblables à des pacanes ou noix d'Amérique, déposées en tas çà et là. Le sol est inégal, fendillé, et la marche n'y est pas facile. A part ce petit inconvénient qu'on eût pu éviter, nous y sommes agréablement; nos tentes sont entourées de fraîcheur et de verdure; l'eau coule sous nos yeux, et nous pouvons contempler la haute cime des palmiers agitée par le vent.

LIVRE IV

SÉJOUR A MAROC.

CHAPITRE PREMIER

Entrée solennelle à Maroc. — Pont sur l'Oued-Tensift. — Personnages de la cour venus à notre rencontre. — La garnison sous les armes. — Cavalerie, infanterie, musique militaire, bataillon exercé par des instructeurs anglais. — Imposante manifestation. — Enceinte fortifiée de la ville. — Arrivée au palais de la Mahmounia.

1er avril.

Par une lettre personnelle, le grand vizir a prévenu M. Ordega que nous serions attendus aujourd'hui dans la matinée. Pendant toute la soirée, des émissaires se sont succédé dans notre campement d'El-Kantara, pour régler les détails de la réception.

Six kilomètres seulement nous séparent encore de la ville de Maroc. En raison de cette faible distance à parcourir, le départ est différé jusqu'à huit heures. Mais ce répit ne profite guère à notre repos; dans le camp, tout est en remue-ménage à l'heure accoutumée.

On nous communique un ordre de marche soigneusement réglé. Impossible à observer dans nos longues et pénibles étapes des jours précédents, chacun, cette fois, devra s'y conformer, pour donner à notre entrée un cachet plus solennel.

Nous n'avons qu'à repasser le ruisseau d'irrigation qui borde notre camp, pour retrouver la route. Celle-ci s'engage aussitôt sur un pont d'assez belle apparence, jeté sur l'Oued-Tensift, pour se continuer ensuite jusqu'à la ville, à travers la forêt de palmiers, et plus loin, au milieu de magnifiques jardins plantés d'oliviers, de figuiers et d'orangers.

Le pont, étroit, mais long, est supporté par une quinzaine d'arches bâties en ogive et remonte, assure-t-on, à une époque déjà ancienne. Le fleuve qu'il recouvre, malgré la largeur considérable de son lit, ne laisse écouler qu'un mince filet d'eau, ce qui s'explique par les nombreuses saignées faites en amont pour l'arrosage de la plaine.

Nous ne tardons pas à rencontrer les premiers délégués du sultan, venus au-devant de nous pour nous recevoir. C'est d'abord le grand maître des cérémonies, le caïd Méchouar, et après lui, successivement, d'autres grands dignitaires, ministres, pachas ou caïds. Tous ces personnages prennent place à côté de M. Ordega, tandis que leur escorte se met à notre suite.

A peu près à mi-chemin se montre, rangée en ligne, la cavalerie marocaine représentée par un millier d'hommes, tous coiffés du turban, couverts du large burnous blanc, armés du long fusil arabe, qu'ils tiennent verticalement, la crosse reposée sur le pommeau de la selle. Soldats et officiers viennent se ranger derrière nous, après notre passage.

Bientôt après, apparait l'infanterie. Les soldats, en

ordre de bataille, sont disposés sur un seul rang, le long des murs de terre qui bordent les jardins, tantôt à gauche, tantôt à droite, suivant les dispositions du terrain. Leur ligne ininterrompue s'étend sur une longueur de plus de deux kilomètres. Nous avons le temps de les bien observer.

Les bataillons succèdent aux bataillons, chacun avec son tambour et son clairon, qui résonnent avec fracas à notre approche. Il y a aussi une musique militaire, une vraie musique, celle-là, avec cornets à pistons, saxhorns et clarinettes. Elle attaque devant nous une façon de marche espagnole. Le chef joue du trombone; il se tient en avant de la ligne, nous fait face, tournant le dos à ses musiciens. Tous exécutent de mémoire, les yeux fermés, les joues gonflées, la tête en l'air; une vraie réminiscence de l'ancien caveau des Aveugles, au Palais-Royal.

Un cavalier attardé accourt au galop de son cheval C'est le ministre de la guerre! Dès qu'il a salué M. Ordega, il s'empresse, en homme pratique, de changer de monture, et du haut de sa mule, il pourra encore jouir du coup d'œil de son armée.

Beaucoup de ses hommes sont habillés de neuf, veste et bonnet rouges, pantalon bleu, jambes nues, babouches jaunes. C'est là, évidemment, la tenue officielle de la troupe d'infanterie. Ceux qui ne sont pas récemment équipés présentent dans leur habillement toutes les variétés de forme et de couleur, et chez quelques-uns le costume dégénère en véritables loques.

Parmi ces soldats il y en a de jeunes et de vieux, il y a des enfants et des barbes blanches. Le recrutement se fait d'une façon assez bizarre. Chaque famille est régulièrement obligée de fournir un homme, mais un homme quel qu'il soit. En temps de paix, on n'en demande pas davantage. Ce sont les membres inutiles que la famille désigne ordinairement, l'enfant tant qu'il n'est pas en état de rendre quelque service; le vieillard, le grand-père, quand l'enfant est en âge de travailler.

Cette troupe est armée de fusils, des modèles les plus variés, presque tous encore à percussion. J'en ai remarqué un très-grand nombre qui me paraissaient sortir pour la première fois des magasins ou des arsenaux, et les hommes qui les portaient avaient, pour le moins, aussi peu servi que les fusils.

L'attitude du soldat présentant les armes est des plus curieuses à observer, et le crayon d'un Daumier eût trouvé abondante matière à nous égayer; chacun a la sienne, aussi fantaisiste et aussi drôlatique l'une que l'autre. C'est moins la correction de leur tenue que le spectacle de notre arrivée qui les préoccupe. Pour mieux nous voir, ils écartent sans façon le canon de leur fusil qui semble les gêner, avancent la tête, tendent le cou, et nous contemplent avec des airs impossibles de surprise et d'effarement.

Il faut faire exception, toutefois, pour un bataillon qui se distingue à son costume entièrement rouge, et dont les hommes portent des bas blancs. Il a plus de précision et plus de régularité dans ses mouvements. Ce bataillon a été en effet instruit à Tanger, par des instructeurs tirés de la garnison de Gibraltar. Ses chefs portent les galons et les insignes de l'armée anglaise. Il appartient à la garde particulière du sultan. C'est celui qui est destiné à faire le service d'honneur auprès de nous, pendant notre séjour au Maroc.

Avec sa supériorité incontestable sur les autres, il est bien loin encore de rappeler un corps de troupes européennes. Son armement, le plus perfectionné de toute l'armée du sultan, consiste bien en fusils se chargeant par la culasse, mais ces fusils, pour ce seul même bataillon, sont de trois modèles différents et proviennent de trois fabriques, anglaise, espagnole et belge. Chaque modèle exige des cartouches différentes, ce qui doit rendre le service des munitions extrêmement difficile, sinon impossible.

Dès que nous eûmes défilé devant ce bataillon, il vint prendre auprès de nous ses nouvelles fonctions et nous fit une escorte immédiate, en avant et sur les côtés. Il conserva sa tenue assez correcte, les hommes marchant, à peu près, au pas réglé.

Sur un grand espace en avant et sur une longueur interminable en arrière, on ne voit que cavaliers et fantassins, costumes blancs ou rouges, carabines et fusils, avec baïonnettes au canon aussi variées de forme et de modèle que les fusils eux-mêmes. Toute cette troupe bigarrée s'avance pêle-mêle, dans une confusion qui semble bien l'ordre habituel, mais qui est devenue inévitable par l'irrégularité du chemin, sa largeur variable, les obstacles que nous rencontrons et la masse de curieux qui se pressent autour de nous. Ces cinq ou six mille hommes sous les armes, le pas d'un millier de chevaux, les mouvements désordonnés et empressés de la foule, soulèvent un nuage de poussière qui nous aveugle littéralement et nous prive, en partie, du spectacle de cette étonnante manifestation.

Rien ne saurait rendre l'effet de cette exhibition, à la fois sérieuse et grotesque, imposante et ridicule. On pense involontairement à quelque gigantesque parade de cirque, à quelque grandiose figuration tintamarresque dont on est d'abord tout prêt à rire. Mais si l'on remonte un instant à la pensée qui l'inspire, aux sentiments de déférence dont elle est le témoignage, on ne peut s'empêcher, ce me semble, de lui reconnaître le caractère imposant et sérieux que je lui attribue.

Il est incontestable, en effet, que ces braves gens ont mis en œuvre toutes les ressources dont ils disposent, pour faire au ministre de France une réception digne, à leur manière, du pays qu'il représente. Depuis notre entrée au Maroc, la mission a été comblée de toutes les prévenances; il n'y a pas un de ses désirs qui n'ait été satisfait; partout, sur notre route, nous avons trouvé la trace des ordres directs du sultan, prescrivant aux caïds les soins et les égards; contre tous les usages, et sans crainte de déroger, le grand vizir vient d'écrire personnellement au ministre; notre arrivée est accueillie par les plus éclatantes et les plus solennelles démonstrations; la garnison tout entière a été appelée sous les armes; l'équipement des soldats a été renouvelé pour la circonstance; tout le personnel des grands dignitaires a été mis en mouvement; une escorte d'honneur nous a été choisie dans la garde même du sultan. Qu'est-ce donc que tout cela? Pour moi, j'y vois le sincère désir de nous être agréable, et quel que soit le sentiment qui le dicte, calcul ou sympathie, je me réjouis profondément, dans l'intérêt de notre politique, que le sultan et son entourage aient compris qu'ils devaient à la France ces marques d'honneur et ces témoignages de respect.

La route débouche brusquement, par un coude, sur un large terrain libre, grande esplanade toute couverte encore de curieux. Leur masse compacte s'étend jusqu'à l'enceinte fortifiée de la ville. Nous sommes sous les murs de Maroc. Devant nous se développe le cadre grandiose où Benjamin-Constant a placé l'émouvante scène de son tableau *les Derniers Rebelles*. La ligne des hautes murailles, à teinte de rouille et de bistre, s'accuse nettement sur le fond du ciel bleu. Leur aspect est imposant et sévère. Derrière elles la ville semble ensevelie. Seuls, au-dessus de leur crête, s'élancent les minarets; et par delà, les cimes neigeuses de l'Atlas se dressent, resplendissantes, sous les feux du soleil.

Des salves de mouqueterie signalent notre arrivée. Le canon reste silencieux; là où réside un souverain, il ne résonne qu'en l'honneur du souverain lui-même. Ainsi le veut l'étiquette diplomatique.

Plusieurs portes monumentales donnent accès dans la ville. L'une d'elles semble s'offrir naturellement pour nous livrer passage; mais en raison des difficultés que rencontrerait notre marche à travers les rues étroites et encombrées, il est décidé que nous longerions extérieurement les remparts, pour nous rendre au lieu de notre destination.

La ville doit être immense, si l'on en juge par la longue distance qu'il nous faut encore parcourir. De plus, le chemin suivi est difficile, inégal, souvent très-resserré, rempli de fondrières et de trous profonds, où cheval et cavalier pourraient aisément s'engloutir. Nous accomplissons ainsi, le long des murs, un trajet au moins aussi long que celui qui nous a conduits du camp d'El-Kantara à la porte d'El-Kemis.

Enfin, la tête d'escorte s'arrête. A côté d'une des nombreuses tours carrées qui flanquent les murailles, une petite ouverture basse et étroite laisse pénétrer dans l'enceinte. C'est par là que nous entrons, défilant un à un, avec toutes sortes de précautions, pour ne pas accrocher nos jambes aux montants de la poterne. Le seuil franchi, nous sommes dans le palais impérial de la Mahmounia, lieu assigné pour notre résidence. Durant les quelques jours que nous passerons à la ville de Maroc, il restera à notre entière disposition, avec ses édifices et ses grandioses jardins.

CHAPITRE II

Le palais de la Mahmounia. — Pavillon principal. — Pavillon attribué au ministre. — Pavillon des sultanes. — Jardins et leur disposition. — Petit campement.

Le palais de la Mahmounia, où nous sommes installés, est appuyé contre le mur d'enceinte, à l'une des extrémités de la ville. Il se compose de trois édifices distincts, élevés au milieu de vastes et magnifiques jardins.

Le bâtiment principal du palais offre tout à fait le caractère de l'habitation mauresque : petite cour carrée ou *patio*, avec vasque de marbre au milieu, d'où s'écoule sans cesse par les bords le trop-plein d'un petit jet d'eau; tout autour, portique d'arcades en ogive, supportées par des colonnes hexagonales, blanches et sans ornement. Sous la galerie, trois portes monumentales, à deux lourds battants, donnant chacune accès à une pièce, large comme la longueur du côté qu'elle occupe, mais peu profonde. Ces portes sont recouvertes d'une mosaïque de bois de cèdre et encadrées d'arabesques de même nature. Elles restent habituellement ouvertes, car ce sont les seules voies par où pénètre l'air et la lumière. Pour le cas où l'on voudrait les condamner, l'un des battants est percé d'une seconde porte plus petite, tout juste suffisante pour livrer passage à une personne.

La quatrième face de la cour est dépourvue de grande ouverture, et ne cache que quelques réduits obscurs, à l'usage des hommes de garde et de service; mais son mur, recouvert en partie d'un revêtement de faïences multicolores dont le dessin représente un grand arc mauresque, la met en apparente et suffisante harmonie avec les autres. De cette paroi s'échappe l'eau d'une fontaine, versée continuellement par trois orifices dans un bassin toujours rempli, et qui s'écoule aussi par débordement sur le dallage du portique, d'où par une petite rigole elle va se perdre au pied de la vasque centrale.

Par sa forme et ses proportions, mais avec moins de richesse dans l'ornementation, l'aspect de cet édifice réveille aussitôt le souvenir de l'élégant *Patio de las Doncellas,* de l'alcazar de Séville.

La construction n'a qu'un rez-de-chaussée, au-dessus duquel règne une large terrasse où mène un escalier sombre, et d'où l'on jouit du splendide panorama de la ville, de la plaine et des montagnes.

Des trois pièces dont nous pouvons ici tirer profit, l'une, celle du milieu qui fait face à la fontaine, est réservée pour notre salle à manger; les deux autres sont occupées, après arrangement établi entre nous, par trois membres de la mission.

Tout à côté de ce premier pavillon, et séparé seulement par un grand réservoir qui fournit l'eau à la Mahmounia, s'en trouve un second, que son accès plus facile et les proportions plus grandes et plus régulières de l'unique pièce qui le compose semblaient désigner d'avance à l'usage de M. Ordega. Ce pavillon est supporté par une large voûte, qui fournit passage des jardins au premier corps de bâtiment, et sous laquelle se tiennent aujourd'hui les soldats de garde.

On arrive à l'étage par un escalier roide et droit, véritable échelle de meunier dont la cage s'ouvre béante dans la chambre même, si bien qu'il a fallu élever un petit mur sur les côtés de l'ouverture pour préserver les occupants de dégringolades inévitables.

La pièce est carrée, assez spacieuse. Quatre petites croisées donnant sur les jardins l'éclairent discrètement, et permettent de jouir d'une vue fraîche et délicieuse.

L'ameublement a été improvisé pour la circonstance. Le sol, pavé de faïences disposées en mosaïque, est recouvert de nombreux tapis. Quelques-uns, aux couleurs vives et harmonieuses, au tissu épais et moelleux, sont de beaux spécimens de l'industrie marocaine; d'autres, de moindre valeur, ne sont évidemment que des produits de fabrication étrangère. Une grande table, couverte d'un tapis vert, est placée au centre de la pièce, au milieu d'un espace rectangulaire compris entre quatre colonnes qui supportent le plafond. Celui-ci est fait d'une multitude de petites solives en bois de cèdre. Deux fauteuils et deux chaises de canne sont autour de la table.

Dans le fond, du côté opposé aux jardins, les deux angles sont occupés par deux larges lits en cuivre, dont le ciel, constitué en forme de dôme par des tringles de même métal, est surmonté d'une brillante couronne. Ils sont garnis d'excellents sommiers et ornés de draperies rouges. Le tout de fraîche provenance anglaise.

M. de la Boulinière, que ses fonctions de secrétaire retiennent particulièrement auprès de M. Ordega, occupera le second lit, à côté de celui du ministre.

Devant les quatre petites ouvertures, des étoffes de couleur sombre pendent en guise de rideaux. Une baguette de bois qui fléchit sous le poids de l'étoffe fait office de tringle, d'ailleurs mal assujettie.

Deux planches de bois mal réunies, à peine rabotées et supportées par quatre pieds mal équarris et mal équilibrés, constituent la table de toilette. Le dessus est percé d'un trou rond destiné à recevoir et fixer la cuvette. C'est ici, à n'en pas douter, un produit de l'ébénisterie indigène. La table est garnie d'une carafe et d'un verre portant encore la poussière et les débris de paille de l'emballage. On a poussé le raffinement jusqu'à orner la chambre d'une glace, mais le curieux de la chose, c'est que l'étiquette du marchand qui l'a fournie s'étale en plein milieu de la surface réfléchissante; tandis qu'en arrière, deux planchettes transversales, débordant le cadre sur lequel elles s'appliquent, montrent encore les longs clous tordus qui la fixaient à la caisse où elle a voyagé.

Si j'ajoute que des divans, où l'on est commodément assis, règnent par terre, le long de tous les côtés de la pièce, j'aurai donné une idée à peu près exacte de cet ameublement, curieux et bizarre assemblage, où l'on devine toutefois l'attention délicate d'associer au confortable du luxe oriental toutes les commodités indispensables à des goûts européens.

De l'habitation du ministre, une longue et large allée, bordée d'oliviers séculaires, conduit à un troisième pavillon, isolé, presque perdu au milieu des jardins. Rien de plus mignon, de plus gracieux, de plus coquet que ce petit et frais réduit. Il est tout entier dans une seule pièce oblongue, en rez-de-chaussée, précédé, dans toute sa largeur, d'un élégant portique de trois arcades supportées par deux légères colonnes arrondies. Au-dessus est établie une terrasse, sur laquelle de vieux arbres projettent leurs branches et leur ombrage, et d'où la vue s'étend au loin et permet surtout d'admirer la tour voisine de la *Koutoubia,* principale mosquée de la ville.

Une porte monumentale développe ses deux battants sous le portique, qui fait face à la grande allée. Deux petites fenêtres sont, en outre, percées aux deux extrémités de la pièce, meublée, d'ailleurs, avec le même soin et dans le même goût que celle qu'occupe M. Ordega.

Cette charmante et discrète retraite, désignée sous le nom expressif de *Pavillon des Sultanes,* était destinée aux dames qui auraient fait partie de la mission. En leur absence, c'est au peintre Mousset et à moi que, par un heureux privilége, en a été dévolue la jouissance.

Les jardins occupent une surface assez considérable, divisée en carrés par des allées qui se coupent à angle droit. Ils sont plantés de citronniers et d'orangers, en ce moment tout couverts, à la fois, de leurs fruits et de leurs fleurs. Ce sont des arbres au tronc vigoureux et élancé, dont les cimes puissantes se confondent pour former une voûte à peu près impénétrable aux rayons du soleil. De nombreuses rigoles serpentent à leurs pieds et leur apportent, à des heures déterminées, la fraîcheur nécessaire.

Çà et là, en bordure, des tilleuls, dont on ne connaît plus l'âge, mêlent leur parfum à l'odeur un peu capiteuse de l'oranger; de gigantesques acacias laissent pendre leurs grappes odorantes, au milieu desquelles roucoule la tourterelle; des abricotiers, aussi volumineux que les plus beaux chênes de nos forêts, montrent leur incalculable production de fruits, déjà plus gros que des noisettes; d'énormes figuiers étalent, le long des murs, leurs tiges tourmentées et leur feuillage sombre. Une multitude de petits oiseaux vivent au milieu de ces frais et tranquilles ombrages, et font entendre leur continuel gazouillement,

> Égayant jusqu'à l'air qui les entend chanter.

A l'exemple des oiseaux, nos trois officiers, qui forment l'élément militaire de la mission, ont demandé asile aux jardins de la *Mahmounia,* et ont fait dresser leurs tentes à l'ombre des orangers. Loin de les plaindre, envions-les. Ils sont amplement pourvus de tous les objets nécessaires à leurs besoins, et le sol de leur tente, tout comme celui de nos appartements, est recouvert de fins et moelleux tapis. Autour d'eux, tout est harmonie, tout est fleurs, tout est fruits.

Les autres membres de la mission, qui n'ont pas trouvé place dans les trois pavillons, sont installés de la même manière. Leurs tentes, disséminées dans les massifs, entrevues dans la verdure, forment un petit camp de l'effet le plus gracieux.

PLAN DE MAROC

(LEVÉ A VUE)

PAR LE CAPITAINE D'ARTILLERIE E. MARTIN

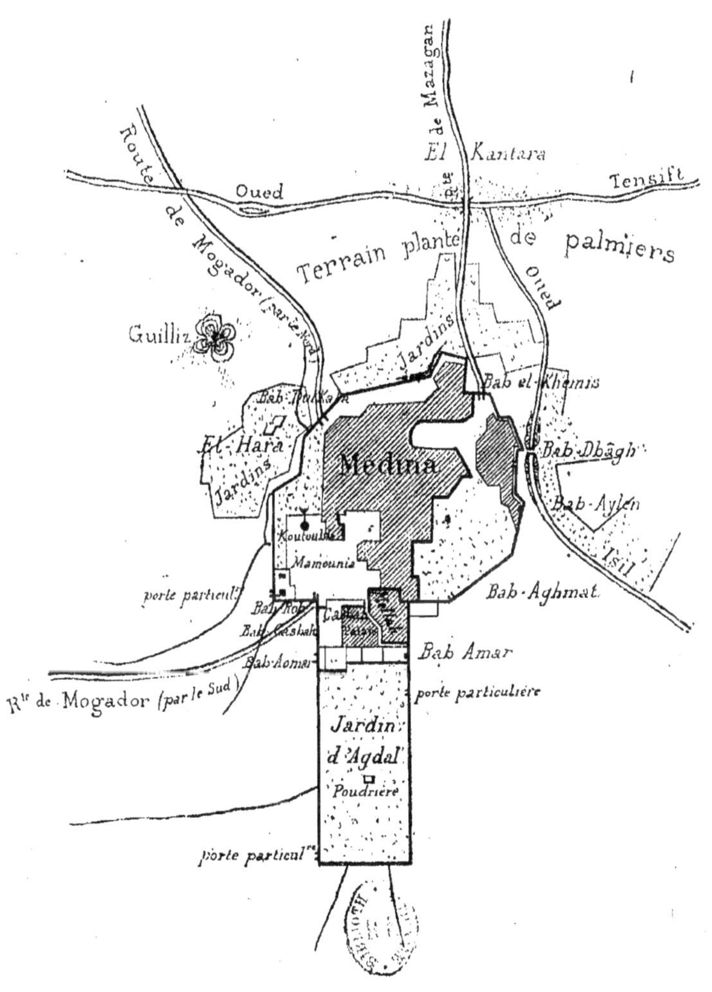

CHAPITRE III

Aspect général de la ville. — La *Medina*. — Rues couvertes. — *Ksaria*. — Places et marchés. — Quartiers non commerçants. — Costume de la population. — Son attitude à notre égard. — *Mellah*, ou quartier juif. — *Kasbah*, résidence officielle.

D'une première visite à la ville on rapporte une impression bien étrange et bien extraordinaire. Rien qui ressemble à une ville telle que nous la concevons.

D'abord, son étendue est immense; son enceinte, qui mesure plus de vingt kilomètres, en peut donner l'idée. Mais les jardins l'ont envahie de toutes parts, et les constructions actuelles n'occupent plus qu'une faible portion de sa surface.

Maroc est loin de posséder les cinq à six cent mille habitants qu'on lui attribuait encore au commencement du siècle dernier. Sa population actuelle représente à peine la cinquième partie de ce chiffre. Cette sensible décroissance date du jour où la ville cessa d'être la capitale de l'empire des chérifs, après que ceux-ci, ayant fait la conquête des royaumes de Fez et de Méquinez, y transportèrent le siége de leur gouvernement. Toute déchue qu'elle soit de sa splendeur passée, Maroc n'en est pas moins un des centres les plus considérables, sinon le plus important de l'empire. Berceau de la dynastie régnante, elle en reste toujours la cité préférée.

La distance est considérable, du point extrême où nous sommes, pour atteindre le centre de la ville. Nous sommes dans l'obligation de monter à cheval pour la visiter et la parcourir.

En sortant de la Mahmounia, on s'engage dans des voies assez larges, tracées au milieu de jardins bordés de murs de terre irrégulièrement élevés. Au-dessus d'eux apparaissent des cimes de figuiers et de mûriers, dominés eux-mêmes par la tige élancée de quelques palmiers. Des pans de clôture renversés, de larges fentes occasionnées par le retrait de l'argile laissent voir, au-dessous des arbres, des haies de cactus et des cultures de légumes d'assez belle venue.

Ces jardins reçoivent l'eau par de nombreux canaux d'irrigation qui circulent le long des chemins, soit par voie souterraine, soit à découvert. Ceux qui sont accessibles sont constamment utilisés à laver le linge ou à faire macérer et préparer des peaux. Les hommes occupés à cette besogne sont à moitié nus. Ils entrent dans l'eau pour imbiber et rincer la pièce qu'ils travaillent, puis, à l'aide de leurs mains ou de leurs pieds, ils la malaxent sur des pierres voisines, ordinairement de forme circulaire. Quand ils jugent l'opération suffisamment avancée, ils vont se replacer au courant du ruisseau, rincent de nouveau l'objet, pour aller ensuite le soumettre à un autre frottement sur les pierres. L'aspect de ces lavoirs est assez original.

En poursuivant son chemin dans la direction de la *Medina*, la ville proprement dite, la ville arabe, on passe par une série de portes et de voûtes dont on ne comprend guère l'utilité, et après un long parcours entre des murs délabrés, sur un chemin inégal et poudreux,

UN LAVOIR DANS LE VOISINAGE DE LA KOUTOUBIA (MAROC).

on arrive aux quartiers habités. A la première impression, le spectacle est désolant. Ce ne sont que basses et tristes masures, dont les murailles ne se soutiennent que par prodige. On se croirait devant les ruines d'une ville effondrée, dont pas un étage ne serait resté debout sur la base ébranlée de ses maisons.

On défile alors à travers de petites rues sinueuses et resserrées, où la circulation est extrêmement difficile, surtout à certaines heures du jour, quand la population tout entière se porte au dehors et court à ses affaires. Des poutres, de simples barres jetées au-dessus des rues, d'une bicoque à l'autre, forment une charpente grossière qui, recouverte de roseaux secs ou plus rarement de plantes vertes, forme voûte et protége les passants contre les ardeurs du soleil.

C'est d'un effet surprenant quand, pour la première fois, on s'engage dans ces espèces de galeries couvertes, dans ces longs couloirs sombres, si bas qu'on risque, si l'on n'y prend garde, de se heurter la tête lorsqu'on les parcourt à cheval. Ils sont en outre si étroits que deux cavaliers peuvent tout au plus s'y croiser en route; il faut pour cela que l'un s'arrête et se dispose le plus près possible des boutiques, pour laisser passer l'autre.

Toutes ces rues couvertes sont, en effet, bordées de boutiques, et quelles boutiques! De petites échoppes adossées contre une muraille de terre et un peu surélevées au-dessus du sol. Des trous, des niches, où le marchand, accroupi au milieu de ses produits, attend, dans une impassible attitude, la venue de la pratique. Celle-ci ne peut songer à pénétrer dans ces étroits réduits et reste dans la rue.

Dans ces boutiques se succèdent toutes les petites

industries, tous les petits commerces, mais avec un certain ordre, de façon à réunir en un même point tous les objets et tous les produits de même nature, ce qui facilite la recherche et le choix des acheteurs. On y vend de l'épicerie, de la mercerie, de la quincaillerie; on y voit, en très-grand nombre, des marchands de poteries, qui ont en même temps accaparé le monopole de la vente du goudron, dont on doit faire, à ce qu'il semble, un très-grand usage, pour assainir l'eau potable; il y a des quantités de marchands de légumes, dont les niches ressemblent à des cages à lapins; des boucheries, dont les bêtes mortes suspendues à l'étal masquent en partie l'ouverture des échoppes et donnent à celles-ci un faux air de théâtre de Guignol.

Sur un assez long parcours, on ne voit que selles, brides et tout ce qui constitue le harnachement; sur un autre, des ouvriers travaillent le maroquin, dont ils font des sacoches, des ceintures, des coussins; ici, c'est une suite d'ateliers de tailleurs où les hommes sont occupés à coudre des burnous ou des djilabah; c'est ailleurs une rangée de maréchaux ferrants s'évertuant à battre leurs fers à peu près froids, de façon à ménager le combustible qui est rare. Jamais on ne voit une femme employée à la vente ou appliquée à quelque travail.

En dehors des boutiques, à travers les rues, des colporteurs vont et viennent, offrant des babouches, des peaux, des poignards, du linge, des ustensiles de toute sorte.

Un type à signaler et qu'on rencontre à chaque pas, c'est le vendeur d'eau. La rareté du produit, les exigences du climat font une nécessité de cette industrie. Elle est exclusivement exercée par des nègres. Une loque informe, quelque débris de vieux vêtement ayant servi à couvrir plusieurs générations, les laisse aux trois quarts nus. Ils portent sur le dos, retenue par une courroie en bandoulière, une outre de peau de chèvre, munie de tous les poils que l'usure a respectés. Un long robinet de cuivre, brillant comme de l'or, s'avance sous leur bras gauche; deux gobelets métalliques pendent au devant d'eux, suspendus à des chaînes reluisantes et polies passées autour de leur cou. Ils agitent continuellement une sonnette pour avertir les amateurs de leur passage. C'est à peu près l'attirail de notre marchand de coco. Mais le nègre n'a pas le flegme philosophe, la tranquille dignité de notre industriel parisien; il se livre à des courses folles pour aller à la recherche des clients; on le voit sans cesse en activité, arpentant les rues avec des jambes que l'absence de vêtement fait paraître démesurément longues.

Mais l'activité commerciale semble surtout se concentrer en un point de la ville où se trouvent réunies des espèces de halles ou passages, dont l'ensemble constitue la *Ksaria*. Ces constructions plus soignées dénotent aussitôt leur importance. Le sol en est dallé; une toiture de bois assez élevée et percée de petits jours les abrite; deux grandes portes cintrées les ferment à leurs extrémités; les animaux n'y pénètrent pas. Ces passages sont au nombre de trois ou quatre, juxtaposés et communiquant entre eux par une ouverture pratiquée dans les murs mitoyens.

Les boutiques qui les bordent, quoique établies sur le modèle des premières, et dans d'aussi modestes proportions, sont mieux agencées. Leur système de fermeture consiste en deux battants de porte, placés l'un en haut, l'autre en bas. Le soir, vers quatre heures, quand le marchand quitte son *home* des quartiers éloignés pour venir présider aux soins de son commerce, il ouvre sa boîte solidement cadenassée la veille, rabat le battant inférieur et maintient l'autre à demi relevé à l'aide d'un bâton. Il se hisse alors dans sa niche, où il reste accroupi jusqu'à la nuit tombante, dans l'immobilité d'un fakir. Ces boutiques sont d'ailleurs assez richement fournies, particulièrement de linge, d'étoffes et de bijoux.

Les ventes sous ces galeries se font à la criée et amènent chaque soir, après les heures chaudes du jour, une affluence considérable à la ksaria. Les vendeurs circulent au milieu des flots pressés de la foule, exhibent les objets mis aux enchères, annoncent à haute voix le prix demandé ou le prix déjà accordé, vont d'un passage à l'autre, sollicitent les acheteurs, toujours criant, toujours hurlant, jusqu'à ce qu'enfin, après bien des marches et contre-marches, bien des gestes et bien des efforts, ils se décident à livrer la marchandise au plus offrant et dernier enchérisseur. En réalité, ils n'abandonnent les objets qu'au prix fixé par eux-mêmes ou par les vrais marchands, dont les crieurs ne sont, le plus souvent, que les intermédiaires. Rien ne les empêche en effet, et j'ai lieu de croire qu'ils ne s'en privent guère, si la somme à laquelle ils prétendent n'est pas atteinte, de surenchérir eux-mêmes sur les prix offerts, et de décourager ainsi les premiers amateurs qui comptaient sur une bonne affaire. On vend là des vêtements, des tapis, du mobilier, des armes, des bijoux, presque tous objets ayant déjà servi. Ce marché est très-animé et très-intéressant.

Le grand commerce, le commerce en gros, ne se fait ni dans les rues, ni sous les halles de la ksaria. Il y a pour cela, en différents points de la ville, des bâtiments spé-

RUINES D'UNE ANCIENNE FONTAINE A MAROC.

ciaux où se voient, sur les côtés d'une grande cour carrée, un certain nombre de magasins, susceptibles de recevoir d'assez larges approvisionnements. Il y a quelquefois même, au-dessus des magasins, de petites pièces pouvant servir de logement et donnant toutes directement sur une galerie de bois qui règne le long des quatre faces de la cour. Ces sortes de *Magasins réunis* sont comme des caravansérails, occupés par quelques commerçants de la ville, mais où viennent surtout les marchands étrangers. Ils y trouvent à louer tout ce qui est nécessaire à leur commerce; ils y fixent leur demeure, y étalent leurs marchandises, et restent là jusqu'à épuisement de leur stock.

A côté de ces différents genres de commerce, des marchés importants ont lieu à certains jours déterminés, pour les animaux, les grains, les peaux, les laines et les fruits. Il y en a un, trois fois par semaine, pour la vente des esclaves. Ces marchés se tiennent sur de grandes places irrégulières, ou sur des espaces plus circonscrits et quelquefois recouverts, selon la nature des affaires qui s'y traitent.

Si l'on sort des quartiers commerçants, on se retrouve encore dans des rues étroites, sales et tortueuses, mais où manque le cachet et l'originalité des premières. Plus d'auvents, plus de boutiques; on y circule à ciel ouvert. Les habitations, sans ouvertures apparentes, ne montrent que des murailles terreuses, sans faîte ni couronnement, presque prêtes à s'écrouler. Çà et là, cependant, les fines arabesques d'une entrée de mosquée, quelques portes, quelques fontaines, dont le dessin et l'ornementation rappellent les plus belles œuvres de l'art mauresque, arrêtent l'œil agréablement et réveillent le souvenir lointain d'une splendeur passée.

En somme, la ville, avec son extérieur morne et désolé, est pleine de vie et de mouvement. Presque partout, dans les rues, sous les halles, sur les places, la foule se presse, s'agite et se démène comme une fourmilière en détresse.

Le costume généralement adopté est blanc, du moins dans sa partie extérieure. Il est composé de vêtements très-amples ou peu ajustés, variables de forme, suivant la fortune et la position des individus. Le costume type comporte : le *sérouel,* pantalon blanc, large et court, ne dépassant guère le genou; le *caftàn,* long vêtement de drap ou de soie, blanc, jaune, rouge, bleu, ou de toute couleur de fantaisie; boutonné sur le devant, depuis le cou jusqu'au bas des jambes, par une série de boutons très-petits et très-rapprochés, il est invariablement recouvert d'une espèce de tunique de toile blanche, fermée en haut par ce même mode de petits boutons. Là-dessus est jeté, suivant les circonstances, le *burnous,* manteau sans manches, à capuchon retombant en arrière, dans lequel se drape le cavalier, ou bien encore le *haïk,* grande pièce d'étoffe blanche non façonnée, de laine fine ou de soie, que les personnes riches ajustent elles-mêmes, avec un art parfait, autour de leur tête et de leur corps, et qui leur communique un cachet surprenant d'élégance et de distinction.

Il y a encore la *djilaba,* sorte de burnous par son capuchon, mais avec manches et fermé sur le devant, de façon à n'offrir qu'une fente à la partie supérieure pour permettre le passage de la tête. C'est le vêtement le plus répandu, celui de l'artisan, du peuple en général. Quelquefois il constitue à lui seul tout le costume d'un pauvre diable.

La plupart des Marocains portent à leur ceinture un poignard recourbé, appelé *koumia.*

Chez les gens du plus bas peuple, la tête reste nue, soigneusement rasée, avec une seule petite mèche de cheveux respectée sur le sommet. Dans les conditions plus élevées, se montre la calotte rouge, *tarbouch* ou *chachia ;* plus haut encore, mais réservé seulement aux hommes mariés, le *turban,* enroulé autour du bonnet rouge. La finesse de l'étoffe et le nombre de tours qui le constituent varient encore suivant le rang et la fortune.

Tous, riches ou pauvres, sont chaussés de babouches *jaunes.* Le prix en est si modique. qu'ils ne trouvent pas grand avantage à marcher nu-pieds. Cependant on constate des différences très-sensibles dans leur fabrication et la qualité de leur peau. La couleur seule reste la même pour tous les musulmans.

Quant aux femmes qui circulent au dehors, elles sont roulées, ensevelies dans un grand capuchon de laine blanche qui dissimule entièrement les traits de leur visage et les détails de leur toilette. Devant cette uniformité, il devient extrêmement difficile d'établir entre elles des distinctions de classe. On n'a pour se baser que le plus ou moins de propreté de leur vêtement extérieur, le plus ou moins de fraîcheur de leurs babouches rouges.

Ces gens, hommes et femmes, à quelque degré de l'échelle sociale qu'ils appartiennent, ne montrent à notre égard qu'un simple sentiment de curiosité, plutôt bienveillante qu'hostile. Tous, et même avec empressement, s'écartent pour nous livrer passage, les femmes surtout, qui, à notre approche, se collent immobiles contre les murs, de toute la longueur de leur corps. Veulent-elles, par là, se mieux protéger contre les atteintes des chevaux ou éviter les bousculades des soldats qui nous accompagnent? Peut-être l'un et l'autre. Mais cette humble attitude d'effacement ne les empêche pas de nous observer, et, sans détourner la tête, elles nous suivent du regard dont on aperçoit l'éclat entre les deux voiles, à peine écartés, qui couvrent leur visage.

Dès que nous nous arrêtons, un groupe se forme autour de nous; mais pas un cri, pas une insulte; à peine quelquefois le rire contenu d'une femme ou d'un gamin. C'est qu'ausi nous devons faire une étrange figure au milieu de ces gens-là! Songeons-y. De même que nous sommes à chaque pas étonnés et surpris, u'est-il pas naturel que notre présence excite leur curiosité, qu'elle puisse à l'occasion leur fournir quelque motif de raillerie?

Les Juifs, au nombre de 8 à 10,000 dans la ville de Maroc, sont confinés au sud et à côté de la *Medina,* dans un quartier spécial désigné sous le nom de *Mellah.* Ce quartier est entouré de ses murailles propres, percées de quelques rares portes continuellement gardées par des soldats et soigneusement fermées le soir à huit heures. L'aspect de ses rues n'est ni moins délabré, ni moins sale que celui des autres parties de la ville. J'ai cru cependant remarquer que les constructions y présentaient un peu plus d'ouvertures extérieures.

Les hommes portent des vêtements qui les distinguent du reste de la population musulmane. Ils n'ont rien de blanc dans leur costume et sont simplement vêtus du cafetan, toujours de couleur sombre, serré autour de la taille par une ceinture. La peau de leurs babouches est aussi de teinte foncée, la couleur jaune leur étant absolument interdite; sur leur tête est jeté un fichu de cotonnade bleue, parsemée de pois blancs, qui vient se nouer sous le menton. Les femmes circulent dans la mellah, ou se montrent sur les portes, à visage découvert. Elles présentent bien tous les caractères de leur race.

Enfin, à côté de la mellah se trouve la *Kasbah,* avec une autre enceinte particulière. Elle comprend le palais du sultan, le *dar-maghzen* ou maison du gouvernement, le *méchouar,* place réservée aux audiences publiques, et un certain nombre de constructions occupées par des moghazni et leur famille.

A la suite de la kasbah, se développent les spacieux jardins d'Aguidel ou d'Agdal, exclusivement réservés à l'usage et à la jouissance du sultan.

CHAPITRE IV

Nos commerçants à Maroc. — Une dame française de passage. — Visite du grand vizir. — Entretien avec M. Ordega. — Préliminaires de la réception officielle accordée par le sultan. — Modification réclamée dans le cérémonial. — Négociations difficiles.

En dehors des membres de notre mission militaire permanente, venus, on s'en souvient, à notre rencontre, la veille de notre arrivée, aucun Français n'a de résidence fixe à la ville de Maroc. Cependant les commerçants de la côte ou leurs représentants y font quelques rares apparitions. Ceux que leurs affaires y avaient récemment appelés, ou qui s'y étaient rendus en raison même de notre présence, n'ont pas manqué de venir se présenter à la Mahmounia, où ils ont été reçus comme on a soin d'accueillir des compatriotes sur un sol étranger. Parmi eux se trouvaient M. Allard, notre agent consulaire et délégué sanitaire à Saffi, et M. Pincherlé, qui réunit à sa qualité de représentant à Mogador de la maison Piou fils de Marseille, un talent de virtuose et de violoncelliste distingué. D'ailleurs, les Français habitant le Maroc, quelque point de l'empire qu'ils occupent, ne sont pas assez nombreux pour que leur nom et leur qualité ne soient pas exactement connus.

Nous fûmes donc bien surpris, dès les premières heures de notre séjour, d'apprendre qu'une dame française, de passage à Maroc, sollicitait la faveur d'un entretien avec M. Ordega. La réponse fut naturellement conforme au désir exprimé, et un jour, après le déjeuner, étant à peu près tous réunis dans la pièce occupée par le ministre, nous fûmes avertis de la présence de la dame française, qui fut aussitôt reçue avec tous les égards dus à son sexe et à sa nationalité.

Madame de la G... est, dit-on, une veuve passionnée pour les voyages, et qui depuis un an parcourt le Maroc en touriste, seule, sans autre guide ni soutien que trois ou quatre domestiques arabes. Après avoir pris place sans façon sur un des divans étendus à terre, elle expose le but de sa visite, qui n'était pas un acte de simple déférence envers le représentant de la France. Elle a l'intention d'acheter à Tanger une propriété appartenant au sultan. Elle en a déjà offert un prix, inférieur, il est vrai, à celui que l'a payé le noble possesseur actuel; mais la maison exige de si grandes et si onéreuses réparations! Bref, elle vient réclamer du ministre sa bienveillante intervention, pour lui faire obtenir une audience du sultan, afin de pouvoir débattre directement avec Sa Majesté les conditions de son achat.

Madame de la G... est en costume gris d'amazone, chapeau mousquetaire, feutre et plume de même couleur que le vêtement. Un voile épais de mousseline ou de dentelle cache soigneusement le visage, dont il est impossible d'analyser les traits. Du reste, la place occupée par la visiteuse, et choisie peut-être avec quelque intention, la met à l'abri d'une trop indiscrète lumière. Mais la tournure est élégante, souple et dégagée; le langage choisi, très-légèrement affecté; le tour d'esprit, original; la parole, facile et abondante, pleine d'inflexions câlines et insinuantes. On se plaît à l'écouter, et, quelque jugement qu'on porte sur sa personne, on reste confondu de l'étrangeté de ce caractère, qui pousse une femme à s'aventurer en pays inconnu, fermé à la civilisation, presque désert, à peine sûr, pour voyager à cheval et coucher sous la tente, sous la seule sauvegarde de quelques étrangers à sa solde.

Cette vie errante et si éloignée des usages reçus appelle naturellement l'attention et éveille la curiosité. Le passage de l'intrépide amazone laisse, dans chaque ville où elle séjourne, une traînée de racontars que l'imagination se plaît sans doute à orner et à embellir. Le Dr Linarès l'a vue à Rabat, M. Brudo à Mazagan, et partout les appréciations sur son compte allaient leur train, sans précisément lui être toujours favorables. A ne juger que par ce que nous avons vu et entendu, il nous est resté cette impression, que l'histoire de l'achat d'une maison à Tanger n'était qu'une plaisante invention, ou, tout au moins, que l'excentrique voyageuse était surtout préoccupée de mettre à l'actif de ses originalités une entrevue particulière avec le sultan du Maroc.

M. Ordega, comme on le conçoit, se garda de mêler à ses entretiens diplomatiques avec l'Empereur une telle affaire de marchandage, et, pour rendre à madame de la G... la visite qu'il en avait reçue, il délégua auprès d'elle son secrétaire.

Le jour même de notre arrivée, nous avions à peine achevé de régler notre installation, que le grand vizir se présentait au palais de la Mahmounia et venait rendre une visite officielle à M. Ordega. Le grand vizir est le personnage le plus important de l'empire après le sultan, dont il est d'ailleurs l'oncle maternel.

Nous fûmes tous admis à l'honneur de voir le grand ministre marocain et de lui être présentés.

Si-Mohammed-el-Arbi-el-Djmaï, après avoir déposé ses babouches, prend place sur un divan, dans la posture favorite des Orientaux. Ses deux jambes, reployées sous son corps accroupi, laissent voir deux pieds nus d'une propreté irréprochable, et dont les ongles sont aussi soigneusement entretenus que ceux des mains de nos plus élégants raffinés. Il est petit de taille, gras et potelé de formes, contraste frappant avec le type élancé, sec et nerveux de la race. On lui attribue, d'ailleurs, un goût prononcé pour les jouissances matérielles de la vie.

La conversation s'engage devant nous, et M. Ordega prend aussitôt occasion de déclarer qu'il vient ici en ami du sultan et de son pays; que la France, quoi qu'on en puisse dire, est forte et respectée. Il exprime le désir que le Maroc, notre allié, soit fort lui-même. En tout cas, c'est sur nous qu'il doit s'appuyer, sur nous qui sommes ses amis dévoués et désintéressés.

Le grand vizir assure que ce sont là les sentiments du sultan.

M. Ordega ne peut que s'en réjouir. Il aura, pendant son séjour à Maroc, à traiter quelques affaires; il aura lieu de faire valoir quelques revendications; il espère que l'esprit de justice et d'équité qu'il apportera dans les négociations sera apprécié comme un témoignage de sa bonne amitié; mais, à son tour, il demandera des gages des bienveillantes dispositions dont on vient de lui donner l'assurance, et qui certainement ne lui seront pas refusés.

— Tout ce qui sera juste, répond le grand vizir, sera immédiatement accordé.

Nous fûmes ensuite invités à nous retirer, le grand vizir ayant demandé à M. Ordega un entretien particulier.

Il s'agissait surtout de fixer le jour où la mission serait reçue en audience solennelle par le sultan. Notre ministre déclara naturellement qu'il était aux ordres du sultan, et qu'il se rendrait auprès de lui dès qu'il plairait à Sa Majesté de le recevoir.

Dans la soirée, le sultan fit répondre qu'il accepterait le jour et l'heure que notre ministre choisirait. Après un échange d'idées sur les convenances réciproques, on fixa la réception au lundi 3 avril, à neuf heures du matin.

A la suite du grand vizir, tous les ministres et tous les grands personnages de l'entourage du sultan se sont succédé au palais de la Mahmounia, en même temps qu'une active correspondance était échangée avec ces mêmes personnages.

Une question d'étiquette venait d'être soulevée, qui avait mis en émoi tout le *dar maghzen* ou maison du gouvernement.

Contrairement aux pratiques entretenues jusqu'ici au Maroc, M. Ordega avait émis la prétention d'être autorisé à se couvrir après avoir adressé ses compliments personnels au sultan et pendant qu'il parlerait au nom de la France. Il faut remarquer que l'audience solennelle est accordée en plein air; c'est la raison qui a déterminé notre représentant à montrer cette exigence, suivant l'usage des cours européennes, où tout ambassadeur parlant à un souverain, au dehors, est invité à se couvrir dès qu'il l'a salué.

Quoi qu'il en soit, la question a pris tout à coup une importance sérieuse, et le ministre de la justice est venu, à diverses reprises, parlementer à ce sujet. Il craint surtout l'effet qu'une telle innovation pourrait produire sur l'esprit des assistants. N'y verra-t-on pas un manque de respect envers le tout-puissant monarque? Le prestige qui enveloppe la personne sacrée du descendant du Prophète n'en sera-t-il pas ébranlé?

M. Ordega réplique qu'en voulant agir de la sorte, il croit faire acte de déférence envers le sultan, qu'il désire traiter à l'égal des grands souverains de l'Europe. S'il avait à lui parler pour son compte, il n'hésiterait certes pas à rester découvert devant lui; mais du moment où il porte la parole au nom de la France, sa personnalité n'est plus en jeu; il représente la nation, le chef de son pays, et doit par conséquent se considérer comme l'égal de l'empereur du Maroc. Toute la mission restera tête nue, mais lui réclame le droit de se couvrir. Il attendra volontiers que le sultan l'invite à le faire, mais il demande que cette invitation lui soit adressée.

Avant de se rendre auprès du sultan, il attendra une réponse catégorique à ce sujet. Si l'on refuse d'accéder à ses désirs, il ne se présentera pas à la réception, ou si, se présentant, il n'est pas invité à se couvrir, il se retirera et fera parvenir les lettres de créance dont il est porteur, par l'entremise du grand vizir.

La situation devenait délicate. Le sultan, que ses ministres semblent tenir à l'écart des négociations, voudra-t-il se soumettre à cette exigence? Ne la trouvera-t-il pas excessive? Enfin, la fermeté de M. Ordega ne va-t-elle pas amener un éclat?

On se rappelle, heureusement, qu'à une époque assez récente et dans des circonstances analogues, une question de même genre avait amené aussi d'assez vifs tiraillements, pour se résoudre, en fin de compte, à la satisfaction du ministre qui l'avait provoquée. Il était d'usage alors, à la cour du Maroc, que dans les audiences privées accordées par le sultan, l'ambassadeur étranger se tint constamment debout pendant toute la durée de l'entretien. Celui-ci pouvait être fort long, et l'on conçoit que la posture pût devenir pénible pour des diplomates, qui n'ont généralement pas des jarrets de vingt ans.

Beaucoup d'entre eux avaient certainement formé le vœu secret d'être débarrassés de ce supplice et de voir s'introduire, en leur faveur, une pratique plus humaine. Il s'en trouva un assez osé, un jour, pour exprimer hautement la pensée de tous et réclamer le droit de s'asseoir devant le sultan, tout comme M. Ordega réclame aujourd'hui celui de se couvrir en plein soleil. Cette hardie revendication causa dans les hautes régions officielles du gouvernement marocain une émotion au moins aussi vive que celle qui se produit en ce moment. On parlementa, on discuta, mais finalement le ministre eut gain de cause et obtint de rester assis en présence de Sa Majesté Chérifienne.

C'est à notre compatriote M. Tissot, alors ministre de France à Tanger, que revient le mérite d'avoir donné un siége à tous les envoyés étrangers admis depuis à l'honneur de s'entretenir avec le sultan. Espérons que bientôt ils devront à M. Ordega de n'avoir plus à redouter les coups de soleil ou les rhumes de cerveau.

Cependant la solution se faisait attendre. Dès six heures du matin, le jour même fixé pour l'entrevue, le ministre de la justice était à la Mahmounia pour s'entretenir de nouveau avec M. Ordega sur la modification réclamée par lui, dans le cérémonial de la réception. Rien encore n'était décidé au maghzen.

Le régime politique du Maroc est des plus simples ; le sultan est tout, le reste n'est rien. Tout doit céder à son caprice et s'incliner devant sa volonté absolue. L'exigence du ministre français était bien comprise d'une partie du personnel de la cour, mais tous hésitaient à se faire, auprès du sultan, les défenseurs d'une mesure qui aurait pû lui paraître exorbitante.

M. Ordega maintient quand même ses résolutions, tout en ayant le bon goût de les présenter toujours comme un acte de déférence envers le sultan, qu'il veut traiter en grand souverain d'Europe et en ami de la France.

Il finit par lasser toutes les résistances, et avant de partir pour la cérémonie officielle, nous avions l'assurance à peu près formelle que le sultan céderait à la volonté de notre ministre.

CHAPITRE V

Audience solennelle accordée par le sultan. — Promenade dans les jardins réservés.

Quelques minutes avant l'heure indiquée, nous étions prêts et tous réunis autour du chef de la mission. Chacun avait sa tenue officielle ou son habit de cérémonie. Le ministre portait l'uniforme diplomatique, qu'avait aussi revêtu le personnel ordinaire de la légation de Tanger. Nos officiers se présentaient dans la grande tenue de leur grade et de leur arme. Les membres de la mission qui n'appartenaient ni à l'une ni à l'autre de ces catégories étaient en habit noir et cravate blanche. Les trois Arabes qui nous accompagnaient s'étaient parés de leurs plus fins costumes.

Le grand maître des cérémonies, retenu auprès du sultan par les devoirs de sa charge, avait envoyé son khalifat ou second maître à la Mahmounia. M. Ordega, consulté sur l'itinéraire qu'il désire suivre, exprime aussitôt l'avis qu'on choisisse la voie la plus courte.

A neuf heures précises, nous montons à cheval. Nous sortons par la petite porte particulière de l'enceinte, celle-là même que nous avions franchie le jour de notre arrivée pour pénétrer dans la ville. Elle nous conduit, presque sans transition, des jardins frais et verts que nous venons de quitter, sur la plaine desséchée, dépourvue, en ce point, d'arbres et de cultures. Le palais du sultan est situé à une distance encore assez éloignée. Le mur d'enceinte, développé en ligne droite interminable, le dérobe à nos yeux.

Dix officiers, venus avec le khalifat, marchent à pied, rangés en ligne au devant de nous. Viennent ensuite deux cavaliers, armés de leurs longs fusils. Puis s'avance le ministre, suivi de tout le personnel de la misssion. Notre compagnie de garde nous entoure. Une dizaine de cavaliers ferment la marche.

La matinée est radieuse; le soleil est éblouissant; le ciel d'un bleu profond est d'une admirable limpidité. La chaîne de l'Atlas se montre dans toute sa majesté superbe, et ses pics couverts de neige, reposant sur une base sombre, se dégagent, avec une parfaite netteté, dans la transparence de l'air.

Pas de curieux sur notre passage. A deux pas du palais, des troupeaux de moutons paissent l'herbe rare qui pousse à travers les sables de la plaine; des ânes chargés de bois cheminent paisiblement, en avant de leurs conducteurs en guenilles qui nous regardent tout surpris.

Nous franchissons l'enceinte du palais par la porte *Aomar* (Bab-Aomar), devant laquelle des soldats font la haie et présentent les armes. Nous enfilons une avenue, longue et étroite, bordée de murs de terre élevés, au-dessus desquels rien n'apparait. Un petit bruit, toutefois, y appelle, à un moment, notre attention. Nous détournons la tête, et nous mettons en fuite six yeux de femme que notre découverte surprend visiblement. A l'extrémité de l'avenue, une arcade, flanquée d'une petite tourelle carrée, donne accès dans *le méchouar,* immense cour où doit avoir lieu la réception.

Ici, nous devons mettre pied à terre, car personne n'a le droit de se présenter à cheval devant le sultan. Les cavaliers même de la troupe qui doivent prendre part à la cérémonie ont dû laisser leurs chevaux au dehors.

Des soldats blancs et rouges, au nombre de quelques mille, rangés en ligne, forment les côtés d'un rectangle dans lequel nous pénétrons pour venir nous placer vers son milieu.

La cour est entourée de murs, les uns faits de simple pisé comme les remparts de la ville, les autres construits en briques et pourvus de créneaux. L'espace laissé libre, en dehors des rangs des soldats, suffirait à contenir la moitié de la population de Maroc; c'est à peine, cependant, si l'on y voit une centaine de spectateurs.

Dans un de ses angles, la grande cour présente un prolongement en forme de petite cour carrée. Celle-ci est limitée des deux côtés par des arcades et fermée dans le fond, auquel nous faisons face, par des constructions ne dépassant pas la hauteur des murs. C'est par une des larges portes de cet édifice que le sultan doit faire son entrée.

Après une courte attente, un mouvement se produit sur ce point où se tiennent rassemblés les ministres, les grands dignitaires, des officiers et une foule de personnages à burnous et à turban. Une cinquantaine de *bouab* ou gardiens de la porte viennent de sortir du palais, et accourent au pas gymnastique pour venir se placer en ligne devant nous.

En même temps, les tambours battent aux champs, les clairons retentissent, la musique fait entendre les accords de sa marche espagnole, les soldats présentent les armes, et un cri s'échappe de toutes les poitrines musulmanes réunies dans cette vaste enceinte : *Allah Hareck fi amer Sidna!* (Que Dieu bénisse les jours de notre maître!)

Le sultan *Mouley-Hassan* apparaît alors, mais au loin encore, abrité sous le dôme d'un immense parasol rouge. Les *bouab*, placés devant nous, s'inclinent trois fois jusqu'à terre; après quoi ils s'éloignent et, toujours en courant, vont se placer, les uns à droite, les autres à gauche, dans les rangs des soldats.

Leur dispersion nous cause un assez sensible plaisir, car leur ligne nous masquait désagréablement la vue du cortége, que nous voyons dès lors s'avancer vers nous lentement, gravement, majestueusement.

Le sultan est monté sur un cheval blanc, tout harnaché de jaune. A côté, se tient le personnage chargé du parasol rouge, très-attentif à protéger du soleil la tête de son tout-puissant maître. Deux autres personnages, l'un à droite, l'autre à gauche, agitent continuellement des voiles de mousseline autour de son auguste visage, afin de le préserver de l'atteinte des mouches. Deux porteurs de hallebardes s'avancent au-devant du cheval de Sa Majesté, précédés eux-mêmes par le caïd Méchouar, le grand maître des cérémonies, l'introducteur des ambassadeurs. Celui-ci ouvre la marche, ayant pour toute arme un long bâton grossier, tordu, noueux, qui serait tel encore qu'on l'a retiré du buisson qui l'a fourni, si l'on n'avait eu soin de le priver de son écorce. Tout à fait en arrière, marchent le grand vizir et ses ministres.

Font encore partie du cortége cinq magnifiques chevaux, harnachés aux couleurs éclatantes et variées, que des piqueurs conduisent à la main. C'est l'accompagnement obligé du sultan dans toutes ses sorties officielles. Mais pour donner toute la pompe et tout l'éclat possibles à la cérémonie, on a exhibé, avec les chevaux, un carrosse d'apparat, le seul véhicule roulant qui existe au Maroc. C'est un brillant et volumineux coupé, teinte vert or, présent, dit-on, de la reine Victoria. Il est attelé d'un seul cheval blanc, conduit aussi à la main.

Le sultan continue à s'avancer au milieu de son escorte, et n'arrête son cheval qu'à deux pas devant nous. M. Ordega s'était déjà découvert à son approche, et nous nous étions empressés de suivre son exemple.

Le parasol rouge qui l'abrite, la circonstance qu'il est seul à cheval au milieu de cet imposant cortége, les honneurs dont il est l'objet, témoignent suffisamment que nous sommes en présence du sultan du Maroc. Mais aucun signe particulier sur sa personne ne le distingue des hauts fonctionnaires de sa cour. Son costume est le même, ses vêtements sont à peine plus fins et plus légers. Ses pieds sont nus et simplement passés dans des babouches.

Mouley-Hassan paraît âgé de quarante-cinq ans environ; il est de taille assez élevée, mais de force moyenne; sa barbe est noire, carrée, peu fournie, sans trace de poils blancs; il a le teint pâle, les joues un peu tirées, le regard vague, incertain, flottant; sa tête penche légèrement à gauche; dans toute son attitude, comme sur son visage, règne un air de mélancolique résignation.

Sa voix est lente et faible; on entend à peine les premières paroles qu'il laisse échapper. Le caïd Méchouar possède heureusement un autre organe, et, d'une voix puissante, annonce que le sultan souhaite la bienvenue au ministre de France.

M. Ordega s'incline respectueusement et, tout aussitôt, adresse au souverain auprès duquel il vient d'être accrédité, le discours avec les compliments d'usage en pareille occasion. Les lettres de créance étaient renfermées dans un élégant sachet de soie bleue, relevée de soutaches jaunes. Quand il a fini de parler, le ministre les remet directement entre les mains du sultan.

Arrivé à la dernière phrase de son discours, M. Ordega s'aperçoit qu'il est resté découvert, contrairement à ses résolutions. Mais, à ce moment même, le sultan, par quelques mots et d'un geste de la main droite, invite le ministre à se couvrir. On ne pouvait souhaiter une solution plus heureuse de l'incident du chapeau.

Après la remise des lettres de créance, le premier drogman, M. de Gaspary, s'avance tout près du sultan et lui donne lecture du discours du ministre, dans la traduction arabe qu'il en avait préparée. Le sultan, ayant certainement mieux compris le langage de M. de Gaspary que celui du ministre, remercie alors des sentiments d'amitié qui viennent de lui être exprimés au nom du gouvernement français.

M. Ordega donne de nouvelles assurances de cette amitié, déclarant que la France sera toujours la meilleure et la plus fidèle alliée du Maroc.

Le sultan croit à la sincérité des déclarations du ministre; il y croit d'autant plus, affirme-t-il, qu'il connaît déjà M. Ordega comme un homme honnête, juste et droit.

Pendant ce dialogue, la physionomie du sultan a pris une animation qu'elle n'avait pas jusque-là. Ses yeux se sont ouverts; ses traits ont exprimé un réel sentiment de bienveillance et de satisfaction. Mais toute sa personne gardait encore son air d'abandon et de lassitude, qui, chez les Orientaux, n'est pas, comme on le croit généralement, un signe de fatigue ou d'épuisement, mais plutôt une attitude voulue de noblesse et de distinction.

Tous les membres de la mission lui sont ensuite individuellement présentés. Le sultan suit avec attention les paroles du drogman, cherche à se rendre compte du rôle et de la qualité de chacun, interrogeant au besoin quand il ne se croit pas assez bien fixé, et salue d'un léger mouvement de tête, auquel nous répondons en nous inclinant.

Enfin, il adresse un dernier mot gracieux au ministre, lui envoie de la tête un salut d'adieu, et met fin à la cérémonie en faisant tourner bride à son cheval. Il regagne alors son palais avec le même cortége, le même cérémonial, la même majesté grave qui avaient présidé à son arrivée.

Tambours, clairons, musique résonnent à l'envi, et toute l'assemblée pousse encore le cri : « *Allah Hareck fi amer Sidna!* »

L'entretien avait duré un bon quart d'heure. Ceux qui avaient assisté à des réceptions antérieures constatent que jamais le sultan n'avait été si prolixe.

Le grand vizir et tous ses ministres se précipitent vers M. Ordega et lui pressent la main avec effusion. Leur préoccupation de la veille est calmée. Tout s'est passé pour le mieux. Ils ont lu, sans doute, la satisfaction sur le visage du maître; tous semblent déborder de joie et de soulagement.

Nous remontons à cheval. L'itinéraire du retour est réglé d'avance et constitue une partie du cérémonial. Nous devons, à la suite de l'audience, visiter les jardins d'Agdal, jardins particuliers du sultan, qui ne s'ouvrent aux regards profanes des infidèles que dans ces circonstances solennelles. Le caïd Méchouar dirige notre marche.

Dans une cour voisine, où nous pénétrons tout d'abord, se voit une construction, toujours peu élevée, mais dont la belle et correcte apparence la désigne clairement comme une des ailes du palais. Les portes, les seules ouvertures qu'elle présente, en sont hermétiquement closes, et nous cherchons en vain à deviner en passant le mystère de son intérieur. De là, par un de ces chemins étroits, longs corridors bordés de murs terreux, semblable à celui que nous avions pris en arrivant, nous passons dans un premier jardin, de celui-ci dans un second, et enfin dans un troisième, dont l'étendue semble sans limites.

Ces jardins, comme ceux de la Mahmounia, sont dessinés en carrés, entre lesquels règnent de larges allées, où nous et notre escorte cheminons à l'aise, à l'ombre des grands oliviers. Les orangers et les citronniers nous offrent leurs fruits à profusion et nous envoient le parfum de leurs fleurs déjà écloses. Des ruisseaux, des rigoles, alimentés par des bassins toujours remplis, entretiennent une fraîcheur continuelle et une végétation luxuriante.

Sous l'influence de la chaleur et des irrigations abondantes, le poirier, le prunier, le cognassier, le grenadier y poussent vigoureusement à côté du gigantesque palmier. L'abricotier y prend des proportions colossales. D'innombrables rosiers, disséminés au milieu des arbres, s'apprêtent à laisser éclater leurs boutons. Je ne résiste pas au désir d'en conserver un, en souvenir de notre visite. Le soldat qui se tient auprès de moi n'a qu'à étendre la main pour le cueillir. De longues et vieilles treilles, soutenues par des charpentes adossées aux murs, et dont la séve est déjà en activité, indiquent que la vigne prospère encore sous ces latitudes.

A chaque pas, au milieu des massifs, aux carrefours des allées, on entrevoit, cachés sous les fleurs et la verdure, entourés de géraniums, de roses et de jasmins, des pavillons coquets, des kiosques élégants, destinés au repos ou aux plaisirs du sultan. A la vue de ces mystérieuses retraites, l'imagination se plaît à rêver de sultanes jeunes et belles, étendues dans leur pose indolente et lascive, aux heures chaudes du jour, ou traînant leur langueur paresseuse à la fraîcheur embaumée du soir.

La course pourrait être interminable dans ces jardins de si vaste étendue; mais leur disposition uniforme en épuise vite le charme et l'intérêt. Il est déjà onze heures; la chaleur nous accable; la fatigue nous presse; la faim nous talonne. Le ministre demande à ne pas prolonger davantage la promenade. Et, par le chemin le plus court, qui nous paraît encore bien long, nous regagnons notre palais de la Mahmounia.

Dès que nous avons mis pied à terre et avant de dépouiller notre costume de cérémonie, nous nous disposons en groupe sous le portique du pavillon des sultanes. Davin braque sur nous son objectif, et sa plaque photographique, si l'épreuve en est bonne, devra tous ensemble nous immortaliser.

Notre repas s'accomplit sous l'impression du plaisir et de l'étonnement que nous avait laissée cette étrange et solennelle réception. Tout nous paraissait aller à souhait pour le succès de la mission. L'accueil fait au ministre était des plus flatteurs. Un éloge échappé de la bouche d'un sultan, qui ne se croit tenu à rien, n'est pas une parole banale. J'en tirai occasion pour proposer un toast en ces termes :

« Nous ne saurions laisser passer ce jour, dont nous « devons tous garder un si vif souvenir, sans boire à la « santé de M. le ministre, dont la réputation d'honneur « et de loyauté est si solidement établie, que le sultan « du Maroc vient d'en rendre, devant nous, un public « témoignage.

« Sûr d'être votre fidèle interprète, messieurs, j'ose « déclarer à M. le ministre que nous nous associons de « grand cœur à l'hommage du sultan. Mieux placés que « personne pour apprécier ses mérites et ses efforts, « nous sommes heureux de pouvoir affirmer que la « France ne saurait avoir de plus digne ni de plus « dévoué représentant. A M. le ministre de France, à « M. Ordega! »

La motion trouva un accueil unanime. Le ministre en parut touché. Il remercia avec effusion et proposa, à son tour, de boire à la France, à laquelle il était heureux, dit-il, de consacrer ses forces et son activité.

CHAPITRE VI

Cadeaux offerts au sultan et aux principaux personnages de sa cour. — Mode de correspondance. — Courrier dévalisé et blessé. — Enquête et jugement. — Enfants demandant grâce pour un père prisonnier. — Mouton égorgé à la porte du palais. — Intervention du ministre français. — Grâce accordée par le sultan.

Il est d'usage qu'un ministre étranger se rendant à la cour du Maroc apporte avec lui des cadeaux qu'il doit distribuer au sultan et à son entourage, au nom du gouvernement qu'il représente. Le commadant de Breuilhe, de son côté, en avait apporté d'Algérie qui devaient être offerts au personnel de la cour, de la part du général commandant le 19e corps d'armée. Après l'audience solennelle et l'entrée en relation avec les ministres et divers personnages, dont on avait eu le temps déjà d'apprécier l'importance politique et les dispositions d'esprit à notre égard, le moment était venu de songer à la distribution de ces présents.

On s'est donc appliqué à les revoir et à en étudier la destination, au mieux des convenances et de nos intérêts. Les objets envoyés de Paris comprenaient :

1° Une tabatière en or, enrichie de diamants;

2° Un chronomètre à double boitier en or, marquant sur de petits cadrans séparés les mois, les jours, les heures, minutes et secondes;

3° Un second chronomètre à double boitier en or, avec

mécanisme apparent, mais bornant ses indications aux heures et aux jours.

Les cadeaux venus d'Algérie étaient plus nombreux, mais en général de moindre valeur :

1° Un service à thé composé de quatre belles pièces d'argenterie;

2° Trois *tassa,* ou coupes à anses pour contenir l'eau, également en argent;

3° Une tabatière en or;

4° Trois montres à remontoir, avec chaînes et médaillons;

5° Un revolver et ses cartouches;

6° Un pistolet à trois canons.

Il fut décidé que la tabatière enrichie de diamants et le premier chronomètre seraient attribués au sultan. Le secrétaire de la légation, M. de la Boulinière, et le premier drogman, M. de Gaspary, furent délégués par le ministre, pour aller les présenter à Sa Majesté. Le commandant de Breuilhe, chef de la section militaire, fut adjoint à ces messieurs, pour aller offrir le service d'argent au grand vizir et lui remettre en même temps les autres objets, avec prière de les faire parvenir à leurs destinataires. Deux cadeaux, parmi les plus importants de ceux dont nous n'avons pas indiqué l'attribution, furent réservés pour être remis, à notre retour, au pacha de Tanger et à Si-Bargach, le ministre des affaires étrangères.

Cet usage consacré d'offrir des présents à la cour marocaine n'est peut-être pas mauvais en lui-même; je n'essayerai ni de le louer ni de le blâmer; mais à la suite de l'énumération que j'en ai donnée, il est permis de se demander si le choix en est bien judicieux et s'il a été fait avec la notion exacte des goûts et des dispositions des personnages à qui ils étaient destinés. J'estime que l'or, les pierreries et même le mécanisme si compliqué des chronomètres, n'ont qu'un attrait médiocre pour le sultan; dans tous les cas, depuis qu'il reçoit des missions européennes, il a eu le temps d'être blasé sur ces divers objets, qui se présentent naturellement à l'esprit, et dont le choix n'exige pas un grand effort d'imagination. Ah! l'éclatant coupé vert or, que nous avons vu figurer à l'audience solennelle, voilà un cadeau bien compris! Les Italiens, qui vont venir après nous, se proposent, dit-on, d'apporter une collection de serinettes, d'orgues de Barbarie, de pianos mécaniques; j'aime encore mieux cela. Mais nos armes, nos tabatières! Je crois en réalité qu'avec un peu de soin nous aurions pu choisir plus heureusement. Des objets à grand ramage et à volumineux aspect, des appareils de physique amusante, flatteraient mieux, ce me semble, les goûts enfantins de ce peuple que nos plus fins chefs-d'œuvre de joaillerie et tous nos riches brillants, fussent-ils de la plus belle eau.

Je ne dis pas qu'il faille absolument exclure les cadeaux d'une valeur réelle. On devrait, et cela serait aisé, sans élever le chiffre des dépenses, les accompagner de quelques objets susceptibles d'exciter la surprise et la curiosité. Le ministre chargé de la mission serait toujours en état de fournir à ce sujet quelques indications utiles. Mais c'est à Paris, sans avis ni conseils, que se déterminent le nombre et la nature des présents à envoyer. C'est un tort, selon moi.

Notre vie s'écoule ici dans les conditions les plus heureuses. Nous sommes parfaitement installés et pourvus de tout le confort désirable; la plus parfaite harmonie ne cesse de régner parmi nous; les questions politiques et d'affaires déjà engagées semblent s'acheminer vers une solution conforme à nos désirs; tout est donc fait pour rendre notre séjour agréable et notre existence aussi douce que possible.

Malheureusement, l'absence prolongée de nouvelles du dehors vient parfois assombrir notre joie et troubler le plaisir que nous procurent les faits intéressants qui se passent sous nos yeux.

Aussi notre satisfaction est-elle sans bornes à l'arrivée d'un courrier, apportant des lettres de Tanger et de France; chacun de nous en a sa part, et pour tous, par bonheur, les nouvelles transmises sont bonnes et rassurantes. Les premières surtout nous ont été d'autant plus précieuses, qu'elles nous arrivaient par surprise, beaucoup plus tôt que nous ne les attendions. Un bateau les avait transportées de Tanger à Mazagan, et de ce dernier point, un exprès franchissait en quarante-huit heures la distance que nous avions mis plus de six jours à parcourir. Complaisant émissaire, tu ne sauras jamais tout ce que nous te devons de reconnaissance!

De notre côté, nous pouvons nous rendre la justice d'avoir fait notre possible pour satisfaire les préoccupations sûrement occasionnées par notre départ. Les plus empressés ont déjà profité de la rentrée du *Desaix* pour lui confier des lettres qu'il devait déposer à la poste de Cadix. Dès notre seconde étape, nous avons expédié un courrier à Mazagan. Son arrivée dans cette ville devait coïncider avec le passage annoncé d'un des paquebots qui font le service entre Marseille et les Canaries, avec escales dans les différents ports de la côte marocaine.

Maintenant, en raison de notre éloignement de la

mer et de l'incertitude de la marche des bateaux, nous croyons plus avantageux de faire parvenir notre correspondance exclusivement par voie de terre. A cet effet, on frète un Arabe choisi, autant que faire se peut, parmi ceux qui inspirent quelque confiance. On le charge de toutes les lettres réunies sous une même enveloppe, à l'adresse de la légation de Tanger. Sur quoi, le bonhomme, par un beau matin ou par un beau soir, s'il l'aime mieux, quitte d'un pas léger la ville de Maroc. Avant d'arriver à destination, il devra accomplir une promenade de neuf à dix jours, qui pour nous en eût exigé de vingt à vingt-cinq. Il lui faudra encore un temps au moins égal pour retourner chez lui, toujours avec la même commodité de ses jambes; le tout moyennant une rémunération de 70 à 80 francs, qui constitue, à ses yeux, une largesse de prince ou pour le moins d'ambassadeur.

Les gens qui font ce service de courrier, ai-je dit, offrent toujours certaines garanties d'honnêteté; il est rare aussi qu'ils n'accomplissent pas leur mission avec exactitude et diligence.

Une fois cependant, l'un d'eux, que nous croyions déjà à trois ou quatre jours de marche, nous revient tout à coup à la Mahmounia. Il se prétend victime d'une arrestation; il aurait été frappé et terrassé, dévalisé des lettres dont il était porteur et du petit pécule qu'il possédait. L'incident nous préoccupe à divers points de vue. Il est à peu près sans précédents. Le vol, et le vol à main armée, fleurit, il est vrai, dans cet heureux pays; mais le parcours de Maroc à Tanger était considéré comme parfaitement sûr. La correspondance dérobée avait été écrite à la suite d'une entrevue du ministre avec le sultan, où des résolutions assez importantes avaient été prises. Les lettres expédiées devaient évidemment en faire mention. L'une d'elles, en tout cas, était destinée au journal *le Temps*.

Quelle importance et quelle signification fallait-il donc attribuer au fait? Diverses hypothèses étaient en présence. Ne serait-ce pas une simple ruse, dont les Arabes sont coutumiers, un stratagème du courrier, voulant exploiter notre bonne foi, inspirer notre pitié et obtenir le prix d'une course qu'il n'aurait pas faite? Fallait-il croire à une arrestation véritable dont le vol grossier aurait été le mobile? La question politique y était-elle intéressée? Chacune de ces suppositions avait, parmi nous, ses partisans et ses défenseurs.

Nous décidons de nous constituer en aréopage, d'appeler à notre barre la victime ou l'accusé, d'entendre de nouveau le récit circonstancié de l'événement, enfin de chercher les bases d'une conclusion équitable dans un interrogatoire en règle et un examen attentif.

Sur le côté gauche de la tête, notre homme porte une plaie contuse de trois centimètres environ. Ses vêtements, du même côté, depuis le turban jusqu'aux babouches, sont fortement tachés de sang. Il n'a pu s'appliquer le coup lui-même, la situation et la direction de la plaie ne comportent pas cette idée. Il a donc été frappé par une autre main que la sienne. Voilà les faits matériels.

Il faut, dès lors, écarter cette supposition qui avait été émise, qu'il aurait pu se faire lui-même sa blessure.

Qui donc a porté le coup? Il paraît que nous n'avons pas une idée en Europe des moyens extraordinaires auxquels peuvent recourir les Arabes, dans un but de supercherie. Ceux qui ont longtemps séjourné au milieu d'eux racontent à ce sujet les choses les plus invraisemblables. Aussi ces messieurs ne reculent-ils pas devant cette hypothèse, qui nous paraît bien gratuite et qu'ils trouvent très-probable, que le blessé se serait fait asséner le coup par un compère, même au risque de se faire briser le crâne.

L'inculpé persiste dans ses premières affirmations; trois hommes, dont deux armés d'un fusil et l'autre d'un bâton, l'ont arrêté dans un endroit qu'il détermine, puis l'ont frappé et dévalisé. Ces hommes, assure-t-il, lui étaient absolument inconnus. Ses réponses à diverses questions qu'on lui adresse manquent cependant de netteté et de précision; il se défend avec une énergie qui paraît quelque peu suspecte, et qui laisse encore place au doute et à l'hésitation. On le menace de la prison s'il ne dit pas la vérité. Cette perspective l'effraye, et il n'a pas tous les torts. On sait quand on y entre, on ne sait pas quand on en sort. Le caïd, notre ancien chef d'escorte, qui nous assiste, fait mine de l'emmener; mais nul aveu ne sort de sa bouche.

Que faire? Certes, nous avons le sort de cet homme entre les mains. Le sultan nous accordera sa tête, si on la lui demande. L'envoyer réellement en prison? C'est bien l'avis de quelques-uns, mais sur quoi nous fonder? Son récit après tout n'est-il pas vraisemblable? Qu'il ait cherché à tirer parti de la situation, qu'il ait exagéré pour que nous lui en tenions compte, la distance déjà parcourue, la perte personnelle qu'il a subie, sujets sur lesquels, en effet, ses réponses restent assez vagues, cela est possible, cela est même probable; mais cela vaut-il la prison, la prison au Maroc? Je suis de ceux qui ne le pensent pas, et M. Ordega partageant, là-dessus, mon sentiment, notre homme est définitivement laissé en liberté.

Comment, nous blâmons de toutes nos forces les condamnations arbitraires, ces procédés de justice sommaire appliqués dans ces pays fermés à tout progrès et à toute civilisation, et nous aurions donné l'exemple du même mépris de la conscience et de la liberté individuelle? Sur un simple soupçon, sur une opinion en quelque sorte préconçue, nous aurions enlevé cet homme à son travail, à sa famille, à la lumière, à la vie peut-être? Nous l'aurions livré, esprit et corps, à la torture, pour le forcer à un aveu? Mais alors, que signifient les grands mots d'humanité et de civilisation? Que valons-nous de plus que ces demi-barbares?

L'heure, du reste, eût été mal choisie pour un tel acte de rigueur. M. Ordega venait d'obtenir du sultan la grâce d'un condamné qui depuis trente mois gémissait dans les prisons. Le fait est touchant et rempli d'intérêt.

Peu de temps après notre arrivée à Maroc, deux enfants de douze à treize ans traînèrent un mouton jusqu'à la porte de la Mahmounia, et l'égorgèrent sous les yeux des gardes qui les empêchaient de pénétrer. C'était un sacrifice que ces enfants venaient de faire au ministre. Dans les mœurs arabes, un tel sacrifice est une demande de protection; celle-ci est alors rarement refusée. On apprit que ces enfants avaient leur père en prison, expiant un assez mince délit, celui d'avoir dérobé au gouvernement une petite quantité de salpêtre. M. Ordega, dont on venait de réclamer ainsi la puissante intervention, ne demanda pas mieux que de se conformer, sur ce point, aux usages du pays. A sa première entrevue avec le sultan, il sollicita la grâce du condamné. Une lettre du grand vizir ne tarda pas à faire connaître au ministre que le sultan avait signé l'ordre d'élargir le prisonnier.

Les enfants, instruits de la nouvelle, accoururent aussitôt remercier M. Ordega, et leurs larmes abondantes, plus que leurs paroles, témoignèrent de leur profonde reconnaissance. Le père, à son tour, sitôt rendu à la liberté, vint se jeter aux pieds du ministre; il embrassa ses genoux, les couvrit de ses larmes, et ne sut assez exprimer sa joie et son bonheur. C'était un homme d'une cinquantaine d'années; ses traits étaient tirés et amaigris, son teint avait blanchi à l'ombre des cachots. Les deux enfants l'accompagnaient. L'un d'eux, le plus jeune, portait un paquet. Il l'offre en présent au ministre. Naturellement, celui-ci refuse de le recevoir. L'enfant insiste et supplie. On ouvre le paquet. Il contenait douze paires de babouches, de différentes dimensions, autant de paires que le prisonnier avait d'enfants. M. Ordega, touché de cette attention, témoin du chagrin réel que provoquait son refus absolu, eut la générosité d'accepter une paire de ces babouches. Il choisit la plus petite, une toute petite chaussure de bébé. Je suis sûr qu'il la gardera précieusement en souvenir de son bienfait.

Eh bien! cela ne vaut-il pas mieux qu'une rigueur injuste, qu'une sévérité inutile? On doit s'estimer heureux d'être en état de donner une pareille joie, et M. Ordega, à la vue des petits souliers, ressentira bien des fois une douce et bienfaisante satisfaction.

CHAPITRE VII

Distribution de notre temps. — Douce rêverie du matin. — Bons et mauvais côtés de notre existence matérielle. — Une ressource imprévue. — Mœurs arabes révélées. — Le chef de la mission militaire. — L'après-midi et nos promenades en ville. — Achat de divers objets. — Luttes et compétitions.

Dans le bien-être d'une douce existence, au milieu d'événements toujours nouveaux et toujours intéressants, avec l'attrait continuel que nous procure la connaissance de plus en plus intime du pays, de ses mœurs et de ses coutumes, les jours s'enfuient avec une désespérante rapidité.

Dès le matin, à sept heures, la table de la salle à manger est servie de thé et de café, où les moins paresseux viennent, en petit négligé, prendre leur premier déjeuner. Le peintre Mousset et moi, éloignés au milieu des jardins, recevons d'un domestique, aussi exact qu'une horloge, notre tasse de café au lait, agrémentée de quelques biscuits anglais. Nous nous administrons ce léger à-compte dans notre lit; après quoi, aspirant la fumée d'une fine cigarette, à la vue des orangers en fleur qui fléchissent sous le poids de leurs fruits, à l'incessante musique des oiseaux qui s'ébattent dans le feuillage, nous nous abandonnons aux extases d'une douce rêverie.

Mon joyeux et aimable compagnon se décide à mettre pied à terre le premier. C'est l'heure qui lui semble le plus favorable pour s'en aller, avec ses toiles et ses pinceaux, dessiner une arcade de porte ou essayer d'en reproduire les fines arabesques. Pendant qu'il procède aux soins de sa toilette, je n'ai garde de détourner les yeux. A travers les carreaux de la fenêtre contre laquelle mon lit est appliqué, je continue, l'esprit distrait, à contempler la voûte sombre des orangers où le soleil s'efforce d'infiltrer quelques-uns de ses rayons, à voir scintiller les taches blanches qu'ils tracent sur le sol, ou à suivre, sur les branches voisines, le vol capricieux et saccadé, les poursuites obséquieuses et les luttes ardentes des passereaux enamourés. Tout entier à ma délicieuse impression, je feins le sommeil, j'évite le moindre mouvement de peur de provoquer, de la part de mon camarade, quelque indiscrète intervention qui viendrait troubler le cours si gracieux de ma pensée. Une fois seul, je prends à mon tour l'héroïque résolution de m'arracher à mon indolence, non toutefois sans avoir savouré, quelques minutes encore, le charme inexprimable de ma rêveuse contemplation.

Trois soldats, toujours les mêmes, sont préposés à la garde de notre pavillon, et nous rendent volontiers tous les services intimes que nous pouvons réclamer d'eux. Ils sont nuit et jour à leur poste, et couchent sur les dalles du portique, roulés dans une légère couverture de laine. Dès que nous sommes debout, sur un signe, ils ouvrent toute grande la porte monumentale de la chambre. L'air embaumé du matin la pénètre, et les jardins, dans une grande partie de leur étendue, étalent devant nous leurs massifs et leurs frais ombrages. On ne se sent plus confiné entre des murs; on se croirait plutôt sous un berceau de fleurs et de verdure. L'esprit et le corps se dilatent à l'aise, et une petite promenade dans les allées solitaires achève de disposer agréablement pour le reste de la journée.

Les repas sont partout et toujours une agréable distraction. Celui que nous prenons, tous ensemble, à onze heures, tient une assez large place dans la distribution de notre temps. Nous sommes régulièrement douze à table. Mais à ce nombre, il faut ajouter le capitaine X..., le chef de notre mission permanente, devenu notre commensal à peu près habituel; quelques Français, actuellement à Maroc pour leurs affaires, que le ministre invite parfois à se joindre à nous, et enfin un de nos interprètes arabes, qu'on fait asseoir à nos côtés quand il s'agit d'éviter le chiffre cabalistique de treize.

Les mounas quotidiennes, sans présenter les proportions extravagantes de celles que nous recevions en voyage, nous fournissent amplement de bœuf, mouton, volaille et œufs; les légumes sont moins abondants, surtout les légumes verts, mais on nous sert de temps en temps un excellent plat de fèves fraîches; le dessert qu'on nous offre se compose de noix et d'amandes sèches, avec de petits gâteaux du pays, dont le goût parfumé et épicé n'a pu réussir à nous séduire; il faut y ajouter les oranges, laissées à notre libre et entière disposition, non-seulement pour la table, mais pour nos fantaisies de tous les instants. Il nous suffit d'étendre la main pour les cueillir. On jugera par là que nous en devons faire une large consommation. Il n'en est rien cependant; nous y touchons à peine; la satiété arrive si vite par les yeux!...

A ces diverses provisions, nous associons, suivant les besoins, les ressources de nos approvisionnements, qui comprennent des conserves de toute nature, des fromages variés, des gâteaux aux senteurs moins orientales, et surtout le vin, qui, pour des habitudes françaises, est l'assaisonnement indispensable de toute nourriture.

Notre cuisinier a un mérite incontestable que nous nous plaisons à lui reconnaître. Malheureusement, tout son talent est mis en échec par une simple particularité culinaire, à laquelle il est impossible de remédier. Nos aliments sont préparés avec un beurre rance et nauséabond, que nos palais et nos estomacs acceptent avec la plus vive répugnance. La qualité du pain laisse aussi beaucoup à désirer. Sachant cela, on s'en était largement pourvu au départ de Tanger et de Mazagan; mais la provision s'est vite épuisée en route. Les pains que nous recevons sont en forme de galette, plats et ronds, n'atteignant pas le poids d'une livre; la croûte mince et peu cuite en est assez savoureuse, mais l'intérieur en est pâteux, peu agréable à manger et difficile à digérer.

Si nous passons au café, nous lui reconnaissons un double inconvénient, celui de n'être pas de très-bonne qualité, et surtout celui d'être préparé à la mode arabe. A cet égard, le père Davin, qui a tenu hôtel à Tanger et à Alger, est trop resté fidèle aux goûts africains; il nous fait servir dans nos tasses une décoction noire où l'on trouve à boire et à manger. Je n'aime pas, pour mon compte, ce breuvage épais et amer d'où aucun arome ne se dégage. Passe encore quand on peut le remonter d'un peu de cognac. C'est ce que nous n'avons pas manqué de faire. Mais cet affreux café en exigeait sans doute une telle quantité, que les prévisions de notre censal ont été bientôt dépassées, et qu'un beau matin, nous nous sommes trouvés devant une bouteille vide, qu'on n'était pas en mesure de remplacer. Il a bien fallu se rabattre sur d'autres liqueurs spiritueuses, dont nous étions munis. Ce n'était, hélas! qu'un triste palliatif. Par bonheur, l'esprit humain, pressé par la nécessité, est fertile en ressources, et la ville de Maroc n'est pas aussi dépourvue qu'on serait disposé à le croire. On s'est donc mis en campagne pour tâcher de combler cette regrettable lacune, et après bien des efforts qu'on était en droit de croire vains, dans un pays où les boissons alcooliques sont absolument proscrites, après avoir mis tout en œuvre pour la recherche de cette pierre philosophale, on a fini par découvrir, dans les dessous d'une petite boutique, quelques bouteilles portant l'étiquette pompeuse de cognac et de fine champagne. C'ést tout ce qu'il nous fallait, pour satisfaire l'œil et combattre l'amertume de notre café

Est-il besoin de dire que pendant le repas, la causerie est vive et animée? C'est le moment où nous pouvons échanger nos impressions, nous communiquer les anecdotes et les observations que nous sommes allés recueillir, un peu au hasard, chacun de notre côté. On parle un peu des affaires de la mission, surtout réservées pour des entretiens intimes; on y jase beaucoup du pays, de ses habitants, des agréments de notre séjour, de tout ce qui nous amuse, nous intéresse, nous étonne. Les sujets de conversation abondent, et notre esprit libre et satisfait nous dispose admirablement au bavardage. Le capitaine X..., que sa longue résidence au Maroc et ses fonctions officielles d'envoyé militaire français ont mis en mesure d'être bien renseigné, nous fournit les détails les plus piquants sur les goûts et les dispositions du sultan et des principaux personnages de sa cour, sur le genre de vie de la population en général, et sur les pratiques de sa propre existence.

Mœurs singulières! Du haut en bas de l'échelle sociale, mais plus particulièrement dans les classes élevées, il n'y a, semble-t-il, chez les hommes, qu'une seule et constante préoccupation, celle de se maintenir en état de faire bonne contenance dans le harem. Dès que la nature se montre impuissante à répondre à leurs insatiables désirs, ils ne craignent pas de recourir à quelque panacée, dans le but de relever leurs forces et leur virilité. L'Européen qui leur apporterait une recette efficace serait sûr d'être bien accueilli; et s'ils ne la possèdent pas encore, je suis en mesure d'affirmer que ce n'est pas faute de la solliciter.

C'est décidément un bon garçon que ce capitaine X... Quatre ou cinq années d'isolement et de contact continuel avec une civilisation arriérée et dissolvante n'ont en rien altéré son heureuse nature; il reste, avant tout, un agréable et joyeux compagnon. Caractère franc, ouvert, insouciant, toujours prêt à rire, incapable de se fâcher, il faut voir avec quelle complaisante bonhomie il accepte les plaisanteries que nos officiers, ses collègues, sont trop disposés à lui faire, sur son aptitude à s'assimiler les mœurs et les modes orientales.

Frappés, à sa première apparition, de sa tenue fantaisiste, on lui fit observer qu'il eût été de meilleur goût de se présenter devant le ministre dans son uniforme français de capitaine d'artillerie. Sans la moindre difficulté, de la meilleure grâce du monde, il se mit en devoir de répondre au désir exprimé, et le lendemain, le malheureux garçon nous arrivait, fagoté dans un costume impossible, étriqué, limé, usé jusqu'à la corde, et péniblement constitué avec des éléments tirés de sa vieille garde-robe et de celle de son maréchal des logis. Il faisait une mine si piteuse dans cet accoutrement, il semblait si gêné, si emprunté, qu'on eut pitié de lui et qu'on l'autorisa à se mettre à l'aise, dans les amples vêtements qu'il avait adoptés.

Ainsi que je l'ai dit, le repas nous tient, chaque jour, longuement réunis. Quand l'heure psychologique de la séparation est arrivée, chacun va de son côté vaquer à ses occupations ou se livrer aux jouissances de son goût. M. Ordega et tous les attachés de la légation, à quelque titre que ce soit, se mettent à la besogne, pour s'occuper des affaires en cours de négociation. C'est aussi l'heure où les délégués du sultan se présentent à la Mahmounia, et l'on veut être prêt à les recevoir. Nos trois officiers, groupés sous une tente, travaillent à la rédaction de leurs notes ou s'entretiennent des questions qui font l'objet de leurs études spéciales. Ils paraissent y apporter la plus sérieuse attention. Du reste, leur chef, le commandant de Breuilhe, est appelé à prendre part à toutes les discussions officielles qui ont trait aux affaires de leur ressort. Les inoccupés ou les inutiles passent leur temps à faire un brin de sieste, à s'agiter de droite et de gauche ou bien à griffonner quelques méchantes pages.

Pour les uns comme pour les autres, il s'agit de gagner l'heure où la chaleur du jour est moins forte, et où l'air est devenu respirable au dehors. Alors seulement la ville commence à prendre son animation, et nous y allons régulièrement faire une promenade quotidienne. Les chevaux et mulets qui nous ont transportés pendant le voyage, sont restés à notre disposition et campent en permanence dans une cour attenante aux jardins. Ils vivent en plein air, attachés en ligne par leurs deux pieds de devant à des cordes fixées transversalement sur le sol. Tous les animaux étant soumis à ce mode d'entraves présentent autour de leurs paturons, où s'exerce la pression des liens, une ligne circulaire privée de poils et souvent excoriée, d'assez laide apparence. Ils n'ont devant eux ni mangeoire ni râtelier, et reçoivent de l'orge pour toute nourriture.

Entre quatre heures et demie et cinq heures, les soldats qui doivent nous accompagner, déjà bien au courant de nos habitudes, guettent le moment de notre sortie. Par une convention tacite ou délibérée entre eux, ils se sont distribué nos personnes et par suite les petits bénéfices qui en découlent. Aussi, dès que l'un de nous se montre disposé à partir, est-il sûr de rencontrer devant lui la silhouette rouge de son garde attitré. Sans avoir à dire un mot, l'homme, en vous apercevant, vole à la cour, fait seller votre monture habituelle, et en un instant la bête est prête à enfourcher.

Fidèle aux résultats de mon expérience faite en route, témoin de la manière dont procède ici tout le monde officiel dans son incessant va-et-vient autour de nous, j'ai conservé, pour mon compte, l'usage de la mule, laissant à mes fringants camarades le plaisir de faire caracoler les chevaux et de montrer aux Arabes leur talent de fins cavaliers.

Nous partons habituellement par groupes de deux ou trois. Mais il est rare qu'après une tournée d'exploration dans des quartiers divers, nous ne finissions pas par nous rencontrer tous ensemble à la ksaria, où, comme on sait, se font les ventes publiques. En dehors de l'intérêt que présente ce point de la ville, à cause de son extraordinaire animation, nous sommes attirés là par l'espoir d'y découvrir quelques objets dignes d'être rapportés en souvenir. Les maroquineries nous tentent, ainsi que les costumes marocains, et l'on y en peut faire ample et facile provision. Il n'en est pas de même des armes, qui sont justement le but de nos actives recherches, et qui ont le privilége d'exciter toutes nos convoitises. On ne les trouve pas en boutiques, du moins telles que nous les voudrions; il faut attendre qu'elles viennent s'offrir à nous, et alors les saisir au passage. Comme nous sommes tous acharnés dans cette même poursuite, nous nous faisons une concurrence déplorable, toute à notre détriment, et dont les marchands sont très-habiles à tirer profit.

Non-seulement ils attendent notre arrivée sur le marché pour les mettre en vente, mais ils viennent nous les présenter à la Mahmounia, et c'est du matin au soir une procession de gens empressés de nous offrir des fusils, des sabres et des poignards.

Bou-Taleb s'est institué leur intermédiaire et leur truchement indispensable. Grâce à lui et aux remises qu'il prélève sur les vendeurs, tout en ayant la prétention de nous obliger, les prix des objets augmentent de jour en jour dans des proportions considérables, et nous sommes soumis à une exploitation en règle. Nous venons à la ksaria dans le but de nous soustraire à ces exigences, mais Bou-Taleb s'y est rendu bien avant nous; il a déjà vu ce qui doit être livré à l'adjudication; il a dit son mot à l'un et à l'autre, et nous sommes obligés de passer sous les fourches caudines de ses prétentions. Nous sommes enveloppés dans un réseau dont il est impossible de rompre les mailles. Mais on ne vient qu'une fois à Maroc, et, coûte que coûte, il faut en rapporter quelque chose pour soi et ses amis!

Les instants s'écoulent vite au gré de nos désirs. Nous dînons à sept heures, et, pour être rentrés à temps, nous devons presser l'allure de nos mules et labourer leurs flancs de la pointe aiguë de nos larges étriers.

Vers dix heures, après une promenade dans les jardins embaumés, à la délicieuse fraîcheur du soir, nous nous disons au revoir jusqu'au lendemain.

CHAPITRE VIII

Soldat d'escorte blessé à la ksaria. — Exemple de rare énergie. — Peintre et photographe molestés par la population. — Rixe au marché. — Explication de ces divers incidents. — Arrivée d'une mission anglaise. — Accueil qu'elle reçoit du ministre de France. — La *Marseillaise* au palais de la Mahmounia.

Pendant le voyage, aussi bien que pendant notre séjour à Maroc, je me suis appliqué autant que possible à avoir sous la main un interprète capable de me donner tous les renseignements dont j'avais besoin, ou tout au moins en état, par la connaissance de la langue arabe, de se les procurer et de me les communiquer à son tour. M. Brudo se montre pour moi d'une obligeance extrême à cet égard, et toutes les fois que je l'en prie, il se fait un plaisir de m'accompagner en ville. Nous partons seuls alors, moi, précédé de mon soldat marchant à pied, lui, suivi de son moghazni, qu'il a amené de Mazagan, et monté comme nous sur une mule. Après tours et détours, nous tombons fatalement à la ksaria, où les services de mon compagnon me sont encore plus utiles et plus précieux qu'ailleurs. Le moghazni se charge de nos montures, qu'il va tenir en réserve dans quelque endroit écarté, et nous nous mêlons, sous les galeries couvertes, aux flots pressés de la foule.

Mon soldat ne nous quitte pas plus que notre ombre. Il tient à bien gagner la « peseta » qui l'attend au retour, et, sans doute pour obtenir mes bonnes grâces, il se livre, pour nous frayer passage, à des excès de zèle que nous sommes souvent dans l'obligation de contenir. Non content de crier : « Balak! Balak! » avec une persévérance élogieuse, il bouscule à droite et à gauche tout ce qu'il rencontre devant lui, sans attendre l'effet de son avertissement. A la bousculade, il ajoute volontiers quelques coups de son *stick,* qu'il porte toujours à la main, selon la mode des soldats anglais. Ou bien il en frappe avec vigueur la tête d'un passant indocile, dont il fait résonner le crâne comme un tympan, ou, ce qui est pire encore, il en larde, avec la pointe, les reins ou la poitrine d'une malheureuse femme qui, à son gré, ne s'écarte pas assez vite. Plusieurs fois, en pareille circonstance, j'ai été obligé d'intervenir pour arrêter son bras trop prompt, et lui faire entendre que je ne voulais pas de pareils procédés. C'était demander aux rivières du pays de rouler dans leur lit une eau pure et abondante!

Il a fait tant et si bien, malgré mes avis réitérés, qu'un beau jour son autorité a été méconnue, et qu'il a rencontré devant lui une résistance ouverte et sérieuse. C'est dans la personne d'un nègre, jeune et grand gaillard aux formes athlétiques, auprès duquel notre soldat, à la structure grêle quoique robuste, semblait un enfant chétif. Je ne saurais dire quelle a été l'attitude du soldat à son égard, s'il l'a secoué ou interpellé d'une façon grossière. Cela est bien possible, eu égard à ses habitudes brutales et ses procédés agressifs. Toujours est-il que, sans me douter de rien, sans avoir rien remarqué jusque-là, j'aperçois tout à coup, à un pas devant nous, l'énorme nègre se précipiter sur le soldat et l'étreindre à la gorge d'une main vigoureuse. Si le nègre était fort, le Maure était agile, et c'est à cela certainement, plus encore qu'à l'intervention des personnes présentes, qu'il a dû de ne pas être étranglé sur l'heure. Le soldat, délivré, entend faire respecter son autorité méconnue, et, sans tenir compte de la supériorité de force de son adversaire, il s'efforce de le saisir et de l'entraîner; mais celui-ci, non moins acharné, trouve moyen de se dégager des bras qui essayent de le retenir, et, se précipitant de nouveau sur le soldat, lui assène sur la tête un coup terrible avec une énorme clef dont sa main est armée.

Le soldat n'est pas étourdi par le coup, qui aurait renversé un chêne, mais le sang jaillit à flot d'une blessure profonde. Sa figure, ses vêtements, le sol en sont bientôt inondés. Je ne crains rien moins qu'une rupture de l'artère temporale, et peut-être une hémorrhagie mortelle. J'examine la plaie : elle est heureusement un peu au-dessus de la tempe gauche, et le vaisseau lésé n'est pas de premier ordre. Avec les doigts, je maintiens un instant rapprochées les lèvres de la plaie, et dès que l'écoulement a un peu diminué, je lui applique un bandage autour de la tête, avec les moyens insuffisants que je trouve sur les lieux.

Pendant ce temps, le croirait-on? cet homme n'a pas manifesté le moindre sentiment de douleur ni d'inquiétude. Le sang, dont il a ses habits imbibés, la figure et les mains ruisselantes, ne produit sur lui aucune trace d'émotion. Insensible à la souffrance, inconscient, pour sûr, du danger qu'il vient de courir, il se tient debout, ferme comme un granit, repoussant comme inutiles les soins que je veux lui donner, tout entier à la seule préoccupation de maintenir le coupable, qu'il a saisi par les vêtements, et qui maintenant, désarmé, se tient calme et immobile, dans l'attitude d'une complète résignation.

La foule, rassemblée sur le théâtre de l'événement, échange avec vivacité ses impressions, sans que je puisse naturellement rien comprendre à son langage. Je m'imagine qu'on attend l'arrivée des sbires pour livrer tout de suite le coupable à l'autorité du gouverneur. Il n'en est rien cependant. Pour quelles raisons et en faveur de quels arguments? Je l'ignore. Mais bientôt le soldat lui-même lâche le nègre, qu'on rend ainsi à la liberté, sous la caution, il est vrai, de deux personnes présentes qui le connaissaient.

J'invitai alors le soldat à se retirer et à rentrer tranquillement chez lui. Impossible de lui faire entendre raison; il ne voulut jamais consentir ni à s'éloigner de nous, ni à se dessaisir des objets dont il paraissait fier de se charger à la suite de nos emplettes. Il continua à nous servir de guide jusqu'à la fin de notre promenade, et nous reconduisit à la Mahmounia, suivant au trot, comme d'habitude, le pas accéléré de nos mules, sans autre souci que de passer, de temps en temps, la main sur sa figure, pour en essuyer le sang qui s'échappait encore de sa blessure.

Une fois en possession de la caisse de secours dont nous sommes pourvus et qui offre toutes les ressources nécessaires pour de pareilles occasions, je panse de nouveau la plaie avec plus de soin que je n'avais pu le faire, et avec assez de bonheur pour arrêter complétement l'hémorrhagie, que l'obstination du soldat semblait rendre alarmante. Dès ce moment, tout danger est passé; il ne s'agit plus que de réparer les pertes et de calmer la soif que le blessé commence à ressentir. Je demande un verre d'eau sucrée, dans laquelle je verse une large dose de teinture alcoolique d'arnica. Mon homme y porte timidement les lèvres pour en reconnaître la nature ; mais dès qu'il y a goûté, il l'avale carrément, d'un trait, avec une satisfaction si peu dissimulée qu'il m'en demande aussitôt un second verre. Je lui administre cette seconde dose, qui ne lui semble pas moins agréable que la première. Décidément il prend goût de plus en plus à ce mode de traitement ; il paraît heureux et enchanté d'avoir eu l'occasion d'en faire la connaissance, et je ne suis pas bien sûr, une fois l'accident oublié, qu'il ne consentît à courir les mêmes risques pour avoir droit à ces mêmes soins, qui s'écartent tant soit peu des prescriptions du Coran.

L'agression dont le soldat venait d'être victime n'avait rien, en apparence, qui nous fût personnellement hostile. Si nous en étions la cause indirecte, nous n'en étions ni le but ni le prétexte. Toutefois le peintre Mousset était assez régulièrement molesté, quand il allait en ville prendre quelques croquis ou peindre quelque sujet. Le matin même du jour où le soldat avait été assailli à la ksaria, une pierre avait été lancée contre notre ami, tandis que les qualifications injurieuses de Juif et de chien de chrétien ne lui étaient pas ménagées. La même attitude frondeuse et provocante se manifestait aussi contre le photographe. Ce même jour encore, une rixe s'engageait sur le marché, entre le domestique du capitaine X... et des Arabes vendant leurs provisions. C'était la première fois, depuis que la mission militaire était au Maroc, qu'un semblable événement se produisait. Y avait-il simple coïncidence entre ces divers faits? Fallait-il y voir, au contraire, quelque indice fâcheux d'un mécontentement général, en voie de fermentation chez les musulmans contre l'élément chrétien? Cette pensée devait nécessairement se présenter à l'esprit. Mais une analyse attentive permet, à ce qu'il semble, d'écarter une pareille supposition.

Le peintre Mousset, assis dans la rue, au milieu de tout un appareil d'artiste, devait naturellement provoquer la curiosité des passants et donner lieu par suite, à des rassemblements autour de lui. C'est ce qui se produit en tout pays devant un dessinateur quelconque, avec cette différence qu'on venait ici considérer à la fois l'œuvre et l'étranger. Dans cette foule avide de voir, les derniers venus étaient naturellement disposés à pousser les premiers; de là, parmi eux, des horions, des cris et par suite un peu d'excitation. Quoi d'étonnant alors qu'un gamin, perdu dans la cohue, éprouve le besoin de jouer quelque plaisante farce? Une pierre lancée contre le chevalet doit lui paraître chose amusante. Pourquoi résisterait-il à ce plaisir quand il est sûr de l'impunité?

Cependant il y avait dans la situation de M. Mousset une circonstance défavorable. Il dessinait justement l'entrée d'une mosquée. Or, une mosquée est un lieu sacré pour les musulmans. Un chrétien qui oserait y entrer risquerait fort de n'en plus sortir. On n'aime guère davantage qu'il stationne aux alentours. Quand on passe en regardant avec attention et qu'on fait mine de s'arrêter, des sectateurs fidèles se trouvent toujours là, prêts à vous crier : Djemma! Djemma! ce qui, en traduction libre, signifie : Passez votre chemin, vous n'avez rien à voir là dedans. M. Mousset, en peignant la mosquée, pouvait donc bien exciter plus qu'il n'eût fallu le fanatisme des gens qui l'entouraient. Si l'on ajoute à cela que la peinture est peu en honneur dans les contrées soumises à l'islamisme, que les lois de Mahomet interdisent de la façon la plus formelle aux musulmans de laisser reproduire les traits de leur visage, on s'expliquera sans peine leurs procédés peu hospitaliers envers le peintre, sans y voir la manifestation d'un esprit généralement hostile.

L'affaire de mon soldat n'était vraisemblablement que la conséquence de sa brutalité. Il faut cependant noter ceci, que son agresseur était l'esclave du chérif ou grand prêtre de la mosquée dont M. Mousset voulait, quelques heures auparavant, reproduire les lignes architecturales; et de plus, c'est le même soldat, inoccupé par moi le matin, qui avait offert ses services à M. Mousset, et qui pendant le travail de l'artiste s'appliquait à tenir la foule écartée, sans doute avec ses procédés toujours assez vifs. Il y aurait là peut-être une certaine corrélation de faits.

Quant à la rixe du domestique de la mission militaire avec un marchand arabe, il est impossible d'y voir autre chose qu'une lutte fortuite d'intérêts opposés.

A la suite de ces incidents survenus coup sur coup, dans la même journée, était-il bien prudent de sortir le lendemain? N'allions-nous pas provoquer des actes d'autant plus fâcheux qu'ils pourraient amener de graves complications? Attaqués ouvertement, ou grièvement injuriés, pourrions-nous encore nous contenter, pour toute satisfaction, des coups de bâton infligés aux agresseurs, par ordre du pacha? Ce lendemain était justement un vendredi, jour de fête musulmane, jour de chômage hebdomadaire, notre dimanche à nous. Si les incidents récents avaient eu pour mobile le fanatisme blessé, s'ils avaient peut-être contribué à surexciter ce sentiment, ne serions-nous pas exposés, en ce jour de prières et de pratiques religieuses, à en éprouver plus fortement les effets?

Par ces diverses considérations, le peintre Mousset fit

trêve à son ardeur artistique, le photographe Davin crut opportun de ne pas braquer son objectif; la plupart d'entre nous jugèrent sage d'imiter leur exemple, et nous passâmes la journée entière dans notre délicieuse prison, attendant la suite des événements, sans trop de souci d'ailleurs ni d'impatience.

Pour en finir avec mon soldat, j'ajouterai que le soir de l'accident, je ne manquai pas d'aller m'assurer que l'écoulement de sang était entièrement arrêté. Je trouvai le malheureux étendu, à côté de quelques camarades, sur le sol humide d'un petit réduit, où le jour n'arrive jamais, où l'air pénètre à peine, véritable cachot dont la vue seule donne le frisson. Le blessé gisait là, un peu agité par la fièvre, mais satisfait ou indifférent, en somme ne demandant rien de mieux.

Le lendemain, vers quatre heures de l'après-midi, quel ne fut pas mon étonnement de voir mon gaillard, que j'avais cru mort la veille, en faction devant ma porte pour attendre ma sortie! Il avait enlevé tout son appareil de bandes et ne gardait plus sur sa blessure que le tampon de charpie retenu par les caillots de sang Encore voulait-il absolument que je l'en débarrasse. Plutôt mourir que manquer l'occasion de son aubaine quotidienne! Heureusement pour lui que nous avions pris la résolution de ne pas aller en ville. Il put ainsi se reposer vingt-quatre heures de plus sans rien perdre de ses bénéfices. Mais le lendemain et jours suivants, il continua sa besogne auprès de moi, non toutefois sans avoir mis beaucoup d'eau dans son vin et adopté vis-à-vis du public une attitude plus réservée.

Il va sans dire que notre réapparition dans les rues et sur les marchés ne donna lieu à aucune manifestation désobligeante. La population se montra au contraire, à notre égard, pleine d'aménité et de bienveillance.

A l'annonce du départ de notre mission française pour la cour du sultan, les légations étrangères à Tanger avaient été prises d'une ardeur subite et inusitée de déplacement. Les Anglais avaient aussitôt résolu de partir peu de jours après nous; les Italiens se proposaient de les suivre à court intervalle; les Espagnols avaient reçu l'ordre de se mettre en route sans retard. Nous étions à Maroc depuis une semaine environ, quand la mission anglaise, fidèle à son programme, fait annoncer sa prochaine arrivée et son entrée en ville pour le lendemain. La politesse et l'affabilité resteront quand même l'apanage des Français. M. Ordega, à cette nouvelle, s'empressa de dépêcher son distingué secrétaire jusqu'au campement d'El-Kantara, pour apporter ses salutations et ses souhaits de bienvenue au ministre d'Angleterre.

Dès que celui-ci fut installé, avec son personnel, à la résidence qui lui était assignée, M. Ordega eut encore l'attention de se rendre personnellement auprès de son collègue. Et comme témoignage de son désir d'entretenir les meilleures relations avec le représentant d'une nation amie, notre ministre invita les nouveaux arrivés à venir dîner avec nous, aussitôt qu'ils seraient reposés de leurs fatigues.

Les Anglais, à notre exemple, avaient accompli une partie de leur trajet par mer. Leur itinéraire comportait cette seule différence qu'au lieu de venir débarquer à Mazagan, ils s'étaient arrêtés au port de Casablanca. De ces deux points de la côte à la ville de Maroc, la route de terre à parcourir mesure à peu près une égale distance. Il s'agissait seulement de ne pas imposer deux fois de suite aux mêmes tribus les charges de la mouna.

L'entrée solennelle de la mission anglaise a été entourée du cérémonial qui avait présidé à la nôtre. Cependant, et sans en tirer plus de vanité qu'il ne convient, on a pu remarquer moins d'enthousiasme et moins d'empressement de la part de la population aussi bien que du monde officiel. L'habitation qu'elle occupe, non loin de nous, près de la grande mosquée, vaut bien nos pavillons, mais les jardins qui l'entourent n'ont pas le grandiose aspect de ceux de la Mahmounia. A titre de privilége accordé aux premiers arrivés, ou pour toute autre raison, il semble réellement que nous ayons été l'objet de quelque attention particulière.

Le chef de cette mission anglaise, sir John Drummond Hay, est titulaire depuis plus de vingt ans du poste diplomatique de Tanger, que son père avait occupé avant lui et auquel il a succédé. Né et élevé en partie au Maroc, il connait à fond le pays et parle sa langue avec la facilité d'un indigène; avantage précieux qu'il possède sur ses collègues et qui lui permet de traiter directement les affaires, sans le secours d'un interprète. Il est accompagné d'un jeune fils de lord, venu tout exprès de Londres, d'un capitaine et d'un docteur pris dans la garnison de Gibraltar. Trois dames n'ont pas craint de suivre ces messieurs : mesdames John Hay, mademoiselle Hay, et la dame du capitaine. C'est une preuve de plus, je le veux bien, de l'intrépidité proverbiale de la race anglaise pour les voyages. Mais sans compter les fatigues d'une longue marche à cheval, le séjour sous la tente ne me paraît pas sans inconvénient pour des dames. Madame Ordega et quelques dames françaises avaient aussi un instant caressé la pensée de nous accompagner. Tout en regrettant le charme particulier que leur présence aurait communiqué à notre voyage, je suis absolument d'avis qu'elles ont sagement fait de renoncer à leur projet.

A l'exception de madame J. Hay, trop peu remise de ses fatigues, tous les membres de la mission anglaise, dames et messieurs, vinrent prendre part au dîner qui leur était offert La salle à manger avait été parée et embellie de fleurs pour la circonstance, le patio et le portique qui la précèdent illuminés par de nombreuses lanternes. La table était magnifiquement dressée; chaque convive avait un petit bouquet dans son verre. Nous tenions à faire honneur à nos invités.

C'est toujours un plaisir délicat de se trouver avec des personnes agréables et distinguées, façonnées aux meilleurs usages, surtout quand on a la bonne fortune de compter parmi elles des dames aimables et gracieuses. Mais le plaisir est autrement vif encore, quand on rencontre une telle société loin de son pays, et dans un milieu où les besoins créés par une civilisation raffinée ne peuvent compter sur aucune satisfaction.

Après le repas que notre heureuse disposition d'esprit avait rendu charmant, le café fut servi dans le jardin. Une table avait été dressée, à cet usage, sur un espace réservé, recouvert de tapis. Nous pûmes alors offrir à nos hôtes la surprise et l'agrément d'une petite fête musicale. M. Pincherlé exécuta sur son violoncelle les meilleurs morceaux de son répertoire, avec une virtuosité qui lui valut les justes applaudissements de l'auditoire. Soirée et concert se terminèrent sur l'air de la *Marseillaise*. Les jardins de la Mahmounia dûrent être bien surpris d'entendre les échos de notre hymne patriotique.

CHAPITRE IX

Audiences privées du sultan. — Cérémonial des réceptions. — Questions traitées. — Si-Sliman et les événements militaires de la frontière algérienne. — Indemnités réclamées pour incursions sur notre territoire. — Chemin de fer transsaharien. — Réclamations de négociants français. — Physionomie du sultan et de ses délégués.

Après la réception solennelle où se fit la remise des lettres de créance, M. Ordega a sollicité et obtenu une série d'audiences privées, qui lui ont permis de traiter avec le sultan diverses questions dont il désirait entretenir personnellement Sa Majesté.

Ces entretiens ont lieu dans la matinée et durent environ de une heure à une heure et demie. Le cérémonial en est réglé. A l'heure convenue, le khalifat du caïd Méchouar se rend à la Mahmounia, suivi d'une dizaine de moghazni. Le ministre, en grand uniforme diplomatique, monte à cheval et se met en route sous cette escorte, augmentée d'un piquet d'hommes pris dans sa garde d'honneur. Il est accompagné de son secrétaire et des interprètes de la légation, montés comme lui à cheval.

L'endroit fixé pour la réception est quelquefois un des kiosques du jardin, plus souvent une des pièces du palais, réservée à cet usage. A ce moment, les ministres marocains sont habituellement réunis, sous la présidence du grand vizir. Leur salle de conseil est tout simplement une place à l'ombre dans la cour voisine de l'appartement occupé par le sultan. Ils se tiennent là, accroupis par terre sur des nattes, rangés en cercle, ayant devant eux de petites caisses renfermant les papiers ou archives nécessaires à leurs délibérations. Quand le soleil vient les atteindre, ils portent un peu plus loin leur personne et leur matériel. Ce n'est pas autrement ni ailleurs que se traitent les affaires de l'État. A l'arrivée de M. Ordega, tous se lèvent, viennent le saluer et le conduisent jusqu'à la porte derrière laquelle se tient le souverain. Ils retournent aussitôt reprendre leur posture et leurs travaux. Le caïd Méchouar introduit alors le ministre, l'annonce de sa voix puissante et se retire à son tour. Le sultan, comme on voit, reste seul avec ses interlocuteurs, semblant témoigner plus de méfiance envers son entourage qu'à l'égard des étrangers.

La salle de réception est au rez-de-chaussée; elle est spacieuse, aux murs blanchis à la chaux, nus, sans tentures ni ornements. Le sultan est assis sur un fauteuil Louis XV, sous une espèce de dôme fait de quelques draperies rouges et appliqué contre une des parois de la pièce. Une seule chaise est à la disposition du ministre; sa suite doit se tenir debout. Par une bizarrerie singulière, et à peine croyable, de chaque côté de ce semblant de trône, est remisée une voiture, l'inévitable coupé vert or traîné dans la réception solennelle, et une espèce de cabriolet jugé indigne de cet honneur. Qui douterait, après cela, que la voiture soit considérée ici comme objet de grand luxe? Dans l'impossibilité de l'employer au dehors, faute de route, on imagine de l'utiliser au dedans comme ornement de salon. Pouvait-on trouver mieux?

N'ayant pas été dans la confidence des secrets diplomatiques, je ne saurais être accusé de les trahir. Je crois cependant être en mesure de donner un aperçu suffisant, je l'espère, des questions diverses abordées au cours de ces entretiens particuliers.

Les événements dont notre frontière algérienne, du côté du Maroc, est actuellement le théâtre, appelaient particulièrement l'attention de notre ministre plénipotentiaire, et ont fait l'objet de sa première conférence avec le sultan. Dans le sud de la province d'Oran, quelques-unes de nos tribus insoumises sont commandées et maintenues en état de révolte par un sujet marocain, Si-Sliman-ben-Kaddour, personnage influent et chef religieux très-écouté de ces populations sahariennes. Il y a plus. Si nos efforts de pacification n'ont pas encore triomphé des dernières résistances, c'est grâce au refuge assuré que trouvent nos tribus rebelles dans les provinces limitrophes de l'empire. Non contentes d'échapper ainsi à la poursuite de nos troupes, elles viennent se refaire et se ravitailler en pays ami, et quand le moment leur paraît opportun, elles en repartent pour faire une nouvelle incursion sur notre territoire et opérer des razzias au détriment de notre population fidèle. Il importait donc d'appeler l'attention du sultan sur une situation qui, à la longue, peut compromettre nos relations de bon voisinage et peut-être amener de fâcheuses complications.

Une autre raison nous poussait à rechercher, en ce point, une entente cordiale avec le gouvernement marocain. Dans la zone où nos opérations militaires sont actuellement circonscrites, la frontière commune est tout à fait idéale, le tracé qui en est reproduit sur les cartes est absolument arbitraire. Aucune délimitation précise n'étant indiquée, nos colonnes sont exposées, malgré les précautions les plus attentives, à dépasser la limite réelle de nos possessions. C'en est assez de ce doute et de cet embarras, pour qu'à chaque mouvement de notre part nous soyons accusés de violation de territoire par les puissances étrangères, notamment par les représentants, à Tanger, de l'Angleterre et de l'Espagne, qui ne cessent de nous observer d'un œil inquiet et jaloux. Le but de M. Ordega était de nous mettre pour l'avenir à l'abri de pareilles accusations.

Quelques années auparavant et dans des circonstances semblables, notre diplomatie avait dû intervenir auprès de la cour du Maroc, pour obtenir l'éloignement de Si-Sliman, et le désarmement des tribus, qui alors comme aujourd'hui cherchaient asile sur le territoire de l'empire. En dépit du bon vouloir manifesté par le souverain, le résultat des démarches fut à peu près illusoire. Si-Sliman, pris une fois et interné à Fez, réussit à s'échapper; et dans ces contrées où l'autorité du sultan est purement nominale, les tribus révoltées continuèrent de se mouvoir à leur gré, sans qu'il fût possible d'employer la force pour les réduire ou les désarmer.

Une nouvelle intervention toute platonique et toute morale, telle que pourrait l'exercer le gouvernement chérifien, ne servirait qu'à constater une fois de plus son impuissance. Le sultan le reconnait lui-même et semble le regretter. Loin d'encourager les exploits de Si-Sliman, il laisse clairement entendre qu'il serait heureux si nous trouvions un moyen de le débarrasser du trop célèbre agitateur, dans lequel il voit un ennemi et peut-être à l'occasion un rival dangereux. En tout cas, ne pouvant rien par lui-même, désireux cependant de fournir des preuves de ses bonnes dispositions à notre égard, il s'abandonne docilement aux désirs exprimés par M. Ordega, et consent à faire droit à toutes ses demandes. L'une d'elles, comme on va le voir, est d'une portée politique considérable.

Le sultan, en effet, s'est engagé à donner par écrit au gouvernement français l'autorisation pour ses troupes de franchir la frontière marocaine, toutes les fois que les exigences de sa défense l'y obligeraient. De plus, un firman sera expédié sans retard à tous les chefs des tribus voisines de l'Algérie, pour leur enjoindre d'accorder sur leur territoire libre passage à nos troupes et de mettre à leur disposition toutes les ressources du pays; pour les inviter en outre à refuser asile aux tribus révoltées, à repousser Si-Sliman-ben-Kaddour et à s'emparer s'il est possible de sa personne.

Cette concession, consentie par le sultan, est d'une importance capitale. Elle donne satisfaction au double but poursuivi par M. Ordega : la possibilité d'atteindre plus sûrement les rebelles et d'opposer un droit formel à ceux qui nous accusent sans cesse de violation de territoire. Ces facilités acquises à notre défense, ainsi que l'attitude bienveillante du gouvernement marocain, dont il n'y a pas lieu de suspecter la sincérité, ne peuvent manquer d'avoir la plus heureuse influence sur nos événements militaires du sud oranais.

A cette question se rattachait, comme corollaire, une demande d'indemnité en faveur d'une de nos tribus fidèles, les *Hamyan-Chafaâ,* attaquée, pillée, dévalisée, razziée, en un mot, quelque temps auparavant par ce même Si-Sliman, à la tête de ses partisans. Un inventaire, soigneusement et très-impartialement dressé à la suite de ce coup de main, portait à un peu plus de

400,000 francs le chiffre des pertes subies par nos alliés. Le sultan promit de soumettre ces réclamations à l'examen de ses ministres, assurant d'ailleurs qu'il serait fait droit à toutes nos revendications aussitôt que le bien fondé en serait reconnu. Mais il fit connaître à M. Ordega que de son côté il avait à réclamer du gouvernement français une réparation analogue pour dommages causés à quelques-unes de ses tribus, par une agression soudaine de nos troupes, qui leur avait occasionné la perte d'un nombre considérable de troupeaux. Cette double réclamation serait examinée par les deux parties intéressées.

M. Ordega a voulu ensuite pressentir l'opinion du sultan sur le passage éventuel en territoire marocain d'un chemin de fer transsaharien destiné, suivant nos projets, à relier nos possessions du nord et de l'ouest de l'Afrique. Cette idée n'a semblé que médiocrement sourire à l'esprit de Mouley-Hassan, très-peu ouvert, disons même hostile à toute invasion de nos procédés civilisateurs. Visiblement, il n'était pas à l'aise sur ce terrain. Il a rappelé que son père, déjà consulté à ce sujet, avait refusé son consentement; lui-même ne se rendait pas un compte exact, ni de l'utilité, ni du but, ni de l'importance de la question; il verrait, examinerait et s'appliquerait à rechercher dans quelle mesure il pourrait, au besoin, nous donner satisfaction. C'était une manière courtoise d'éluder une réponse qui ne nous eût pas été favorable.

A la demande d'un de nos négociants, transmise par notre ministre, d'obtenir l'autorisation d'établir sur un point de la côte une distillerie d'alcool de grains, le sultan fit remarquer que l'usage des boissons spiritueuses, et par suite leur commerce et leur fabrication, étant absolument contraires aux lois et aux mœurs du pays, il ne pourrait, sans grand scandale aux yeux de ses populations, permettre la création d'un établissement de ce genre. L'objection, d'ailleurs prévue d'avance, était trop juste et trop sérieuse pour que M. Ordega crût devoir insister davantage.

Enfin, un dernier sujet abordé par notre représentant a trait encore à des indemnités, réclamées cette fois par des commerçants français ou protégés de la France, qui n'ont pu obtenir le payement de leurs créances. On sait qu'il n'y a pas de tribunaux au Maroc, et le gouvernement est rendu responsable des préjudices causés aux nationaux des puissances étrangères. Mais il arrive ceci, c'est que comptant sur l'appui et la protection de leurs représentants respectifs, les négociants ou trafiquants s'engageaient dans les affaires les plus douteuses, sans se soucier de la solvabilité de leur client; c'est le cas des plus honnêtes. Pour ceux qui le sont moins, ils ont tout avantage à rechercher des débiteurs insolvables de qui ils peuvent exiger de plus lourds engagements, avec lesquels ils viendront se présenter à la caisse du trésor marocain. Enfin, on peut établir une troisième catégorie de ceux qui se contentent de débiteurs fictifs et complaisants. Il en résulte que la plupart de ces réclamations sont ou mal fondées ou toujours fortement exagérées.

Ce système de responsabilité imposé au gouvernement du pays, nécessaire, je le veux bien, dans une certaine limite, n'en est pas moins la source d'abus considérables et scandaleux, auxquels l'honnêteté exigerait de mettre un terme. Il faudrait pour qu'une réclamation méritât d'être appuyée par un ministre, que le dommage causé fût établi d'une manière à ne laisser aucun doute, et dans ce cas encore, arriver à la preuve qu'il n'y a ni faute ni complicité de la part du réclamant. D'ailleurs, ces questions d'intérêt privé, d'une loyauté trop souvent douteuse, diminuent singulièrement le prestige de celui qui a l'obligation de les traiter, et peuvent compromettre ainsi les résultats politiques autrement importants qu'on cherche à obtenir. Ce me paraît, en tout cas, une triste nécessité pour un homme honnête et droit, investi du titre de représentant d'une grande nation, d'avoir à présenter et soutenir des réclamations dont il peut jusqu'à un certain point suspecter lui-même la juste légitimité.

Les indemnités réclamées par nos négociants s'élevaient à la somme de 500,000 francs. Après un examen des pièces et des titres fournis à l'appui de ces demandes, on fit la part des exagérations trop manifestes, et tout en maintenant encore, faute de preuves suffisantes, des prétentions qui semblaient bien excessives, on réduisit la somme à 300,000 francs. C'est le chiffre que M. Ordega soumit à l'appréciation du sultan. Celui-ci, confiant dans la droiture du ministre, s'engagea sur l'heure et sans la moindre observation à faire droit à la demande de nos nationaux.

Ce sont là, je le crois bien, toutes les questions traitées directement avec le sultan. La plupart, avant de recevoir leur solution définitive, exigeaient un complément d'iustruction. Celle-ci se poursuit, tous les jours, à la Mahmounia, entre le personnel de notre légation et les délégués du cabinet chérifien.

Dans ses divers et longs entretiens avec M. Ordega, Mouley-Hassan s'est toujours montré très-attentif, et très-appliqué à suivre les explications développées devant lui. Ses réponses dénotaient une certaine puissance de réflexion, et une entente suffisante de tout ce qui touche à ses intérêts immédiats. Mais en matière de politique générale, ses notions sont très-vagues et ses connaissances géographiques à peu près nulles. Il ne sait pas lire sur les cartes; dans cette question du chemin de fer saharien, s'il devine un danger pour lui dans l'introduction de cet élément civilisateur, certainement il est loin de pouvoir se rendre compte des points de départ et d'arrivée qu'on voudrait assigner à cette ligne. On m'a assuré qu'on avait eu dernièrement toutes les peines du monde à lui faire comprendre la position occupée par l'Autriche sur la carte d'Europe.

A côté de cela, il passe pour être très-versé dans les connaissances du Coran. Ce serait même un théologien éminent. Il aurait le désir d'être très-instruit dans les diverses branches du savoir humain, mais il ne sait pas y apporter l'application nécessaire. Les phénomènes de la physique et de la chimie attirent particulièrement son attention; les expériences les plus élémentaires, faites devant lui, l'amusent ou l'intéressent. Il a dans son palais quelques petits appareils servant plutôt à son amusement qu'à son instruction. Il est pourvu en outre d'un télescope où il apprend tout juste ce qu'il faut pour savoir en quoi consiste l'astronomie. En réalité, l'astrologie et l'alchimie seraient plus de son goût que les sciences réelles.

A l'heure qu'il est, sa pensée est tout entière aux questions d'artillerie et à la fabrication de la poudre, dans leur côté purement pratique, bien entendu; il a ses raisons pour cela. Son autorité n'est réellement reconnue que dans une faible partie de l'empire. Sur la plus grande étendue, le recouvrement des impôts est difficile à opérer et l'oblige souvent à recourir à des expéditions armées contre les récalcitrants. Il s'occupe justement de réunir les éléments d'une véritable campagne qu'il se propose de diriger bientôt contre ses tribus du Souss, province située au sud de l'Atlas. Il y a là une population dense, guerrière, bien armée, disposée, à ce qu'il semble, à opposer une vive résistance. L'entreprise est risquée, dit-on, et l'on n'est pas sans inquiétude dans l'entourage du sultan. Lui-même ne s'en dissimule ni les difficultés, ni les périls; aussi voudrait-il disposer de moyens puissants pour être assuré de mettre les rebelles à la raison. Que ne donnerait-il pas pour avoir une artillerie redoutable! Mais à qui s'adresser? Les gouvernements européens ne sont naturellement pas disposés à le pourvoir, et les individualités auxquelles il a eu recours déjà bien souvent l'ont toujours indignement trompé. De là son embarras et ses préoccupations.

Signalons une dernière particularité de l'attitude du sultan dans la salle d'audience. Sans détourner précisément son attention du sujet de l'entretien, on remarquait chez lui une tendance à porter ses regards sur une porte derrière laquelle se faisaient entendre quelques murmures et quelques légers frémissements, indices certains d'une curiosité féminine en éveil. Était-ce une entrée du harem? La curiosité était-elle indiscrète ou autorisée? La question n'a pas été résolue.

Après avoir épuisé la série de ses communications, M. Ordega, ayant ses affaires à peu près terminées, et désireux de ne pas prolonger plus qu'il n'était nécessaire son séjour à Maroc, demanda au sultan de vouloir bien lui accorder prochainement son audience de congé. Le souverain se récria contre cette précipitation et pria très-gracieusement le ministre de différer son départ, tout au moins jusqu'après la fête qu'il faisait préparer en son honneur. L'acceptation devenait obligatoire devant une invitation si flatteuse et si courtoise.

Le règlement définitif des affaires a été confié à trois personnages de la cour. Leurs fréquentes visites à la Mahmounia nous ont permis de les bien connaître et de les apprécier. Leur choix, comme on va le voir, a été fait de la façon la plus judicieuse.

C'est d'abord Si-Mohammed-ben-Zebdit, vieillard de soixante-dix ans, que ses mérites et son intelligence ont fait envoyer à Paris, en 1878, pour le règlement de plusieurs questions importantes.

Vient ensuite Si-Mohammed-ben-Bricha, d'une cinquantaine d'années environ, à la physionomie fine et absolument sympathique. Originaire de Tétouan dont il fait sa résidence habituelle, et par suite riverain de la Méditerranée, il a subi l'influence du voisinage et s'est façonné à nos manières européennes. S'il en avait le costume, ce qu'on aime à se représenter, il passerait parmi nous pour un homme de grande distinction. Il a d'ailleurs beaucoup voyagé et connaît particulièrement la France. Le sultan l'appelle souvent à ses conseils, particulièrement quand les missions étrangères doivent se rendre auprès de lui.

Le troisième délégué est Mouley-Ahmed, plus jeune que les précédents, conseiller intime et parent de l'empereur, déjà connu dans notre monde officiel par la part qu'il prit en 1879 aux délibérations de Tlemcen, comme envoyé du gouvernement marocain. C'est la cheville ouvrière du cabinet chérifien. Travailleur infatigable, il passe ses journées en conférences et ses nuits à rédiger notes, mémoires et correspondances; il connaît à fond les questions qu'il est appelé à traiter avec nous; aucun document ne lui est étranger, et il apporte dans les discussions un grand esprit de sagesse et de conciliation.

Du reste, tout le personnel de la cour, à l'exemple du sultan, est animé à notre égard des plus bienveillantes dispositions. Notre prestige qui semblait éteint au Maroc comme ailleurs, à la suite de nos revers de 1870, s'est relevé sensiblement. Les événements de Tunisie, notre énergique et prompte répression de l'insurrection oranaise ne sont certainement pas étrangers à ce nouvel essor de notre influence.

CHAPITRE X

Une après-midi dans un intérieur arabe. — L'habitation. — L'hôte et les convives. — Le thé. — Les parfums. — Le repas servi par terre. — Les mets et la boisson. — Procédés primitifs. — Chants. Coutumes bizarres. — Effets de digestion.

Nous sortions de déjeuner. Je traversais les jardins pour me rendre à mon pavillon, quand je rencontre Bou-Taleb. « Docteur, me dit-il, veux-tu être des nôtres? — Cela dépend! — Nous allons en ville, Abd-el-Latif et moi, passer l'après-midi dans une maison arabe où une petite fête est organisée en notre honneur; tu peux, sans inconvénient, te joindre à nous. — S'il en est ainsi, lui répondis-je, j'accepte, et même avec reconnaissance. Tu m'offres là une trop superbe occasion de connaître un intérieur du pays; je suis à vous, partons. »

Après avoir atteint, au pas de nos mules, les quartiers habités, il faut se perdre dans un dédale de ruelles sinueuses, de défilés étroits, pour arriver à une espèce de cul-de-sac au fond duquel nous nous trouvons en présence d'une des rares maisons de la ville bâties en briques. C'est là que nous nous arrêtons. Le maître du logis, en observation sur le pas de sa porte, accourt au-devant de nous. Quand il est à nos côtés, il porte la main à son front, serre la nôtre, embrasse ses doigts et les presse ensuite sur son cœur en s'inclinant. C'est la formule ordinaire du salut. Avec moins de cérémonies, on en supprime plusieurs temps.

Débarrassés de nos montures, nous pénétrons dans la maison. Rien de particulièrement remarquable. C'est l'habitation arabe, simple et convenable : une petite cour intérieure aux murs blancs et nus, percés au niveau du premier et unique étage de quelques rares et étroites ouvertures; sur les quatre faces de la cour, au rez-de-chaussée, quatre pièces, dont l'une d'elles s'ouvre par une grande porte cintrée. C'est dans celle-ci que nous sommes introduits.

Comme toutes les pièces arabes, elle est large et peu profonde. A l'une de ses extrémités, une petite surélévation du sol supporte un large et moelleux coussin recouvert d'une fine enveloppe de soie; c'est le lit. Les Arabes ne se couchent pas à notre manière. Le lit, en tant que meuble, n'existe pas. Ils n'ont pas de draps, presque pas de couvertures, ne retirent le soir qu'une partie de leurs vêtements et dorment, la nuit, simplement étendus sur des nattes, des tapis ou des siéges, plus doux et plus confortables suivant le luxe et la fortune. Des divans protégés d'une housse de toile blanche règnent par terre, le long des murs, laissant à peine entre eux, en raison du peu de profondeur de la chambre, l'espace suffisant pour le passage d'une personne. Des coussins de soie brochée sont jetés çà et là sur les divans. Le sol est recouvert de tapis. La paroi qui fait face à la porte est tendue d'une draperie de velours sur laquelle de petites bandes de satin dessinent une série d'arcades mauresques, alternativement rouges et vertes. La porte reste largement ouverte. C'est la seule manière d'avoir du jour.

Nous prenons place sur les divans, bientôt entièrement occupés par les amis de la maison qui arrivent successivement. Ils quittent religieusement leurs babouches avant d'entrer, viennent s'asseoir à nos côtés, les jambes ramenées au-dessous d'eux, de façon à faire disparaître leurs pieds nus. Mes muscles refusant de se plier à cette posture, je suis obligé d'allonger mes pieds bottés, qui deviennent ainsi un embarras réel pour la circulation.

Notre hôte s'accroupit à côté de la porte. C'est un homme superbe, à haute stature, gros et fort sans obésité. Drapé dans son haïck transparent de finesse, il a la pose majestueuse d'un empereur romain. Sa physionomie exprime la bonté et la douceur, et respire en ce moment un air de réelle satisfaction.

C'est un personnage considérable, un chérif ou chef religieux, et pour mieux dire un descendant direct du Prophète. Son père, ou tout au moins un de ses ancêtres, est un saint vénéré, un marabout, auquel on a élevé une riche et élégante kouba que nous avons admirée tout à l'heure, en passant dans une rue voisine. Tous ses invités sont également des personnages distingués ou de riches négociants de la ville.

La conversation s'engage au fur et à mesure qu'arrivent les convives. Tous réunis, nous sommes au nombre de quinze, y compris notre hôte. Bou-Taleb paraît en grande estime et en grand honneur. Il me communique un peu de son prestige. Pendant qu'on devise, on boit du lait dans un bol qu'on se passe de l'un à l'autre.

Un domestique apporte sur un large plateau d'argent un riche service comprenant deux théières, la boîte à thé, le coffret à sucre et le nombre voulu de tasses. Celles-ci sont toutes petites, en porcelaine fine, et brillamment décorées.

Le service est placé par terre devant le maître de maison, qui se met aussitôt en devoir de préparer la boisson chère à tous les Marocains. Cette fabrication est tout un art. La dose de thé introduite dans les théières est soigneusement mesurée par l'œil exercé de l'amphitryon. Le serviteur vient alors avec une bouilloire de cuivre contenant l'eau qui, depuis un instant, chauffe dans la cour sur un foyer portatif. A peine a-t-il empli les théières de cette eau bouillante, que le maître verse dans une tasse quelques gouttes de leur contenu et opère une dégustation pour reconnaître si la dose de thé est bien celle qui convient. Cela fait, il introduit des morceaux de sucre dans l'infusion en train de s'effectuer. Il ne tarde pas à soumettre la liqueur à une seconde épreuve de dégustation, bientôt suivie d'une troisième et au besoin d'une quatrième. L'opération terminée et conduite à bonne fin, les tasses sont remplies, et le domestique les présente successivement à tous les invités. On se recueille alors pour savourer l'agréable boisson, dont le passage de chaque gorgée est signalé chez tous les convives par un bruit très-sensible d'aspiration.

Sans perdre de temps, notre hôte procède à une nouvelle fabrication de thé, par une simple addition d'eau bouillante et de sucre. Il soumet le produit à la même série de dégustations, avec cette seule différence qu'il prolonge davantage la durée de l'infusion. Les tasses vides ont été replacées sur le plateau. Quand elles sont remplies de nouveau, le serviteur les représente, et chacun prend celle qui s'offre à lui, sans s'inquiéter le moins du monde si c'est celle où il a bu précédemment.

La besogne est absorbante pour le maître de maison. Il trouve à peine le temps d'éponger la sueur qui coule sur son front, et d'écarter avec son mouchoir les mouches qui le dévorent. Il est tout entier à son opération comme à un sacerdoce. S'il lève les yeux, ce n'est guère que pour m'interroger du regard, et tâcher de deviner si je suis satisfait de son produit. Il n'est pas au bout de ses efforts; il doit recommencer encore ses manipulations La politesse arabe, à l'endroit du thé, demande qu'on en offre au moins trois tasses, de même qu'elle exige qu'on les accepte. Je me montre poli à l'égal de tous les autres. Cette fois ce n'est plus du thé que nous buvons. Aux feuilles déjà infusées, on a ajouté des feuilles de menthe verte, et le mélange obtenu produit une assez agréable boisson. Très-souvent, habituellement même, on y mêle encore quelques grains d'ambre gris, moins recherché peut-être pour ses principes aromatiques que pour ses vertus excitantes et aphrodisiaques. On me fait grâce de l'ambre gris.

Pendant que nous procédons à l'absorption de ces multiples tasses de thé, trois invités se mettent à chanter. C'est toujours le même rhythme traînant et uniforme, ces sons gutturaux, ces brusques transitions de voix, qui, tout d'abord agacent et énervent. Peu à peu, cependant, l'impression se modifie, et l'on finit par reconnaître à ces chants arabes ce qu'ils ont en réalité de charme étrange et pénétrant. Les chanteurs s'accompagnent et marquent la mesure en frappant dans leurs mains. Parmi eux se trouve un musicien; il a simplement négligé de se munir de son instrument. On lui présente une mandoline et un violon. Le violon était sans âme, et la mandoline dépourvue de cordes. La raison lui parut suffisante pour se dispenser de produire son talent.

Le serviteur rentre, porteur d'une volumineuse buire,

remplie d'eau de rose. Il fait le tour de la société et asperge chacun de nous d'une abondante pluie parfumée. En ma noble qualité d'étranger, j'ai une large part dans la distribution. Mes cheveux et mon visage ruissellent, mes vêtements sont inondés.

Arrive ensuite le brûle-parfum. Du bois odorant se consume sur des charbons ardents, renfermés dans un globe de métal, découpé à jour. Chacun le prend à son tour, en hume les vapeurs, en imprègne sa barbe, et par l'ouverture de ses manches, par les plis de sa tunique, en sature sa personne et ses vêtements. Quelques-uns semblent trouver à ces usages un plaisir voluptueux.

Je n'avais qu'à me livrer sans réflexion, et imiter ce que je voyais faire autour de moi. Mais l'imitation fidèle n'est pas aussi facile qu'on le suppose. Ainsi, le moment arrive où il est nécessaire de se laver les mains. Le serviteur, muni d'une aiguière et d'un bassin de cuivre, fait une fois encore le tour de la société. Quand il est devant moi, je place mes deux mains sous le jet de l'eau fraiche, et les tourne l'une dans l'autre, suivant notre habitude. Je crois avoir exécuté ponctuellement ce que les autres ont fait. Eh bien! pas du tout. Je m'étais lavé les mains, et les Arabes s'étaient lavé *la* main, une seule, la main droite. Je n'allais pas tarder à m'expliquer cette particularité. L'heure du repas était arrivée.

Sur un de ces larges plateaux de bois, communément employés dans le pays, et qui tiennent lieu de table, on apporte le premier mets qui nous est destiné. Le maître de maison le reçoit des mains du serviteur, et vient en personne le déposer par terre, à l'une des extrémités de la chambre. Nous sommes invités à nous en approcher. Sept d'entre nous seulement trouvons place tout autour, les dimensions de la pièce ne comportant pas un cercle plus étendu. Le plateau supporte un grand plat de terre vernissée, contenant une épaule de mouton bouillie; il est entouré de quelques petits pains aplatis en galette et d'épices en poudre. L'un des convives divise les pains, dont on se distribue les morceaux. J'observe en attendant la suite.

Alors, de cette main droite qu'il a lavée tout à l'heure, chacun attaque carrément avec les doigts la partie d'épaule qui s'offre devant lui. La pièce est vigoureusement entamée de six côtés à la fois. Mais les limites de chaque domaine ne sont pas nettement tracées, et la place occupée est souvent usurpée. L'un recherche le gras, un autre le maigre, celui-ci détache un morceau gélatineux, celui-là s'évertue à la découverte d'un os, tous, suivant leurs goûts, prennent, puisent, arrachent, déchirent et portent à la bouche le morceau de leur choix. Il n'y a plus à hésiter; je dois suivre leur exemple. Et puisque les convenances m'y obligent, à mon tour, bravement, je me mets en devoir d'utiliser les instruments que la nature m'a donnés.

Les sept autres convives, déjà rangés en cercle, autour d'un plat imaginaire, semblent attendre, sinon avec inquiétude, du moins avec impatience, que notre appétit soit satisfait. C'est alors seulement qu'ils entreront en jeu. Quand le moment est arrivé, le maître de maison nous débarrasse du plateau, et va le placer au milieu du second groupe, lui offrant, de l'épaule bouillie, ce qui a résisté à nos attaques combinées. Les brèches que nous y avons pratiquées semblent les encourager. Au moyen des mêmes armes, ils livrent à ces reliefs un assaut tout au moins aussi redoutable que le nôtre.

Devant nous, un second plateau succède au premier. C'est un autre quartier de mouton, rôti cette fois, plus solide par suite, et plus résistant aux procédés de division en usage. Mais à quoi n'arrive-t-on pas avec la bonne volonté? Chacun en met un peu, et le gigot est bientôt déchiqueté, tout aussi proprement que l'avait été l'épaule, quelques minutes auparavant.

Le mouton rôti s'en va chez nos voisins, remplacer le mouton bouilli, tandis qu'on nous sert un troisième mets. Sa composition est assez difficile à déterminer au premier abord. En cherchant bien, en fouillant de droite et de gauche, et s'aidant des impressions du goût et du toucher, on finit par découvrir que c'est un amalgame de mouton coupé en morceaux, d'œufs frits, d'amandes partagées en deux, d'olives, de tranches de citron, le tout nageant dans un jus gras et épais, d'aspect assez peu séduisant, mais en somme de goût fort supportable.

Si les victuailles abondent, nous n'avons en revanche pour nous désaltérer que de l'eau, macérée sur la résine de mastic. Deux ou trois bols remplis de cette boisson étrange passent de bouche en bouche tout le temps du repas.

Suivant le cérémonial des grandes réceptions, le maître de maison n'a ni bu ni mangé avec nous. Il s'est uniquement occupé de nous servir, allant, venant, apportant lui-même les plats et nous encourageant de la façon la plus affable et la plus gracieuse. Tous les convives étaient du reste d'une entière bonhomie et d'une amabilité parfaite. Quelques-uns avaient vu le midi de l'Espagne et connaissaient quelques mots d'espagnol, qu'ils s'efforçaient d'utiliser à mon intention. L'un d'eux était même arrivé jusqu'à Marseille, où ses affaires commerciales l'avaient appelé.

Le repas a brusquement fini avec le troisième plat. On n'a servi ni légumes, ni dessert. Chacun a repris ensuite sa place sur les divans. On s'est de nouveau lavé les mains, les deux, cette fois, et de plus avec un fin et excellent savon.

La plupart se mettent alors à égrener leur chapelet, sans rien perdre toutefois de la conversation, qui était devenue générale. Cet objet de piété est composé chez les musulmans de cent un grains. A peine ont-ils le temps de prononcer quelques mots sur chacun d'eux, tant est grande la rapidité avec laquelle ils les font défiler entre leurs doigts. Mais ils commencent et recommencent sans cesse à en dérouler la série, et leur prière peut avoir ainsi une durée infinie.

Ces pratiques religieuses ne leur font pas perdre de vue le sentiment du bien-être et le soin de leur digestion. Ils interrompent volontiers leurs dévotions, pour s'imprégner des vapeurs odorantes du brûle-parfum, que le serviteur fait circuler une fois encore; presque tous absorbent, à intervalles rapprochés, de fortes prises de tabac. N'en usant pas sous cette forme, je suis généreusement autorisé à le dissiper en fumée.

Cependant les chanteurs ont repris leur somnolente mélopée. A leur faveur, les digestions s'opèrent heureusement, et les convives, à l'envi, traduisent leur satisfaction par ces bruits gutturaux, dont nous, Français modernes, méconnaissons l'expression reconnaissante, qu'Orgon cependant approuvait chez Tartuffe, et dont Molière n'a pas craint de mettre le mot dans la bouche de Dorine :

Et s'il vient à *roter*, il lui dit : Dieu vous aide!

Le moment est venu de prendre congé de notre hôte. Les vingt-huit babouches qui ornaient le seuil de la porte trouvent propriétaire comme par enchantement. Nous échangeons nos saluts dans la cour, et nous nous séparons, les Arabes charmés, sans doute, d'avoir passé quelques heures avec un Européen, moi, plus enchanté encore d'avoir fait connaissance avec un côté intéressant de leur vie intérieure.

CHAPITRE XI

Particularités de la ville. — La Koutoubia, principale mosquée. — Pratiques religieuses. — Amusements sur la place. — Charmeur de serpents et convulsionnaire. — Casernes et soldats. — L'armée marocaine. — Prisons et prisonniers. — Léproserie.

Nos sorties quotidiennes, avec le soin de parcourir à chaque fois des quartiers différents, nous font connaitre de mieux en mieux les particularités de la ville, et nous initient de jour en jour davantage aux mœurs et aux coutumes de ses habitants.

Le trajet que nous suivons d'ordinaire en partant de notre résidence nous conduit forcément devant la Koutoubia, qui est, je l'ai dit, la principale mosquée de Maroc. Elle est entourée, excepté sur la face qui regarde le chemin où nous passons, d'immenses jardins constituant ses dépendances propres. C'est une construction basse, aux lignes régulières, aux murs éclatants de blancheur, percée d'une porte mauresque assez gracieuse, et de quelques rares et petites ouvertures sans caractère. Elle est recouverte de tuiles vernissées qui brillent au soleil, et surmontée d'une colossale tour carrée, qui donne tout le cachet à la mosquée et l'écrase de sa masse imposante.

Cette tour, élevée de 70 mètres, domine au loin l'immense plaine qui entoure la ville; c'est elle que nous avons aperçue tout d'abord, sur la fin de notre voyage.

Elle est construite en briques rouges, dont la couleur contraste singulièrement avec la blanche crudité des murs de l'édifice. Par sa forme, ses proportions, la nature et le dessin de ses ornements, elle rappelle trop exactement la Giralda, pour n'avoir pas été élevée, comme on l'assure, par le même architecte qui édifia la fameuse tour de Séville. Une petite tourelle la surmonte, terminée elle-même par quatre boules de cuivre, superposées dans l'ordre de leur dimension décroissante. Une curieuse légende s'attache à ces boules. L'une d'elles, la plus grosse, serait, dit-on, remplie d'or et de pierres précieuses. Un immense trésor aurait été ainsi mis en réserve, hors de toute atteinte, pour servir à la reconstruction de la mosquée et de son minaret, dans le cas où un incendie ou tout autre événement fatal les ferait disparaître. Sur la galerie qui couronne la tour est fixée une hampe destinée à recevoir un drapeau. Cinq fois dans la journée, le muezzin hisse l'étendard, et par un chant expressif et traînant annonce, du haut du minaret, l'heure de la prière. C'est le moyen, à défaut de cloches, de marquer la mesure du temps et d'appeler les fidèles à la mosquée.

Les musulmans doivent se rendre au moins trois fois par jour dans le lieu saint. Cette prescription est loin d'être rigoureusement observée, elle est remplacée par des pratiques religieuses particulières. Le vendredi, au contraire, jour consacré au culte et au repos, il y a grande affluence. Les pachas dans les villes et le sultan dans la capitale se rendent à la principale mosquée avec grand apparat. Tant que dure l'office auquel assiste le sultan, les portes de la ville où il réside sont tenues fermées. C'est une tradition. On raconte qu'au douzième siècle, un prétendant sut profiter du moment où toute la population mâle était en prières, pour pénétrer dans l'enceinte, massacrer les habitants et s'emparer du pouvoir.

La tour de la Koutoubia est, en réalité, le seul monument remarquable de la ville. Il suffira de signaler, ensuite, les curieuses et élégantes fontaines de *Schrab* et de *Bab-el-Khémis,* quelques entrées de mosquée, la porte de la Casbah, et çà et là des vestiges d'arcades ou de portiques, témoins attristants de l'irrémédiable décadence d'un grand peuple.

Quand on vient de la Mahmounia, après avoir franchi l'espace occupé par les jardins, on trouve, avant de s'engager dans les rues tortueuses et étroites de la Médina, une immense place qui est comme le vestibule de la cité. Quelques marchands de fruits ou de produits inférieurs y ont établi des tentes ou plutôt de petits abris avec quelques mauvaises toiles ou de simples nattes supportées par deux ou trois piquets. A ce moment les oranges y sont à profusion, accumulées en grandes piles.

C'est là, aussi, que se concentre le commerce du four rage. Toute son importance se réduit à la vente de quelques bottes d'herbe fraîche que des ânes supportent tranquillement en attendant qu'un acheteur les débarrasse de leur fardeau. On n'y connaît pas le foin, c'est-à-dire qu'on ne récolte pas l'herbe pour la faire sécher et emmagasiner. Peut-être, à cause de la sécheresse habituelle qui règne dans le pays, ne devient-elle pas assez haute ni assez abondante pour être coupée. Mais il y a une autre raison à invoquer qui vaut bien la première, c'est que le procédé exige des soins et de la prévoyance, et ce ne sont pas là, on le sait, les qualités

FONTAINE DE BAB-EL-KHÈMIS (MAROC).

maitresses du caractère musulman. C'est avec des grains, de l'orge habituellement, qu'on nourrit les animaux.

Cette place est en outre, et surtout, le théâtre des amusements, des jeux, des exercices, des exhibitions de toute nature qui, en tous pays, se produisent sur les marchés publics et ont partout le privilége d'attirer la foule. Ils ont naturellement ici leur cachet particulier, et en cela ils méritent de nous intéresser. Chaque artiste ou chaque groupe d'artistes, et ils sont nombreux sur la place, a ses spectateurs rangés autour de lui et accroupis par terre. Il peut ainsi, avec moins de peine que les nôtres, établir son cercle à la limite qu'il désire et se préserver de l'envahissement du public.

Le chant et la musique abondent. J'y vois un concert composé de deux instruments à cordes, en forme de mandoline, et de deux espèces de tambours constitués par une peau appliquée sur l'orifice d'un vase de grès ou de terre. C'est l'orchestre ordinaire, ainsi du moins il m'a semblé, mais il peut varier et par la nature des instruments et par le nombre des musiciens. Ici, c'est un artiste solitaire, chanteur ou orateur, on ne sait pas. Il se tient debout, au milieu de l'auditoire assis, récite en chantant ou chante en récitant, avec force gestes et grands mouvements. Il marque la fin de chaque couplet ou de chaque période en frappant sur une peau tendue. Plus loin sont des lutteurs intrépides ou encore des tireurs de canne et de bâton, qui provoquent les assistants à un assaut. Ces exercices de corps semblent assez recherchés.

On y trouve l'inévitable charmeur de serpents. Les crochets de ces reptiles ont été certainement privés de leur venin, s'ils en étaient pourvus. On peut alors, à peu près impunément, les appliquer sur les différentes parties du corps ou introduire leur tête dans la bouche. Toute émotion disparaît dès qu'on a acquis cette conviction.

Mais où l'intérêt s'éveille, c'est quand le charmeur se double, ce qui arrive souvent, d'un convulsionnaire ou d'un de ces prétendus inspirés qui, à ce qu'on affirme, ont la faculté d'engendrer le feu. Pendant près d'une heure, j'ai eu la patience d'assister à toutes les scènes préliminaires qu'exige, parait-il, la production de cet étonnant phénomène.

Le spectacle commence par l'exhibition des serpents. Le charmeur les retire successivement d'un sac de toile où il les tient enfermés, et, après les avoir excités et peut-être auparavant privés de nourriture, il les applique sur son bras, dont ils déchirent l'épiderme de leurs crocs. Le sang coule des petites morsures, mais l'habile charmeur n'en laisse guère perdre une goutte. Il a soin de le bien étaler sur sa peau, de façon à éveiller, à moins de frais possible la sensibilité des spectateurs. Là-dessus, notre homme fait appel à la générosité des spectateurs, et les flouss viennent tomber au devant lui.

Cette corde épuisée, accessible au plus simple mortel, il aborde la série d'exercices qui exigent le concours d'une divine inspiration. Après de nombreuses invocations de plus en plus démonstratives, l'agitation commence. Le corps à peu près nu, les cheveux longs et en désordre, la face vultueuse, les yeux hagards, la respiration haletante, il se livre aux mouvements les plus désordonnés, soumet son corps et ses membres à toutes sortes de contorsions, aux postures les plus invraisemblables d'un épileptique. Pendant ce temps, il se frappe de coups, agite les serpents au-dessus de sa tête, ravive les blessures de son bras, parle, crie, hurle dans son langage, où je perçois le seul nom de Allah, à chaque instant prononcé. Enfin, il s'arrête, exténué, essoufflé, et, toujours au nom de Dieu, fait encore un pressant appel aux flouss, lents à venir. Il annonce pourtant que le feu va sortir de son corps.

Il prend un tampon de foin, l'enflamme avec une allumette et l'introduit entre ses dents. Après quelques instants, il le retire complétement éteint. Il n'a plus rien dans la bouche; il le montre. Il la remplit de nouveau, avec du foin, non enflammé cette fois. Là-dessus, il se couche par terre, se roule convulsivement, s'agite, se démène, frappe son ventre à coups redoublés, et finalement une bouffée de fumée s'échappe à travers le tampon. Mais celui-ci n'est pas encore en feu, comme il le promet. Encore quelques flouss, et la puissance divine se manifestera. Les spectateurs se font tirer l'oreille. Je jette pièce sur pièce pour satisfaire au plus vite les exigences d'en haut. L'argent d'un mécréant ne compte pas, sans doute; mes largesses sont encore sans effet. Notre inspiré recommence à nous produire de la fumée, mais toujours pas de feu. De guerre lasse, j'abandonne la partie. Je suis d'ailleurs édifié et absolument convaincu de n'avoir affaire qu'à un imposteur.

La fumée qu'il a produite provient simplement du premier tampon enflammé qu'il a introduit dans sa bouche. Il a avalé cette fumée, l'a emmagasinée dans son estomac et en a provoqué la sortie en se frappant le ventre. Ce fait est des plus naturels et bien connu de beaucoup de fumeurs, à qui il est certainement arrivé de rejeter une bouffée, par surprise, longtemps après l'avoir avalée. Avec un peu d'exercice, on comprend qu'on arrive, à cet égard, à un grand degré de perfection, et qu'on puisse reproduire le phénomène à peu près à volonté. Voilà tout le mystère. Et c'est avec de pareils stratagèmes qu'on réussit, partout et toujours, à répandre et entretenir dans l'humanité la croyance à des interventions surnaturelles ou divines !

A l'entrée de la grande place où les amusements publics viennent de nous retenir, deux bâtiments spéciaux méritent d'être signalés. Qu'on ne croie pas, toutefois, que ce soit à cause de leur caractère architectural. Il est même possible qu'ils fussent restés inaperçus pour nous, si l'on n'avait eu soin de nous en révéler la destination. Le premier se présente comme un long mur de terre, très-bas, ne différant de ceux qui clôturent les jardins que par l'absence à peu près complète de crevasses. Ce mur circonscrit une grande cour, où l'on descend par plusieurs marches, et qui offre sur les côtés quelques abris misérables. Ce sont les casernes. Elles ont comme indice extérieur le costume des hommes accroupis sur le seuil d'une petite porte, et quelques fusils affichant, au devant d'eux, la prétention d'être réunis en faisceaux. D'une façon générale, toutefois, les soldats logent en ville, isolément; ce n'est que le petit nombre qui trouve asile dans les édifices de l'État.

Le commandement de l'armée marocaine est confié, pour l'infanterie au ministre de la guerre, et pour la cavalerie au caïd El-Mechouar. L'un et l'autre sont sous les ordres du sultan, qui se réserve le commandement direct de l'artillerie. Les services de l'infanterie, en temps de guerre, ne sont pas appréciés, et le sultan va même jusqu'à contester l'utilité de cette arme. Il est vrai que celle dont il dispose n'est pas propre à lui inspirer une robuste confiance.

Au-dessous et bien loin de cette suprême direction, sont les officiers, de deux grades seulement : le caïd *agha,* qui peut commander à un millier d'hommes, et que, par une analogie lointaine, nous assimilons à notre colonel ; et le caïd *mia,* placé à la tête d'une centaine d'hommes, dont le grade semble correspondre à celui de capitaine. Les sous-officiers, en petit nombre, sont désignés sous le nom de *mokkadems.*

Aucun insigne, aucune marque distinctive ne différencie les chefs des simples soldats. Ils portent le même costume, ont à peu près le même armement, vivent, dorment, mangent et jouent en commun. On comprend les conséquences fatales d'une telle promiscuité pour l'ordre et la discipline. L'officier est soumis à la bastonnade et à toutes les corrections dégradantes du soldat. Il est sans prestige et sans dignité. Depuis notre installation à la Mahmounia, le caïd agha de notre escorte de route passe ses journées dans la petite cour où nos chevaux sont entravés, piteusement accroupi par terre comme le dernier de ses cavaliers. Après l'avoir vu si brillant à la tête de la caravane, on est pris de pitié à le retrouver ici, dans sa posture humiliante et sa condition abjecte. Un caïd mia, appartenant aussi au personnel de notre escorte, ne croit pas déroger en venant chaque matin, pour une faible rétribution, cirer les bottes de nos capitaines français.

On se rappelle qu'au jour de notre entrée à Maroc, la garnison tout entière avait été appelée sous les armes. Nous avons signalé, à cette occasion, son mode de recrutement, sa composition étrange, son armement rudimentaire. Nous avons dit aussi ce qu'il y avait de puéril ou ridicule dans l'aspect et la tenue de ses hommes. Qu'on ne s'y trompe pas cependant. Avec sa sobriété, sa résistance à la fatigue, son énergie dans la douleur, son mépris du danger et de la mort, il y a dans chaque Marocain l'étoffe d'un bon soldat. Sans doute, dans les conditions actuelles, l'armée du sultan est sans consistance et serait incapable de soutenir la lutte contre des troupes instruites et bien équipées. Mais qu'on lui donne nos armements, qu'on lui en apprenne l'usage, qu'on la forme à la discipline, et bientôt on la verra devenir une armée redoutable. N'en avons-nous pas un exemple en Algérie? Où trouver de meilleurs combattants que nos tirailleurs? Ne sont-ils pas de même race? N'ont-ils pas le même esprit, les mêmes qualités physiques et morales?

Aussi ai-je de la peine à m'expliquer la portée, le but, l'utilité de notre mission militaire au Maroc. Nous avons ici quelques officiers dont l'unique devoir est d'instruire les soldats indigènes et de les façonner à nos manœuvres rigoureuses; il faut même leur rendre cette justice qu'ils ont réussi à faire de quelques-uns d'entre eux d'excellents artilleurs. Contre qui, je le demande, devront se tourner un jour les connaissances que nous leur apportons? N'est-il pas à craindre que ce soit un peu contre nous-mêmes?

Il existe parmi les grandes puissances une tendance, très-fâcheuse selon moi, qui les pousse, sous prétexte de civilisation, à introduire l'art et l'outillage de la guerre chez les peuples à demi barbares ou soumis à leur domination. Qu'on y prenne garde. Avec de pareils procédés, le jour viendra où ces mêmes peuples, ayant acquis le sentiment de leur force et les moyens de la mettre en œuvre, ne craindront plus de se mesurer avec leurs dominateurs. Et que vaudra, alors, notre discipline européenne, contre leur fanatisme et leur esprit belliqueux excités à la poursuite de leur indépendance?

Le second édifice, situé aux abords de la place, n'est pas de moins piètre apparence que le premier. A la rigueur, toutefois, sa large porte cintrée pourrait lui assigner son caractère d'établissement officiel. C'est la prison principale de la ville. Le lieu où sont détenus les prisonniers est une espèce de vaste cave, creusée à deux mètres au-dessous du sol. Des voûtes supportées par des piliers la recouvrent. Elles sont percées de quelques ouvertures, fermées d'un grillage de fer, qui laissent pénétrer, d'en haut, un peu d'air et de lumière. Les prisonniers, la plupart la chaîne au cou ou les entraves aux pieds, ont la liberté de s'y mouvoir aussi bien qu'ils le peuvent. Ils y trouvent pour toute distraction une petite mosquée où ils peuvent dire leurs prières, et pour toute ressource un réservoir d'eau où ils peuvent se désaltérer. L'État ne leur offre pas autre chose. C'est à leurs parents, à leurs amis, de pourvoir à leur nourriture et à leurs divers besoins. A défaut de parents et d'amis, c'est tout juste si on les empêche de mourir de faim.

Chaque jour, vers cinq heures, au moment de notre arrivée dans les parages de la prison, nous rencontrons, sur le chemin, une bande de ces prisonniers, laissés à eux-mêmes, sans garde d'aucune sorte. Soin d'ailleurs bien inutile. Ils sont réunis et solidarisés par une longue et lourde chaîne passée dans les anneaux antérieurs d'un carcan qui enserre leur cou, et solidement cadenassée aux deux extrémités. Ils sont enchaînés par groupe de dix à vingt, formant une ligne droite ou ondulée d'un aspect effrayant. De leurs mains ils soutiennent les chaînes dont le poids, en pressant sur le carcan, doit meurtrir leurs chairs. Ils marchent lentement, prudemment, de façon à éviter toute secousse qui aurait un retentissement fâcheux sur leurs voisins ou sur eux-mêmes. Le but de ces promenades est de leur faire prendre l'air et surtout de leur permettre de satisfaire leurs besoins naturels, pour éviter qu'ils empestent leurs catacombes. A cet effet, ils se dirigent vers un enclos voisin servant de dépôt aux immondices. Pour l'atteindre, ils sont obligés de gravir un petit talus. Il faut voir avec quel soin ils procèdent à cette ascension; la chute de l'un serait périlleuse pour tous. On n'a pas le courage de les suivre plus loin.

S'imagine-t-on le supplice de cette association de malheureux? Plus d'indépendance, plus de volonté propre, pas un mouvement libre, pas un acte spontané. Chaque action de l'un s'impose à l'autre. Il faut marcher quand les voisins marchent; se tenir debout quand l'un se lève, s'affaisser ou s'accroupir quand l'autre en éprouve la nécessité! La pensée seule en est horrible!

Il n'y a pas là pourtant que des criminels. Les plus simples délits entraînent la prison, aggravée, le plus souvent, de différentes pénalités. La décapitation prononcée contre les auteurs d'assassinat peut être pécuniairement compensée, mais elle est rigoureusement appliquée contre les rebelles, à main armée. La mutilation est réservée aux voleurs. Pour leur éviter la tentation de recommencer, on leur coupe un pied, une main, une oreille, à moins qu'on ne leur crève les yeux, ce qui est encore plus radical. Enfin la bastonnade est généreusement distribuée pour la plus petite incartade, avec cette curieuse particularité, qu'après l'exécution, le patient est tenu de payer son bourreau.

J'aurais manqué à tous les devoirs de ma profession, si je n'étais allé visiter la léproserie, El-Hara, où sont relégués les lépreux, à qui l'entrée de la ville est rigoureusement interdite. Mon excellent confrère, le Dr Linarès, médecin de notre mission militaire en permanence au Maroc, avait bien voulu entreprendre avec moi l'exploration de ce misérable quartier. C'est un espace, entouré de murs à demi écroulés, situé en dehors de l'enceinte, près de la porte de Dukala. On y pénètre librement par toutes les brèches de la muraille, mais on n'y aperçoit, tout d'abord, aucun être vivant; à peine quelques vestiges d'habitation. Aucun bruit, pas le moindre mouvement; on se croirait au milieu de ruines inhabitées. Nous ne parvenons pas à y découvrir des rues, seulement quelques sentiers, tracés au milieu des décombres et à peine praticables pour les chevaux.

Notre présence est enfin signalée. Tous ces gens, rarement troublés dans leur solitude, sortent effarés des huttes de terre ou des sombres grottes creusées dans le sol, qui leur servent d'abri. Ils sont tout au plus une centaine, et dans ce nombre, les personnes saines dominent, parents ou amis des malades, sans doute. Surprises par notre imprévue et soudaine apparition, les femmes se montrent dans leur plus simple appareil. L'une nous frappe, particulièrement, par la régularité de ses traits, l'expression fière et énergique de son visage. Elle n'a pas trente ans encore. D'instinct, à notre approche, elle relève les mains pour cacher son visage, mais son mouvement n'a d'autre effet que de nous mieux laisser voir sa poitrine flasque et molle que cachait à peine un lambeau de vêtement flottant. Elle porte, en guise d'ornement, des pièces de monnaie à ses oreilles et dans ses cheveux; un collier de coquillages est passé autour de son cou; et sur la face et les bras sont dessinés de nombreux tatouages.

De véritables lépreux, malades affectés de la lèpre tuberculeuse ou *éléphantiasis,* nous avons peine à en découvrir. Cependant, un vieillard nous montre ses mains privées de phalangettes, seul vestige de son ancienne affection. Une négresse de vingt-cinq ans environ présente la maladie en voie de développement : tubercules ulcérés aux genoux, aux bras et sur les mains; crevasses sous la plante des pieds; deux phalangettes de la main gauche déjà détachées. Avec quelques eczémas et quelques psoriasis, c'est tout ce que nous y avons observé. Est-il bien nécessaire pour cela de mettre ces pauvres êtres au ban de la société et de les confiner dans un quartier spécial, alors surtout qu'aucune de ces affections ne présente le moindre caractère contagieux? Mais il y a la tradition, il y a les préjugés; et il est à présumer qu'il s'écoulera beaucoup d'eau sous le pont d'El-Kantara, quoique l'Oued-Tensift n'en roule guère, avant qu'on ait songé à supprimer cet usage inhumain.

Tous ces malheureux sont abandonnés sans ressource, et livrés, pour leur guérison, aux seuls efforts de la nature. Ils ne sauraient d'ailleurs attendre quelque soulagement, tant soit peu efficace. Comme dans tous les pays où la médecine est ignorée, on laisse les maladies suivre leur cours paisible, à moins qu'on n'ait recours à quelque guérisseur qui intervient, d'ordinaire, par des moyens surnaturels ou qui, suivant une expression heureuse, les traite par l'application topique d'un verset du Coran.

CHAPITRE XII

Fête donnée par le sultan dans son palais de Saridj-Ménarah. — Déjeuner chez le grand vizir. — Dîner chez le caïd El-Méchouar.

Le jour était venu où la fête annoncée par le sultan devait nous être donnée. Nous ignorions en quoi elle consistait et en quel lieu elle nous serait offerte.

Dès le matin un avis communiqué nous avertit d'être prêts à partir à huit heures et demie. Le personnel de la mission, avec ses éléments au grand complet, et tout ce qu'il y avait de Français à Maroc, sont réunis à l'heure convenue. Nous montons à cheval et sortons par la petite porte des remparts, avec la pensée d'être dirigés sur le palais du sultan, vers les jardins d'Agdal; mais l'escorte, tournant le dos à cette direction, s'engage dans la campagne. A une demi-heure de marche de la ville, se trouve, entièrement isolé au milieu de la plaine dénudée, un bois d'oliviers, clos de murs, au-dessus duquel émerge le toit, à tuiles vertes, d'un pavillon carré. C'est Saridj-Ménarah, une des nombreuses retraites où le sultan, entouré de son harem, aime à venir oublier pendant quelques heures les soucis et les fatigues du pouvoir. C'est là que nous sommes introduits.

Trois ou quatre tentes dressées dans une allée; sous l'une d'elles une petite table, quelques chaises et des tapis étendus par terre, constituent tous les préparatifs faits à notre intention. Pour tout personnage officiel, nous trouvons l'administrateur du domaine. La réception nous paraît froide. C'est cependant, paraît-il, dans le meilleur ton des coutumes du pays. L'hôte qui reçoit met sa maison à la disposition de ses invités, mais ne doit pas se mêler à leur société. Tout au plus quand il n'est pas sultan, peut-il veiller à l'exécution des ordres qu'il a donnés et s'assurer que les soins sont bien distribués aux personnes qu'il veut honorer. Toujours cette même étrangeté de mœurs, qui à chaque pas nous arrête et nous confond. Y a-t-il rien de plus choquant en effet pour nous Européens, que cet usage de délaisser ses invités? Nous n'agissons ainsi qu'envers des domestiques ou des inférieurs, que nous reléguons à l'office avec ordre de les fournir amplement de tout le nécessaire. Prévenus de cette façon d'agir assez déplaisante, nous n'avions pu nous empêcher la veille de présenter à ce sujet quelques observations. C'est à cela sans doute, et contrairement à tous les précédents des réceptions officielles, que nous voyons bientôt arriver les cinq personnages de la cour avec lesquels nous étions en plus intime relation. Ils viennent, au nom du sultan, présider la fête et en faire les honneurs.

Après une petite promenade d'investigation, à travers les plantations d'oliviers, nous allons prendre place sous l'une des tentes, où des serviteurs ne tardent pas à apporter les appareils et ingrédients nécessaires à la fabrication du thé. Le soin de cette préparation est confié au vénérable Allah-Ducall, le taleb (lettré) de notre légation de Tanger. Jamais figure plus honnête et plus patriarcale que celle de ce vieillard arabe, à l'expression douce et toujours souriante. C'est plaisir de le regarder s'acquittant de sa mission avec un soin scrupuleux, tout pénétré de l'importance de ses fonctions. Nous formons un cercle qui embrasse toute la circonférence de la tente. Par une bizarrerie singulière, les Arabes occupent les quelques chaises dont nous disposons, tandis que nous sommes assis sur les nattes, dans la posture habituelle de nos hôtes. Nous avions ainsi trouvé le sûr moyen d'être aussi gênés les uns que les autres. Cela ne nous empêche pas d'entamer une longue dissertation sur l'histoire de la race arabe, dont l'examen des diverses phases n'est pas precisément à l'avantage de la situation présente.

Tout près du lieu où avait été établi le petit campement, se dresse le pavillon dont nous avions vu de loin reluire les tuiles vertes. Un petit enclos de murs blancs l'isole du reste du parc. Quelques cyprès élevant leurs tiges sombres et pyramidales au-dessus de la clôture donnent à l'ensemble une apparence de monument funéraire. Dans l'enclos, un parterre de fleurs mêlées de quelques arbustes. Les plantes qui s'y montrent sont exactement les mêmes qui faisaient, il y a un demi-siècle, l'ornement obligé de nos jardins : roses de Bengale, pieds d'alouette, pois de senteur, œillets, géraniums, pavots, genêts, lys, roses trémières. Au fond de nos provinces restées fermées aux progrès de l'horticulture, on trouverait encore des parterres exclusivement fleuris de ces mêmes variétés. Par une pratique toute contraire à la nôtre, les plates-bandes sont disposées en contre-bas, par rapport aux allées, au point de donner à celles-ci l'apparence de digues entourant les carrés. Tandis que nous nous préoccupons d'empêcher l'eau de séjourner dans les massifs, eux s'appliquent à les faire bénéficier le plus possible des quelques gouttes qu'un climat avare leur mesure.

Le pavillon n'a aucun caractère architectural, aucune élégance extérieure. C'est un cube de maçonnerie aux faces blanches et unies avec les angles peints en rouge. Le rez-de-chaussée, tout encombré de lourdes colonnes supportant des voûtes, n'est à vrai dire qu'un passage ouvert à ses deux extrémités par une large porte à plein cintre. Au-dessus s'élève un premier étage où l'on arrive, modestement, par un escalier étroit et roide pratiqué dans l'épaisseur de la muraille.

L'étage se compose d'une seule et grande pièce carrée, très-haute de plafond et disposée en forme de dôme. Dépourvue de tout ameublement, on y éprouve une impression de froid, de vide et d'abandon. Les parois sont cependant recouvertes de peintures et d'ornements mauresques d'un goût assez délicat, et sur les frises courent des inscriptions du Coran. Mais la préoccupation essentielle de l'architecte a été d'empêcher la chaleur extérieure d'y pénétrer et d'y faire régner une continuelle fraîcheur. Les murs sont d'une épaisseur démesurée; sur deux de leurs faces est ménagée une seule petite ouverture qui semble former le fond d'une immense embrasure. Du côté du nord, une porte vitrée donne accès sur une terrasse qui domine un vaste bassin de trois à quatre hectares de superficie. Trois petites croisées, deux bleues et une verte au milieu, ornent la façade du midi; mais au lieu de donner directement sur la pièce, elles ouvrent sur un coquet vestibule qui la précède.

Nous grillions déjà sous la tente; la fraîcheur du lieu nous séduit, et quoique rien ne fût préparé pour nous y recevoir, nous en prenons bravement possession, au risque de profaner le sanctuaire du maître. Nous y faisons apporter les tapis, les chaises et la petite table dont nous disposions. Les représentants du sultan, un peu surpris peut-être de notre audace, s'abstiennent cependant de toute protestation.

La terrasse est toute dans l'ombre tandis que le soleil inonde et brûle la plaine. Au delà de l'immense bassin, les plantations d'oliviers se poursuivent et semblent atteindre la ligne bleuâtre des montagnes du Djébilat, enveloppées dans une brume de chaleur. A droite, dans la direction de l'est, la haute tour de la Koutoubia domine seule l'horizon de sa masse imposante; quelques palmiers vigoureux dressent leur tête autour de sa base. Les petites ouvertures du midi dominent la longue avenue qui conduit à l'entrée du parc. Des peupliers qui la terminent semblent reposer sur les glaciers de l'Atlas.

Pendant que nous admirons la beauté du site, des mules apportant un supplément de chaises de cane, vierges de tout service et oubliées sans doute depuis longtemps dans le garde-meuble de la cour. Nous les utilisons pour écouter plus à notre aise les morceaux variés que M. Pincherlé exécute sur son violoncelle. Nos Arabes paraissent parfaitement insensibles à cette musique. Airs graves ou légers ne les touchent pas davantage. Cela nous charme au contraire et nous aide à passer le temps qui devient démesurément long. Nous commençons à constater avec inquiétude que rien ne se dispose pour le repas. Autour de nous, pas de préparatifs, pas la plus petite installation de cuisine. On nous dit que tout se prépare en ville au palais du sultan, mais il est midi, et nous ne voyons rien venir.

Enfin, une agitation se manifeste vers l'entrée du parc. A l'extrémité de la grande avenue, des casques brillent au soleil; nous croyons reconnaître une troupe d'hommes armés. Leur chef met pied à terre et va se placer au devant d'eux. Bientôt la troupe se remet en mouvement et s'avance vers nous en bon ordre. Elle se compose d'une cinquantaine de fantassins. La plupart ont encore le casque étincelant; chez quelques autres il semble transformé en une espèce de parasol pointu que la distance nous empêche encore de mieux déterminer.

Ces soldats sont des nègres; peu à peu, leur face noire se dessine avec plus de netteté sur leur longue tunique blanche. Ils ont les bras relevés en anses comme pour soutenir un fardeau sur leur tête. Singulière milice! Pas d'armes au côté, pas d'armes dans les mains. Enfin, les voilà près de nous. Nous restons ébahis! Nos héros se sont soudain évanouis, et nous reconnaissons en eux des esclaves du palais apportant les provisions impatiemment attendues. Les casques brillants sont les couvercles de fer-blanc des casseroles, les parasols pointus, des cônes de vannerie dont on recouvre les plateaux de bois. C'est curieux et original. Chaque homme dans son attitude représente une noire cariatide ambulante.

Ils montent au premier étage. Les plats sont disposés par terre dans le vestibule et rangés en ligne, avec une certaine symétrie, sous la direction de l'officier de bouche. Il y a une dizaine d'énormes plateaux surmontés de leur pyramide d'osier et une quarantaine de volumineuses terrines de grès, protégées par les couvercles de fer-blanc. Tout cela est plein à déborder de victuailles. Le père Davin, à qui est confié le soin de nos estomacs, passe une inspection rapide de toutes ces richesses culinaires; un clignement d'œil, un hochement de tête nous disent assez son sentiment.

Ceux qui ne peuvent s'asseoir autour de la table trop

petite, prennent place sur les tapis étendus par terre. On nous distribue des assiettes, des couverts, des couteaux et même des verres; le tout, il est vrai, en nombre insuffisant. L'intention manifeste est de nous traiter à l'européenne, mais on ne sait pas mesurer l'étendue de nos besoins. La serviette a été prévue; ce sont des carrés de toile écrue, non ourlés, morceaux d'une pièce entière divisée sur place, qui en tiendront lieu.

Le repas commence par le plat national, le kouskoussou. Deux hommes suffisent à peine à présenter l'énorme plat de porcelaine de Chine, dans lequel il est servi. A travers les grains de gruau, on rencontre un peu de tout, pois chiches, raisins secs, fèves, oignons, et dans ses profondeurs est enfouie une demi-douzaine de poulets. En cas d'insuffisance sans doute, un second plat de kouskoussou accompagne le premier, mais celui-là simplement préparé au safran, sans addition d'aucun produit étranger. Puis défile successivement l'interminable série de plats dans lesquels le mouton, la volaille, les œufs durs ou frits, les amandes, les écorces de citron, les oignons et toute une foule d'ingrédients indéfinissables sont combinés et amalgamés de différentes manières. Arrivent ensuite les viandes rôties. Soumises à la simple cuisson, sans aucune intervention d'art culinaire, elles n'ont pas l'aspect gras et l'odeur repoussante des premières. Chacun de ces nouveaux plats se compose pour le moins d'un demi-mouton, ou d'une vingtaine de poulets. C'est un festin pantagruélique.

Nous finissons par des brochettes de viande hachée, réservées probablement comme le mets le plus délicat. Ce sont de simples baguettes de coudrier, enveloppées d'une couche de chair de mouton réduite en pâtée. Ainsi préparées, elles sont apportées crues des cuisines impériales; avant de les servir, on les fait rissoler légèrement au brasier d'un fourneau portatif. Nous faisons peu d'honneur à ces préparations plus écœurantes les unes que les autres, et nous préférons de beaucoup les quelques oranges qu'on est parvenu à nous découvrir dans le jardin.

L'inconvénient d'une nourriture désagréable et nauséeuse n'eût été rien encore si nous avions disposé d'une boisson supportable. Il faut nous contenter d'une eau assez mauvaise, soit pure, soit coupée avec du thé. C'est un supplice. Cependant l'un de nous, n'osant pas pousser plus loin la témérité, s'est muni d'une gourde remplie de cognac, facile à dissimuler. On se la passe, on en partage le contenu, et quelques gouttes mélangées à l'eau atténuent, quoique faiblement, nos regrets et notre privation. Le café ne nous donne pas le moindre dédommagement. C'est toujours cette boisson épaisse et boueuse que je persiste à trouver insupportable.

Les cinq personnages, envoyés du sultan, ont mangé, de leur côté, sur la terrasse. Accroupis à leur manière, sans assiettes ni fourchettes, ils ont fait large ripaille devant cette extravagante profusion de mets.

Quand après le repas ils sont descendus successivement dans le jardin, pour dire leur prière et égrener leur chapelet, loin de nos profanes et indiscrets regards, j'ai la persuasion qu'ils ont dû rendre à Allah de très-sincères actions de grâces.

En somme, journée intéressante peut-être, mais absolument dépourvue d'agrément. Aussi, le soir, avons-nous été heureux de retrouver nos chères habitudes de la Mahmounia.

L'exemple du sultan devait être contagieux. Le surlendemain de notre partie de campagne, nous étions invités à passer la matinée chez le grand vizir. Si-Mohammed-el-Arbi habite l'intérieur de la ville. On est tout surpris, en quittant des ruelles sordides et pénétrant dans une maison d'extérieur aussi délabré que celui de ses voisines, de se trouver tout à coup transporté dans un intérieur propre, coquet, luxueux, où l'architecture arabe se révèle dans sa pureté traditionnelle, avec la variété, l'élégance et la richesse de ses ornementations. Cette demeure, dont les proportions seules ne sont pas somptueuses, est bien digne, néanmoins, d'un grand vizir, oncle du sultan.

La construction est un rez-de-chaussée, entourant une grande cour transformée en parterre. Des allées surélevées le parcourent et le divisent en carrés. Un jet d'eau s'élance dans son milieu. Sur deux des côtés règne un large portique, soutenu par des arcades à l'élégante ogive, dallé de fines mosaïques, aux murs revêtus de faïences multicolores, aux plafonds ornés de fraiches et délicates peintures. Une série de pièces ouvrent sur ce portique. Les tapis, la soie, les divans moelleux y sont jetés à profusion; les couleurs éclatantes, les gracieuses arabesques, les fines découpures, les merveilleuses stalactites en embellissent les parois et les voûtes. Nous pouvons pénétrer librement dans toutes ces pièces, les visiter et les admirer. Mais là finit l'étendue de notre domaine. C'est en quelque sorte la partie officielle de l'habitation.

Sur une troisième face du jardin, une construction d'apparence plus modeste laisse voir une petite porte fermée et des fenêtres grillées. C'est là que le grand vizir goûte, en secret, les douceurs et les joies de la famille. Le quatrième côté n'est qu'un mur de clôture, contre lequel est appliqué un kiosque de bois découpé.

Nous sommes reçus, à l'arrivée, par le grand vizir en personne et quelques-uns de ses ministres réunis autour de lui. Compliments échangés, nous sommes introduits dans la pièce qui nous est particulièrement réservée; après quoi, grand vizir et ministres disparaissent, nous laissant absolument seuls, devant une table déjà servie de thé, d'orangeade, d'amandes, de noix et d'un assortiment complet de bonbons et de gâteaux.

Huit musiciens viennent prendre place, non loin de nous, sous le portique. C'est l'orchestre du sultan. Il comprend deux tambours du cru, deux mandolines, un violon européen et trois instruments à deux cordes, dont la caisse résonnante est formée d'un seul morceau de bois creusé et recouvert d'une peau tendue. C'est à l'aide d'un archet recourbé que les cordes sont mises en mouvement. Tant qu'a duré notre présence, trois heures environ, les artistes, jouant et chantant à la fois, ne se sont pas interrompus un seul instant. Il n'est pas douteux que le talent du musicien se mesure ici à la force de résistance de ses poumons.

Ce qu'on nous avait d'abord présenté sur la table n'était qu'un léger à-compte sur le déjeuner que les serviteurs ne tardent pas à apporter. On nous dresse un véritable couvert, avec une délicate vaisselle de porcelaine décorée, des cristaux, un service complet de riche et élégante argenterie; et pour compléter ce luxe, chacun de nous dispose d'une serviette de toile fine. On n'oublie qu'une nappe pour la table, qui reste couverte d'un tapis de laine, très-élégant d'ailleurs.

Le repas était, sans contredit, plus délicat, mieux entendu, mieux choisi à notre convenance que celui de

Saridj-Ménarah. Aussi avons-nous eu quelque plaisir à cette seconde fête, qui n'affectait pourtant pas les grandes prétentions de la première.

La réception du grand vizir nous aura fourni l'occasion de constater l'existence, à Maroc, d'intérieurs riches et luxueux que l'aspect chaotique de la ville n'aurait pas permis de supposer. Mais ce qui restera de meilleur dans notre esprit, au souvenir de cette journée, c'est l'impression éprouvée à la vue de cette demeure princière, qui laisse entrevoir, comme par une subite révélation, ce qu'étaient dans tout l'éclat de leur fraîcheur ces remarquables palais maures de l'Espagne, encore l'objet de notre juste admiration.

La série des invitations était commencée. Je ne sais quand elle aurait fini si notre départ n'était venu y mettre un terme. Il nous a fallu subir un dernier dîner chez le caïd El-Méchouar. Il nous reçoit le chapelet à la main, et nous retrouvons là nos personnages connus de la cour. L'habitation est loin d'avoir la magnificence de celle du grand vizir. En attendant le repas, nous restons dans un jardinet, pas plus grand qu'une chambre. Il y a un petit kiosque, avec fauteuil et chaises à notre intention, qui a toute l'apparence d'une estrade de café chantant. Les musiciens accroupis au devant complètent l'illusion. Ils chantent à s'égosiller et s'égosilleront tant que nous serons là.

Une quinzaine de plats nous sont servis. Quelques-uns sont de notre goût. On avait pris avis et conseil de notre cuisinier. Avec du vin, nous aurions fait un assez bon repas; au lieu de cela, nous avons sur la table des flacons d'eau de rose dont on nous inonde, et des brûle-parfums qui consument leur bois odorant.

CHAPITRE XIII

Marché aux esclaves. — Enchères publiques. — Divers types de femmes vendues. — Examen des acheteurs. — Fonction des esclaves. — Trafic entretenu par la corruption des mœurs. — Les femmes au Maroc. — La femme du riche et celle de l'artisan. — Conditions d'infériorité de l'une et de l'autre. — Mariage. — Divorce.

L'esclavage est encore en grand honneur dans tout le Maroc. Une vente d'esclaves a lieu, ici, trois fois par semaine, les mercredi, jeudi et vendredi, une heure avant le coucher du soleil. Ce marché, *Souk-el-Abid,* se tient sur une des places de la ville, située dans le voisinage de la Ksaria. C'est une grande cour carrée, très-régulière, pourvue sur toute la longueur de ses côtés, de loges, espèces de niches ou cabanons, et dans son milieu, d'un promenoir couvert. La même place sert, à d'autres jours et à d'autres heures, pour la vente de divers produits, la laine notamment, et les loges inoccupées à présent deviennent des boutiques.

Ignorant la tenue tardive du marché, nous y arrivons un peu trop tôt, le jour où nous avions résolu de le visiter. Il n'y a que fort peu de personnes encore. Cependant, dans l'enfoncement de l'un des cabanons, huit femmes accroupies, avec quelques enfants, attendent l'heure de leur mise en vente. Elles sont incomplétement voilées et nous regardent avec curiosité. Une seule a le dos tourné, la face vers la muraille. Elle ne bouge pas à notre approche, notre présence reste pour elle inaperçue; pas un mouvement, pas un regard quand nous passons autour d'elle, pour l'examiner; nos paroles étrangères semblent ne pas frapper ses oreilles et n'éveillent aucune attention; elle est morne, impassible, et paraît profondément absorbée. Quelles pensées l'agitent? Sa tête penche en avant, le menton soutenu sur son poing fermé. C'est pourtant une femme jeune encore. Elle tient un enfant caché dans ses haillons; un autre joue au devant d'elle. Celui-ci est une délicieuse fillette de deux à trois ans; une pièce de monnaie pend à une petite mèche tressée de ses cheveux.

Nous avons le temps d'aller faire une promenade dans les rues. C'est une occasion d'échapper à cette première impression pénible.

Quand nous revenons une heure après, le marché est en pleine activité. La place est remplie d'animation; beaucoup de monde tout autour; les petites boutiques latérales regorgent d'amateurs ou de curieux. Quelques-uns sont assis sur les rebords du promenoir central; mais le plus grand espace reste libre pour faciliter l'exhibition de la marchandise. Les crieurs publics sont à la besogne et procèdent aux enchères. Chacun d'eux traîne une, deux ou trois esclaves, l'une en avant qu'il guide par la main, les autres suivant seules par derrière. Ils sont ainsi plusieurs, tournant sans cesse autour du marché, montrant leurs produits, sollicitant les acheteurs, criant à haute voix le prix demandé ou offert pour chaque tête. Un Arabe accroupi fait un signe. On lui amène l'esclave qu'il a désignée. Elle se place devant lui, debout ou à genoux, suivant les exigences de l'acheteur. Celui-ci l'examine, la tâte des pieds à la tête, regarde sa bouche, ses dents, ses yeux, ses narines, s'informe de son âge, de tous les détails qu'il juge nécessaires; après quoi, il renchérit ou laisse passer. L'esclave rajuste son corsage écarté; le crieur l'attire, recommence sa marche et ses cris, pour s'arrêter sur un autre signe et soumettre la marchandise au contrôle et à l'appréciation d'un nouvel acheteur.

Voici une petite fille d'une douzaine d'années. Elle est cotée 150 francs. Sa figure est gentille; ses seins sont déjà formés. On le constate à l'envie. Est-elle encore vierge? On le lui demande. La réponse est affirmative. Tout à l'heure, la vente accomplie, une matrone s'en assurera. Malheur à l'enfant si elle a menti! Le moins qui l'attende, c'est la bastonnade.

Ici, une grande et belle fille de dix-huit à vingt ans. C'est la femme dans toute sa force et toute sa vigueur, une plantureuse mulâtresse à la physionomie expressive, aux seins rebondis, à la croupe puissante. Un costume de percale blanche, rayée de bandes rouges, collant au-dessous de la ceinture, fait ressortir ses formes opulentes et s'harmonise agréablement avec la teinte brune de sa peau. Le vendeur semble l'avoir parée tout exprès pour la faire valoir. Il y a marchand à 225 francs, on estime qu'elle dépassera 250 francs; c'est la belle pièce du marché. Peut-être, si l'article est de bonne vente aujourd'hui, montera-t-elle à 300 francs.

Là, c'est une enfant de six à sept ans. Ses pieds sont-ils bien formés, ses muscles assez forts? Elle paraît bien bâtie, la pauvrette, mais elle ne vaut pas encore cher tout de même.

Maintenant c'est le tour de notre femme du cabanon. Elle soutient un enfant sur ses bras, et tire l'autre

ESCLAVE MAROCAINE.

après elle. Toujours la même expression de tristesse et de mélancolie. Elle obéit docilement au crieur qui l'entraîne et l'exhibe; mais c'est tout. Elle s'abandonne comme une masse inerte, incapable d'effort et de volonté. Vendra-t-on le tout en bloc, ou vendra-t-on la mère d'un côté et la fillette de l'autre? Allons! 100 francs le tas! Adjugé. C'est un embarras, les petits!

En voici une autre plus âgée, ou du moins plus flétrie, et sans beauté; elle est offerte pour 75 francs. A peine en veut-on à ce prix-là.

Il y a ainsi une trentaine de ces créatures qu'on montre, qu'on promène, qu'on marchande pendant plus d'une heure, et qu'on livre sans merci aux plus minutieuses investigations de quiconque le désire. Dans toute cette marchandise, pas un mâle. Il n'y a que des femelles. Ce sont des négresses diversement teintées. Une seule a la peau blanche; elle porte le costume des femmes du pays, cache sa figure sous son vêtement de laine, et ne la découvre que lorsqu'elle est soumise à l'examen. Que fait-elle là? Comment et pourquoi est-elle esclave? Qui l'y a poussée? Le crime ou la misère? Une fois là, on n'en sort plus!

Toutes suivent le vendeur, pieds nus, ou traînant des babouches grossières; indifférentes du moins en apparence à ce qui se passe, baissant la tête ou jetant à peine quelque regard furtif. Mais la pensée vit pourtant au fond de ces cervelles humaines! Quelques-unes ne voudraient-elles pas choisir leur maître futur? Parfois ce sentiment semble se traduire dans l'expression de leur visage. Que se passe-t-il au fond de leur cœur? Quels désirs? Quels espoirs? Quelles craintes? Quel sort les attend? A quel but sont-elles destinées? Que seront-elles dans un instant? Fatalité! à laquelle leur volonté ne peut rien.

Pour la plupart, pour les plus jeunes, elles sont réservées, on le sait, aux plaisirs libertins d'un peuple corrompu. A quatorze ou quinze ans, les jeunes gens de bonne famille possèdent leur esclave. Les parents ont soin de les en fournir, à l'âge où nous mettons un cheval entre les mains des nôtres, pour leur amusement. Question de mœurs et d'éducation! Une esclave de douze ans, encore vierge, est une chose rare.

Ce commerce de chair humaine, aux portes de l'Europe, est une monstruosité. On est écœuré par ce spectacle. C'est, à n'en pas douter, la corruption morale qui, seule, entretient cet odieux trafic. Ainsi que je le faisais remarquer, il n'y a guère en effet que des femelles sur le marché, que par une dérision amère on désigne sous le nom de *Marché des gazelles*.

En général, cependant, l'esclave n'est pas malheureux chez son possesseur. Celui-ci est tenu, suivant les prescriptions du Coran, de le soigner et de le bien traiter, et même de le mettre en vente, s'il demande à changer de maître. Quelquefois il dépasse même les prescriptions du livre saint, et la femme esclave prend le pas, dans la maison, sur la femme légitime. En réalité, dans la pratique, l'esclave, dont le témoignage n'est pas admis en justice, est à l'entière discrétion de celui à qui il appartient.

L'esclavage étant aboli chez nous, un esclave acheté par un Français devient libre de ce fait. L'achat même nous en est interdit par nos lois. Nous avons été pourtant bien tentés de libérer une de ces créatures. C'est le premier sentiment qui s'éveille à la vue de ces misères.

Mais la vente n'est pas facilement consentie à un chrétien, et il nous eût fallu employer un moyen détourné. Et après? Que deviendrait la malheureuse libérée? Pas de ressources; pas de travail possible pour elle! Le besoin de subsister l'obligerait bientôt à rentrer en captivité.

Le sort des femmes légitimes n'est guère plus enviable que celui des esclaves. A quelque condition qu'elles appartiennent, elles sont tenues, vis-à-vis de l'homme, dans un état d'infériorité dégradante. Dans les familles riches, la femme est soigneusement reléguée dans son intérieur, où elle passe son temps à dormir, à manger et à s'éventer, à moins qu'elle ne s'occupe des soins de sa toilette qui tient une place considérable dans son existence. Ses costumes sont très-riches et très-élégants, faits d'étoffes de soie brochée et brodée d'or; sa tête est serrée dans un foulard aux vives couleurs, et toute sa personne est parée de bijoux, bracelets, colliers, boucles d'oreilles en or, perles et pierres précieuses. Elle est pour le mari un objet de luxe et de plaisir; rien de plus, rien de moins. Il lui est permis de recevoir des femmes, parentes ou amies, mais aucun homme n'est admis auprès d'elle, à l'exception des père, frères, oncles et cousins. Aussi les réunions dans les familles sont-elles toujours exclusivement masculines ou féminines, ce qui à nos yeux leur fait perdre la meilleure partie de leur charme.

Pendant son séjour à Tanger, ma femme, grâce aux relations de madame Ordega, eut l'occasion de prendre part, dans un intérieur arabe, à une de ces fêtes intimes dont les hommes sont exclus, tout comme j'avais assisté, à Maroc, à une réunion dont les femmes sont proscrites, avec cette différence, cependant, que le maître de maison était présent au milieu des femmes, tandis que la femme de notre hôte ne s'est pas montrée parmi nous. A part cela, ressemblance parfaite : les dispositions de l'appartement où avait lieu la réception étaient analogues, les cérémonies exactement les mêmes, et l'usage des parfums pour le moins aussi abondant. Toutefois, les indigènes de Tanger étant un peu plus au courant de nos mœurs, à cause de leur voisinage de l'Europe, des fourchettes avaient été mises à la disposition de nos dames, qui ne furent pas ainsi dans l'obligation de manger avec leurs doigts. Des chants et de la musique accompagnèrent le repas. Quatre artistes femmes étaient engagées pour la circonstance. L'une frappait, avec des baguettes, sur des peaux tendues au-dessus de l'orifice d'un vase de grès; une autre agitait un tambour de basque; la troisième claquait dans ses mains pour accompagner son chant et celui de ses compagnes; la quatrième était réservée pour la danse.

Musique et chant conservent leur rhythme monotone et leur son criard, quel que soit le sexe de l'exécutant. Leur danse consiste en une agitation sur place, avec trémoussement des hanches et contorsions du ventre qui trahissent évidemment une intention lascive. Le talent de l'almée consiste à localiser le mouvement autour des reins, de façon à ébranler le moins possible les autres parties du corps. Pour prouver son adresse et son habileté, elle charge sa tête d'un large plateau tout couvert de tasses fines, et là-dessous elle doit se balancer, se tordre et s'agiter, sans rien casser ni rien ébranler.

Les maris jaloux, ou simplement observateurs fidèles des usages, mettent un soin inouï à préserver leur femme de la vue d'un étranger. J'étais un jour, en ville, occupé à la recherche d'une selle arabe dont je voulais faire l'acquisition. Un marchand à qui je m'adressais me dit qu'à côté des échantillons qu'il pouvait m'offrir dans sa boutique et qui ne me plaisaient que médiocrement, il en avait chez lui une très-belle collection qu'il serait heureux de me soumettre. J'accepte son offre et me dirige avec lui vers sa maison. Quand il me fait signe que nous sommes arrivés, je descends de ma mule, tandis qu'il se met en devoir d'ouvrir la porte soigneusement fermée à clef. Je me dispose à pénétrer à sa suite dans son intérieur; mais au moment où j'allais en franchir le seuil, la porte se referme brusquement sur mon nez, et mon homme me laisse dans la rue. Je suis abasourdi. Aussitôt après, cependant, il revient à moi, et alors, très-poliment et très-gracieusement, m'invite à entrer. J'eus bientôt l'explication de sa conduite. Il avait voulu prévenir de mon arrivée, afin que sa femme ne fût pas surprise par ma présence inattendue. Je pénétrai en effet dans une petite cour, vide de tout habitant, mais où des traces manifestes indiquaient un déplacement récent, fait avec précipitation. Pendant que je restai là, occupé à examiner un magnifique assortiment de sellerie, je n'aperçus qu'une négresse qui se tenait dissimulée derrière un mur, mais qui, poussée par la curiosité, ne put s'empêcher, en allongeant le cou, de montrer son profil.

Les femmes de condition élevée se produisent rarement dans les rues. La seule sortie qui leur soit permise, c'est le matin de très-bonne heure, à peu près au lever du jour. Elles se rendent alors au cimetière, où elles vont dire leur prière. L'entrée des mosquées leur est interdite. Leur présence n'y est pas plus admise que celle d'un chien dans nos églises, et dans le cas d'une semblable profanation, peut-être vaudrait-il mieux être chien que femme musulmane. En plus de leur sortie matinale, elles peuvent encore faire quelques visites dans la journée, mais cela dans des circonstances tout à fait exceptionnelles.

Au dehors, leurs traits sont toujours soigneusement dérobés aux regards indiscrets. Un double voile couvre leur visage : le premier est appliqué comme un bandeau sur le front et les sourcils, le second sur le bas de la figure, et assez solidement fixé en arrière pour l'empêcher de flotter. Entre les deux est ménagé un petit écartement, tout juste nécessaire pour laisser passer le rayon visuel. Ce n'est pas tout. Un immense capuchon de laine, le haïk, les recouvre ensuite des pieds à la tête. Elles en croisent les bords au devant d'elles, avec le soin de protéger encore tout particulièrement le visage. Sous ces multiples enveloppes, rien n'apparaît ni de leurs traits, ni de leur costume; c'est tout au plus si parfois on peut apercevoir, comme au fond d'un trou de lucarne, un éclair de leurs yeux. Elles vont pieds nus, chaussées de babouches de couleur rouge, habituellement ornées de quelques points de broderie.

La femme du pauvre, de l'artisan, est l'humble servante de son seigneur et maître. C'est elle qui vaque à tous les travaux de l'intérieur, et ses occupations ou ses besoins l'entraînent à de fréquentes sorties. Ce sont elles que l'on voit surtout dans les rues, quoiqu'on ne puisse guère les distinguer des premières, sous leur même apparence de spectre, dans leur blanc linceul. Leur attitude est effacée; elles marchent généralement le long des murs comme pour se dissimuler, s'arrêtent peu, ne causent guère, et semblent avoir réellement le sentiment de l'infériorité dans laquelle l'homme les maintient.

Il ne faudrait pas attribuer leur réserve et leur humilité à quelque sentiment de pudeur ou de dignité. Ces nobles sentiments qui élèvent la femme civilisée leur sont inconnus. A peine si l'instinct familial et affectif est développé en elles. Ce sont des meubles, des instruments, des objets que le maître utilise pour ses besoins, ou mieux encore des bêtes obéissant à ses caprices par crainte des châtiments corporels. Non-seulement les maris, mais les passants dans la rue, ont autorité sur elles; ils les gourmandent, les bousculent ou les frappent, s'ils trouvent quelque chose à reprendre à leur conduite. Que de fois, je l'ai dit, n'ai-je pas eu à réprimer l'ardeur de mon soldat d'escorte qui lardait ces pauvres créatures avec la pointe de son bâton! Dieu sait cependant si elles mettaient d'empressement à s'écarter de notre passage.

Nous étions un jour sur une place très encombrée, occupés à l'achat de quelques produits, quand deux femmes mêlées à la foule viennent se placer à nos côtés, poussées, j'imagine, par un sentiment de curiosité. Nous devenons l'objet d'un examen attentif de leur part. Leurs yeux vifs nous dévisagent; elles échangent gaiement leurs impressions sur notre compte, et nous les amusons sans doute, car nous entendons leur éclat de rire sous leur capuchon. Naturellement notre attention se porte aussi de leur côté; nous entrevoyons leurs deux yeux qui brillent et semblent nous sourire, mais, quoique à regret peut-être, nous ne pouvons rien découvrir de ce que cachent leurs voiles impénétrables. Cependant notre intervention, nos paroles, notre attitude ne font que les mettre en plus joyeuse humeur. Nous voudrions deviner à qui nous avons affaire; elles le comprennent, et s'amusent certainement à nous intriguer, à nous exciter. C'est très-bien. Mais un affreux Arabe est là dans un coin, qui les a vues et les observe. Il vient à elles, les interpelle d'une voix courroucée, et semble pour le moins leur intimer l'ordre de mettre un terme à leur jeu. A son air, nous comprenons ce que cela veut dire. Nous ne voulons pas abuser de la situation, pour prolonger un amusement qui serait trop au détriment de ces malheureuses créatures, et, pour n'avoir pas sur la conscience les coups de bâton qu'elles ne manqueraient pas de recevoir sur le corps, nous nous détournons de nos imprudentes rieuses, qui, de leur côté, poursuivent sagement leur chemin.

Les faits de cette nature en disent plus pour expliquer la condition de la femme au Maroc que tous les commentaires auxquels je pourrais me livrer sur la législation qui règle leur sort.

J'ajouterai cependant quelques indications. La puberté arrivant de bonne heure dans les climats chauds, les jeunes filles sont généralement mariées vers quatorze ou quinze ans. Le mariage s'accomplit à la suite d'arrangements intervenus entre les deux familles, sans aucune participation des intéressés. Il n'est pas rare qu'un mari soit donné à une enfant de huit à dix ans, dans le cas, par exemple, où des parents, menacés dans leur vie, tiennent à assurer avant leur mort une union qu'ils recherchent. Alors le jeune homme, quoique réellement marié, vient vivre à l'état de simple fiancé chez les parents de sa jeune femme, en attendant l'époque de sa nubilité.

Dans les circonstances ordinaires, la femme, au jour convenu, est amenée ou transportée dans la maison du mari qu'on lui a destiné. Ce déplacement se fait avec une certaine pompe chez les gens riches et suivant certains rites convenus. La jeune fille est placée dans une caisse de bois conique, pas plus grande qu'il ne faut pour la recevoir dans la position accroupie. On fixe la caisse avec son contenu sur le dos d'un cheval, et le déménagement s'opère dans la soirée, à la lueur des lanternes, au son de la musique, avec un cortége de parents et d'amis. Devant la demeure de l'époux, des hommes descendent la caisse et la transportent, toujours avec son contenu, à la chambre réservée à la mariée. A ce moment, celle-ci est tenue de pousser des cris de joie et de traduire ainsi sa satisfaction d'entrer dans le domicile conjugal.

L'homme est loin d'être lié pour jamais avec la femme qu'il vient d'épouser. Le divorce est admis au Maroc, et quoique la loi l'entoure de certaines formalités, celles-ci sont rarement observées. En réalité, le mari répudie sa femme quand bon lui semble. Celle-ci n'a guère d'autre ressource que de revenir chez ses parents. Mais dans certains cas, ils ne veulent ou ne peuvent la recevoir. Il lui arrive quelquefois alors de ne pas trouver de sort plus enviable que celui de rester servante dans la maison où elle était maîtresse et de se placer sous les ordres de la seconde femme qui ne tarde pas à la remplacer. Si avec cela le mari est assez riche pour se payer des esclaves auxquelles il veuille accorder quelques faveurs, rien ne s'y oppose, sa volonté reste souveraine. A côté de ses quatre femmes légitimes ou chérifa, que la loi autorise, on estime à 1,500 environ le nombre des esclaves, blanches ou négresses, que possède le Sultan. On se demande ce que représente la famille dans un pays régi par de telles mœurs et de tels usages!

CHAPITRE XIV

Condition des Juifs. — Visite au Mellah. — Un intérieur juif. — Fête en notre honneur. — Femmes juives. — Le Maroc et les puissances étrangères. — Les Juifs au point de vue politique. — Cadeaux offerts de la part du Sultan aux divers membres de la mission.

Il nous manquait de connaître la population juive et sa vie intime à Maroc, pour être initiés, autant que nous pouvions y prétendre, aux mœurs et aux coutumes de la ville. Nous sommes reconnaissants à M. Benchimol de nous avoir fourni l'occasion de combler cette lacune.

Les Juifs à Maroc vivent à l'état de parias. J'en ai dit quelques mots dans un précédent chapitre. Un quartier spécial, le *Mellah,* leur est affecté. A huit heures du soir, les portes en sont rigoureusement fermées et gardées; ils n'en peuvent sortir que le lendemain à une heure déterminée. Un costume particulier leur est imposé et les distingue très-nettement du reste de la population. Quand ils se risquent dans les autres quartiers de la ville, ce qui est rare, ils sont à la merci du premier passant qui veut les outrager. Un gamin musulman peut, avec impunité, cracher au visage d'un vieillard juif, ou s'amuser à lui tirer la barbe. Naguère, ils devaient aller pieds nus dans les rues; ils peuvent maintenant circuler en babouches, mais à la condition absolue de les retirer en passant devant une mosquée. Ils ne doivent jamais se trouver sur le passage du Sultan. L'usage du cheval et des armes leur est interdit; la mule seule leur est permise, encore n'est-ce que hors des villes. Inutile d'ajouter qu'ils n'occupent aucun poste officiel et n'exercent aucune fonction publique.

Mais ici, comme ailleurs, ils manifestent une grande activité commerciale. Les grandes affaires passent par leurs mains. Ils servent d'intermédiaires entre les indigènes et les négociants européens de la côte. Par là ils détiennent la plus grande partie de la fortune du pays. Aussi sages et prudents que leurs compatriotes musulmans, ils dissimulent leurs richesses, de peur de tenter la cupidité des fonctionnaires, ou celle du Sultan lui-même.

Au Maroc, il ne faut pas le perdre de vue, un seul et grand principe domine les rapports sociaux. Le Sultan est maître absolu et omnipotent. Sur toute l'étendue de l'empire, il dispose à son gré des personnes et des biens. La fortune de son peuple lui appartient en propre, ses sujets n'en sont que les détenteurs provisoires. Quand ses besoins le réclament, ou que son caprice l'y invite, il peut s'approprier tout ce qui lui convient. D'ordinaire c'est aux grands fonctionnaires riches qui étalent trop de luxe, qu'il fait rendre gorge; mais ceux-ci se rattrapent sur des subalternes qui, à leur tour, se vengent sur les particuliers. L'état social est nécessairement fort précaire en présence d'une telle insécurité, et les malheureux Juifs en sont le plus souvent les victimes.

M. Benchimol, Israélite intelligent et doué d'une rare activité, ne laisse échapper aucune occasion d'être utile à ses coreligionnaires, et de contribuer surtout à leur relèvement moral. Sa qualité de censal de la mission, avec charge d'en organiser le côté matériel et pratique, le zèle et le dévouement qu'il a toujours montrés pour les intérêts français au Maroc, lui ont donné auprès de notre ministre une grande et légitime influence. Il a su la mettre à profit, en cette circonstance comme en beaucoup d'autres, et a fini par amener M. Ordega à accepter une invitation chez un des riches et notables Israélites du Mellah.

Tout était d'ailleurs bien disposé pour donner à la démarche le caractère d'une manifestation en quelque sorte officielle. La convocation était faite pour le soir. Nous fûmes tous invités à nous joindre au ministre; et, sollicités par l'attrait d'une distraction nouvelle, peu de nous se firent prier. Toute la garde de la Mahmounia nous fit escorte, le fusil sur l'épaule; le caïd-el-Agha et les hommes qu'il commandait s'associèrent à la compagnie des soldats rouges; de nombreux porteurs de lanternes éclairaient la route.

Il était près de neuf heures quand nous arrivâmes devant le Mellah. La porte, toujours close à la nuit, s'ouvrit docilement pour nous livrer passage. Nous nous engageâmes dans les rues étroites et sombres du quartier, au grand ébahissement de la population qui n'avait jamais assisté à pareille fête, ni jamais reçu un tel honneur. Nous apportions le bruit, le mouvement, l'excitation, là où d'ordinaire à cette heure tout est calme, morne et triste. Les rues et le pas des portes étaient encombrés de curieux qui voulaient contempler notre cortége et jouir de ce spectacle invraisemblable. Les enfants avaient été tenus éveillés, plus tard que de coutume, pour laisser dans leur esprit le souvenir de cette mémorable soirée.

Nous quittons nos chevaux et nos mules pour pénétrer dans la maison. Son apparence extérieure, sans être misérable, est encore bien modeste; les raisons de prudence que j'invoquais tout à l'heure en font presque une nécessité. En revanche, l'intérieur est large, confortable, et respire l'aisance, sinon la richesse; de nombreuses bougies allumées en notre honneur l'éclairent *a giorno*. Des parents, des amis, tous ceux qui ont pu obtenir la faveur de pénétrer dans le logis, y sont accourus, et nous observent tout en se tenant respectueusement à l'écart. Une femme pousse à notre arrivée ces cris de joie aigus que nous avions si souvent entendus pendant le voyage et dont nous avions presque perdu le souvenir.

Notre hôte est un grand et magnifique vieillard; ses traits sont bien caractéristiques, une longue barbe à peu près blanche lui donne un air biblique, mais le fichu de cotonnade bleue, élément obligé de son costume, encadre assez disgracieusement son visage. Son fils, un homme déjà mûr, se tient auprès de lui. L'un et l'autre apprécient l'honneur que la visite du ministre français procure à leur personne, à leur maison, à la famille juive tout entière; ils en expriment avec effusion leur joie et leur reconnaissance.

Au premier étage plusieurs pièces sont préparées pour nous recevoir. Elles donnent sur une galerie de bois qui règne sur les quatre côtés de la cour centrale. Une troupe de musiciens y est déjà installée et nous accueille du bruit de ses voix et de ses instruments. Le salon où nous sommes introduits est meublé à la fois de chaises et de divans étendus par terre; nous pourrons choisir la posture qui nous conviendra le mieux. Une table est dressée sur une estrade qui l'élève de la hauteur d'une marche; trois fauteuils sont placés derrière la table, du côté du mur contre lequel ils s'appliquent.

Le vieillard va occuper le siége du milieu pour présider la collation qui nous est offerte. Il prie M. Ordega de prendre place à sa droite, tandis que le fils s'assoit à sa gauche. Le devant de la table reste libre, c'est au naturel la mise en scène du festin d'Éléazar.

A ce moment, les dames de la maison font leur entrée dans la salle. Tout aussitôt elles se précipitent sur nous, s'emparent de nos mains et les portent à leur bouche pour les embrasser, sans que nous puissions nous défendre de cette marque de déférence; leur présence nous permet enfin de contempler à découvert des visages de femmes. C'est un vrai soulagement. Vivre pendant un mois dans le seul commerce des hommes, hors de la vue et du contact du sexe féminin, est une privation plus grande qu'on ne l'imagine! Avec nos mœurs et notre éducation, la société des dames est un de nos premiers besoins. Celles qui se présentent à nous sont d'ailleurs fort jolies et nous intéressent, non moins par leur beauté que par la riche élégance de leur costume. Leur teint blanc, leurs beaux yeux noirs, l'ovale régulier de leur visage empruntent un éclat et un attrait particuliers à l'or et à la soie de leurs vêtements. Nous regrettons que la différence de langue ne nous permette pas d'échanger quelques paroles, et nous réduise au seul plaisir de les admirer.

Elles prennent place sur des chaises, tandis que nous nous casons tant bien que mal sur les divans. Il en est toujours ainsi; sous le prétexte de politesse réciproque, nous nous gênons et les uns et les autres. Il est certain que ces belles créatures eussent mieux développé leur grâce naturelle dans leur posture accoutumée, que perchées sur des siéges qui doivent leur sembler bien incommodes. Elles y sont visiblement empruntées, laissent pendre leurs jambes nues le long des barreaux et montrent la préoccupation continuelle de retenir à leurs pieds leurs mignonnes et coquettes babouches, qui, malgré tous leurs efforts, s'obstinent à s'en détacher.

Elles sont au nombre de six, choisies, semble-t-il, parmi les plus belles. Trois cependant appartiennent à la famille et représentent, contre toute vraisemblance, trois générations successives. L'âge qui se lit sur leurs traits éloigne tout d'abord l'idée d'une telle filiation. Mais il faut bien remarquer qu'ici, la femme se marie fort jeune, et que dès lors les générations, surtout par les filles, se succèdent avec une très-grande rapidité. Ainsi la plus jeune des trois a dix ans à peine. Eh bien! le croirait-on? elle est déjà mariée. Et comment douter de ce qu'on nous affirme? Elle en porte le signe extérieur, c'est-à-dire un foulard serré autour de la tête, et dans lequel ses cheveux sont soigneusement emprisonnés. C'est à renverser toutes nos idées! Le cas, il est vrai, est exceptionnel; l'enfant n'est pas encore livrée à son mari; mais dans deux ans, dans trois ans au plus, elle sera parfaitement en état de remplir ses devoirs d'épouse, et il n'y aurait rien d'étonnant à ce qu'à quatorze ans, elle fût mère à son tour. En fixant à quinze ans la différence moyenne entre la mère et la fille, on est dans les conditions normales et habituelles du pays. Calculant d'après cette base, si la petite fille a dix ans, la mère en a vingt-cinq, et la grand'mère entre dans la quarantaine, ce qui dans le cas présent est, paraît-il, d'une rigoureuse exactitude.

Le thé et les gâteaux qu'on nous offre sont le moindre de nos soucis. Nous en prenons ce que la politesse nous commande. Nous recevons aussi avec assez d'indifférence la pluie d'eau parfumée d'ambre, que des serviteurs répandent sur nos têtes. Mais nous trouvons assez original de goûter le vin que les Israélites fabriquent eux-mêmes avec certaines formalités exigées par leurs rites. Il ne doit jamais séjourner dans un vase ayant servi à l'usage d'un chrétien ou d'un musulman, les raisins doivent être récoltés et traités exclusivement par des coreligionnaires. A ces conditions, le vin, ou tout autre objet ainsi préparé, est dit *kauscher* (en hébreu), c'est-à-dire purifié et digne d'être admis à leur table. Il n'a, du reste, pour nous, aucun mérite particulier; c'est un vin blanc, sec et alcoolique comme le produisent les contrées méridionales.

Notre escorte, qui est nombreuse, a sa part de la fête. Nos hommes sont installés, quelques-uns, les chefs, dans une pièce voisine, les autres, en bas dans la cour, assis par terre, les fusils disposés en faisceaux. Ils sont servis à profusion et s'en donnent à cœur joie. Pas un ne regrette certainement la corvée que nous leur avons imposée, et qui s'est transformée pour eux en une bonne et plantureuse aubaine. Ils détestent le Juif, mais s'accommodent de son bien. Ici, comme ailleurs, la bonne chère adoucit les mœurs.

Nous nous étions rendus à cette fête, sollicités, je l'ai dit, par M. Benchimol, qui avait peut-être ses raisons intimes, mais sans aucune réflexion ni intention de notre part, et avec la seule pensée d'y trouver un amusement nouveau. On pourrait toutefois se demander si cette démarche, qui tirait un caractère presque officiel de la présence du ministre et des conditions dans lesquelles elle s'est accomplie, était bien convenable et bien opportune. Il n'est pas douteux que les Juifs ont dû la consi-

ZAOUÏA DE SIDI-BEL-AZIZ ET PORTE DE QUARTIER (MAROC).

dérer comme une manifestation en leur faveur, mais par la même raison les musulmans n'y auront-ils pas vu une protestation contre leurs usages, leurs mœurs, ou, si l'on veut, leurs préjugés? En réalité, nous étions les hôtes de ces derniers, nous étions venus chez eux en amis, et ils nous avaient accueillis avec honneur et distinction.

En réglant notre conduite sur les convenances européennes, nous aurions dû nous abstenir, cela est clair. Mais rien n'expose davantage à des erreurs de jugement, que d'envisager un acte quelconque d'une façon abstraite, sans s'être rendu compte, au préalable, des circonstances relatives, des conditions de milieu dans lesquelles il se produit. Faisons donc l'application de ce procédé d'analyse, pour voir comment notre visite doit être appréciée.

Ce n'est un secret pour personne que l'empire marocain est destiné à disparaître dans un avenir plus ou moins prochain. Aux yeux des moins clairvoyants, l'édifice craque de tous côtés, et l'effondrement est inévitable. Trois puissances observent attentivement les progrès de sa dislocation, et se surveillent entre elles avec un soin jaloux. L'Angleterre est intéressée à ne pas laisser s'établir sur la côte africaine, en face de sa possession de Gibraltar, une puissance capable de lui disputer la clef du détroit; l'Espagne se résoudrait difficilement à voir passer en d'autres mains que les siennes de riches provinces situées à ses portes, et qui font l'objet de ses convoitises séculaires; enfin la France, en contact immédiat avec le Maroc, par sa longue frontière algérienne, a un intérêt de premier ordre dans les destinées futures de ce pays.

En attendant que l'heure ait sonné de se disputer les dépouilles de l'empire chérifien, les représentants au

Maroc des trois puissances rivales luttent d'habileté et d'énergie pour y acquérir l'influence et y asseoir leur prépondérance. Vis-à-vis du gouvernement, la tâche est claire, sinon facile. Toutes les finesses diplomatiques sont destinées à échouer, si elles ne s'appuient sur le prestige de la force matérielle. Pour réussir, il faut en imposer. De là le crédit dont les Anglais ont très-longtemps joui à la cour du Sultan, surtout à la suite de nos revers qu'ils avaient su habilement exploiter à leur profit. Mais nos opérations militaires en Tunisie, notre prompte et énergique répression de l'insurrection oranaise ont amené un revirement notable dans les idées. Ces événements accomplis aux portes de l'empire, ce réveil inattendu, mais irrécusable, de notre puissance ont eu leurs conséquences immédiates et prévues. Il a suffi de prouver notre force pour retrouver aussitôt le prestige et l'autorité. Notre représentant avait donc, pour ses négociations, la base solide qui lui était indispensable. Les résultats obtenus prouvent qu'il en a su tirer un parti avantageux.

Mais est-ce assez d'avoir l'oreille du Sultan et de sa cour, pour que notre prépondérance soit suffisamment établie dans le pays? Pour le moment, oui, certes; et il n'y aurait pas lieu d'en demander davantage si l'on pouvait compter sur la stabilité des institutions actuelles. Mais nous avons dit le contraire, et aucun doute, semble-t-il, ne saurait subsister à cet égard. Il est donc sage de se préoccuper de l'avenir, et un ministre sensé doit rechercher des garanties d'influence et de popularité ailleurs que dans un gouvernement caduc. Où trouver ces garanties? La population musulmane, indifférente, corrompue, abrutie, ne se soucie guère de son sort, et il n'y a qu'à l'abandonner à la pente rapide de sa décadence. Toute tentative de ce côté serait vaine. On pourrait s'imposer à elle, on ne réussira pas à lui inspirer un sentiment de sympathie.

Mais, en face des musulmans, il y a un élément vivace, riche, actif, remuant, qui, malgré l'état d'abjection dans lequel il est tenu aujourd'hui, est destiné à devenir un jour dans cette contrée l'âme du progrès et l'instrument de la civilisation. Je veux parler des Juifs. Ils forment une masse assez considérable, répandue par groupes importants, sur les principaux points de l'empire. On en compte de 10 à 12,000 à Maroc, et ils forment à peu près la moitié de la population de Tanger et des villes importantes du littoral. Habitués à voir en nous les défenseurs attitrés des idées de liberté et de tolérance dont ils sont les premiers à profiter, ils viennent naturellement à nous, poussés par l'instinct et la reconnaissance. Ne devons-nous pas encourager de telles dispositions? N'est-il pas habile, au prix de quelques égards, de quelques preuves de condescendance, de nous assurer leur sympathie, qui éventuellement pourrait se traduire en un concours effectif? Aussi, tout en admettant que notre visite au Mellah ait pu blesser les susceptibilités de la population musulmane, ce qui en somme n'est pas démontré, nous estimons, quant à nous, que les intérêts de notre politique ont plus gagné que perdu à cette démarche. Et c'est là, à mon sens, le seul critérium à invoquer pour apprécier les actes de notre représentant diplomatique.

Cette soirée était la dernière que nous devions passer à la ville de Maroc. Pour nous conformer aux nobles coutumes du pays, nous aurions dû y prolonger longtemps encore notre séjour. Les bonnes manières exigent ici un gaspillage de temps considérable. La dignité se mesure à la lenteur des mouvements. Rien de plus vulgaire que de paraître pressé. La cour, quoique prévenue à l'avance de notre départ, se montre encore surprise d'en voir arriver le jour. C'est à peine si elle est en mesure de nous présenter les cadeaux qui, suivant l'usage, doivent être offerts de la part du Sultan aux divers membres de la mission. Enfin le soir, à notre retour du Mellah, les présents sont tous réunis à la Mahmounia, où nous attendent les personnages chargés d'en faire la distribution.

Généralement les membres d'une mission à l'étranger sont honorés de croix et de rubans par le gouvernement qui les reçoit. Au Maroc, par une exception assez bizarre en pays oriental, il n'y a pas d'ordre de décoration. On y supplée par des cadeaux qui consistent invariablement en armes et chevaux, et qui, attribués suivant une règle depuis longtemps établie, permettent à chacun de prévoir d'avance ce qu'il aura en partage. Cette remise des présents se fait, il faut bien le dire, sans la moindre solennité. Trop souvent même elle est l'occasion d'un marchandage sans dignité; et le prestige d'une mission diplomatique ne perdrait rien certainement à la suppression de cet usage traditionnel.

Il ne nous reste plus qu'à mettre la dernière main à nos préparatifs de départ. Quinze grands jours passés ici ont été comme un rêve dans notre existence. Au milieu de distractions continuelles, l'esprit toujours en éveil et toujours satisfait, le temps s'est écoulé avec une inconcevable rapidité. Pas un instant d'ennui. Notre curiosité, loin d'être émoussée, est aussi vive que le jour de notre arrivée. Il semble qu'un séjour prolongé pourrait encore nous donner de larges satisfactions. Mais ne vaut-il pas mieux, même au prix de quelques regrets, emporter une impression fraîche et agréable, que d'attendre la satiété et le dégoût? Il est peu probable que les hasards de la vie nous ramènent à Maroc; nous garderons ainsi de cette ville le meilleur souvenir qu'on en puisse rapporter.

Du reste, nous n'en avons pas fini avec les agréments de notre voyage. Notre retour en caravane nous réserve encore de joyeuses distractions. Au lieu de remonter vers Mazagan et refaire le chemin parcouru, nous devons prendre la direction de l'ouest, vers Mogador. Le trajet de mer, pour revenir de ce port à Tanger, sera plus long de quelques heures; mais nous aurons visité une contrée nouvelle, et notre plaisir aura grandi de tout l'attrait de l'inconnu.

LIVRE V

DE MAROC A MOGADOR ET TANGER.

CHAPITRE PREMIER

Départ de Maroc. — Sortie de la ville. — Raisons de toute absence de solennité. — Nouvelle route pour Mogador imaginée par les officiers de la mission. — Hésitations du chef d'escorte. — Une halte sous les oliviers. — Amusante aventure. — Trois Français et trois femmes marocaines. — Échange de politesses. — Entretien désagréablement interrompu.

Nous avons dit adieu à la ville de Maroc, à ses Arabes, à ses Juifs, à ses fonctionnaires, à ses soldats. Nous avons quitté notre charmante habitation et les délicieux ombrages de la Mahmounia. Pour la dernière fois, nous avons respiré le parfum de ses orangers, entendu le concert matinal de ses nombreux oiseaux, et, pour tout dire, cueilli aux arbres une petite provision de leurs fruits succulents.

La même escorte qui nous avait pris à Mazagan va nous conduire à Mogador, notre nouvelle destination. C'est toujours le même caïd-Agha qui la commande, notre jeune colonel négrot, qui a retrouvé sa figure expressive et intelligente. Il a sous ses ordres ses dix ou douze cavaliers mia (capitaines) et un personnel de service considérable. L'effectif de notre caravane comprend environ deux cents hommes et autant d'animaux.

Nous sortons de la ville par une de ses grandes portes (Bab-Rob) voisine de la Kasbah. C'est toujours un peu plus solennel que de nous glisser hors des remparts par la poterne de la Mahmounia. Toutefois aucune ovation, aucune manifestation, aucune démonstration ne signalent notre départ. Autant notre entrée avait été bruyante et pompeuse, autant notre sortie est tranquille et discrète. Pas un curieux sur notre passage; pas la moindre trace de représentation officielle. Faut-il y voir un changement de dispositions à notre égard? Rien de moins vrai. On vous accueille avec joie, on célèbre avec enthousiasme votre arrivée, mais il est de bon goût, et d'usage depuis longtemps établi, de ne pas se réjouir de votre départ. Sur tout le nouveau parcours que nous allons entreprendre, nous verrons l'application de ces mêmes principes d'hospitalité. Plus de goums à notre rencontre; plus de fantasias; plus de prévenances des caïds; plus de réjouissances; plus de fêtes. Notre vie matérielle sera, il est vrai, encore assurée par des mounas régulières, mais ce sera l'unique et indispensable vestige de l'intervention officielle.

Notre sortie de la ville s'effectue donc sans tambours ni trompettes. Seuls, les soldats rouges qui formaient notre compagnie de garde franchissent la porte avec nous. A quelques pas hors des remparts ils se rangent en ligne et présentent les armes en signe d'adieu. C'étaient pour la plupart de braves et honnêtes sujets, serviables et dévoués. Nous serrons la main des deux officiers qui les commandent, et nous adressons aux hommes un salut cordial et sincère. Les uns et les autres se montrent sensibles à notre attention. Au risque de transgresser les lois de la discipline, d'un signe nous encourageons quelques-uns d'entre eux, nos serviteurs particuliers, à sortir des rangs et à s'approcher de nous. Ils ne se font pas prier, car ils devinent notre intention. Une dernière poignée de main nous fournit l'occasion de leur glisser une dernière *peseta*.

D'une manière générale, au point de vue topographique, la route sur laquelle nous nous engageons différera sensiblement de la première que nous avons parcourue en venant de Mazagan. Nous marchions alors à peu près du nord au sud, perpendiculairement aux lignes de montagnes dont nous avions à franchir les cols de plus en plus élevés à mesure que nous avancions. Entre les reliefs montagneux régnaient de grands espaces plats, le plus souvent arides, que nous mettions un ou deux jours à parcourir. Maintenant, au contraire, nous allons voyager le long d'une vallée, vaste plaine d'alluvion, comprise entre l'Atlas et le Djebilat, et qu'arrose l'Oued-Tensift avec ses affluents. Nous marcherons parallèlement à la grande chaîne, sans nous écarter sensiblement de cette direction.

De la ville de Maroc à Mogador, il existe une route parfaitement connue, très-fréquentée des caravanes, dans laquelle on rencontre, de distance en distance, comme sur d'autres voies habituellement suivies, des N'zlas, petits postes de secours établis par le gouvernement pour la sécurité et le ravitaillement des voyageurs. Marchant sous bonne escorte et bien assurés de nos approvisionnements, ces douars hospitaliers étaient pour nous sans intérêt et sans utilité. Cette considération et d'autres encore, d'un caractère stratégique sans doute, déterminèrent nos officiers à nous faire adopter un autre itinéraire, s'avançant plus au sud que le précédent, et devant nous conduire au même but, à travers des contrées à peine explorées et à peu près inconnues des Européens. Ces messieurs se proposaient d'ailleurs de relever, chemin faisant, le tracé de la nouvelle route qu'ils avaient en quelque sorte découverte sur les données et les renseignements fournis par les indigènes.

Ce projet, bien fait pour nous séduire, fut accepté par nous avec empressement, mais il rencontra d'abord une assez vive opposition dans l'esprit du chef d'escorte. Peut-être jugera-t-on qu'il avait pour cela d'excellentes raisons. La première, c'est qu'il ne connaissait pas la route sur laquelle il avait mission de nous conduire. Il est vrai qu'avec des guides particuliers, pris successivement dans chaque tribu, il pouvait à la rigueur suppléer à son insuffisance; aussi n'était-ce pas sa principale objection. Mais il prévoyait des difficultés autrement sérieuses auxquelles, pour notre compte, nous ne prêtions aucune attention. Le service des mounas était déjà réglé et assuré sur la route ordinaire des caravanes, par suite d'ordres exprès envoyés de Maroc. Il fallait donc le constituer, l'improviser pour ainsi dire sur le nouveau parcours. Et, comme les étapes n'avaient pu être rigoureusement fixées, qu'aucun lieu de campement n'était déterminé à l'avance, il devait, au jour le jour, envoyer des hommes en avant, un peu au hasard, réquisitionner à tort et travers, de façon à n'être jamais pris au dépourvu, quels que fussent d'ailleurs les incidents de la route ou les caprices de notre marche. C'était pour le jeune colonel un grave sujet de préoccupations, surtout dans un pays où les responsabilités sont si lourdes à porter.

Aussi, dès notre sortie de la ville, eûmes-nous à lutter contre ses hésitations, sinon contre son mauvais vouloir. Malgré nos indications, le convoi parti en avant s'était engagé sur la piste habituelle, et l'on fut dans l'obligation de le faire revenir sur ses pas. A diverses reprises, nous eûmes encore à rectifier la direction qu'il imprimait à notre marche. Tandis que nous devions incliner vers le sud, il s'obstinait à nous ramener sans cesse vers le nord, sans doute dans la pensée secrète de nous remettre sur le chemin des N'zlas. Mais son obstination dut céder devant la nôtre, et il se résigna bientôt à ne plus s'égarer.

Nous voilà donc en route. Notre ordre de marche est toujours le même; le fanion rouge en avant nous montre le chemin. Nos montures ont été renouvelées à notre gré. Tout ce que nous avons désiré nous a été généreusement accordé; j'ai pour mon compte absolument renoncé au cheval et enfourché la mule, une bonne et excellente bête, qui ne demande qu'à marcher et qu'il me faut retenir pour ne pas dépasser la tête de colonne. C'est un premier élément de bon et agréable voyage.

Tout d'abord, l'entrain et la gaieté font défaut. Nous cheminons tranquillement, isolés les uns des autres, comme par une tacite convention. A peine les jardins de Saridj-Menarah que nous laissons à droite et les majestueux sommets qui s'élèvent à notre gauche détournent-ils un instant notre attention. Chacun est à ses pensées et à ses impressions.

On ne quitte pas sans quelque regret des lieux qui vous ont offert de si attachantes et si vives séductions.

On regarde en arrière, on mesure l'espace déjà parcouru; on cherche à retenir quelque chose de ce qui va bientôt vous échapper. La ville, basse et plate, cesse bientôt de se montrer, mais la tour de la mosquée, la superbe tour de la Koutoubia se dresse, haute et fière, au milieu de la plaine immense. Nous la contemplerons bien des fois encore, avant que la brume l'ait entièrement dérobée à nos regards.

A cause de la saison déjà avancée, il a été décidé que nous partirions tous les matins de très-bonne heure, de façon à fournir l'étape en une seule traite et nous soustraire ainsi aux fortes chaleurs du jour. Aucune partie de ce programme n'a pu être réalisée aujourd'hui. Retardés au départ par les lenteurs inévitables qu'entraîne une organisation nouvelle, nous sommes contraints d'interrompre notre course à peu près à mi-chemin. Un petit bois d'oliviers nous offre très à propos l'hospitalité de ses ombrages et le tapis de ses maigres gazons. Sans autre installation, nous y festoyons à la bonne franquette, tout comme l'auraient fait d'honnêtes bourgeois du Marais dans les fourrés de Vincennes ou sur les pelouses de Saint-Mandé.

Ainsi qu'il était à prévoir, la reprise de la marche, après quelques heures de repos, a été des plus rudes. La chaleur était devenue accablante, et le soleil avait assez tourné sur notre gauche, pour venir nous frapper en plein visage. Afin de nous préserver de ses rayons et de nous protéger contre la poussière qui nous aveuglait, nous n'avions rien trouvé de mieux que de nous ensevelir sous les plis et sous le capuchon du burnous arabe, dont chacun de nous avait eu soin de se munir. Mais, sous ce masque de laine, si léger et si transparent qu'il fût, nous étouffions. Il fallait opter entre l'asphyxie ou la grillade.

Cependant la route est agréable, le paysage intéressant et parfois pittoresque. Il n'en faut pas davantage pour oublier la fatigue et les souffrances. La contrée est vraiment riche et plantureuse. Des orges et des seigles de la plus belle venue occupent des étendues considérables; nous rencontrons de nombreux canaux d'irrigation, dont les eaux rapides et profondes rendent le passage parfois difficile; une belle végétation arborescente se montre dans leur voisinage, et le long du chemin de nombreux lauriers-roses épanouissent leurs fleurs odorantes.

Après deux bonnes heures de marche sous un ciel tropical, nous atteignons un lieu dit Adjefaït, au point où la vallée vient se perdre sur les premiers contre-forts de l'Atlas. Des collines d'aspect nu et désolé, à teinte ocreuse, contrastent avec le vert des moissons qui couvrent la plaine. Sur leur base s'étagent des gourbis et même des constructions en terre ou en briques qui dénotent un village d'assez riche apparence. Tout auprès, un espace plat et gazonné y offre un lieu très-favorable à l'établissement du camp. L'eau y abonde et circule tout autour dans des canaux, coulant à pleins bords, qui vont fertiliser la campagne voisine.

Les fausses manœuvres de la route, les tâtonnements et les hésitations de la matinée, les incertitudes de la dernière heure, n'ont pas encore permis à nos hommes de dresser les tentes. Cette besogne s'accomplit d'ordinaire avec assez de promptitude, sous la direction d'un caïd spécialement affecté aux fonctions de maître du camp. Cependant, si rapide que soit l'opération, il n'est pas agréable de se tenir debout sous les ardeurs d'un soleil brûlant, quand, depuis longtemps, on a soif d'ombre et de repos. A quelques pas de nous se présente un magnifique bois d'oliviers. J'y cours avec deux de nos amis lui demander un abri bienfaisant et une attente moins pénible. La fraîcheur qu'on y respire est parfumée des fleurs dont les arbres sont couverts; un épais gazon couvre le sol et nous invite à nous étendre. Au-dessus de nos têtes, des oiseaux font entendre un étourdissant ramage. Leur nombre est incalculable, les feuilles disparaissent sous leur masse; on les voit sautiller de toutes parts, de tous côtés on découvre leurs nids déjà préparés. C'est là sans doute, dans cette oasis, qu'ils se rassemblent aux heures accablantes de la journée. On ne saurait y expliquer autrement leur présence en si prodigieuse quantité.

Nous étions là, tout à notre bien-être, tout à la jouissance de la paisible et douce retraite que nous nous étions procurée, perdus en quelque sorte pour nos camarades, loin du camp, loin de tout regard indiscret, croyions-nous, quand nous apercevons à travers les arbres, dans un verger voisin, trois femmes accroupies à l'ombre de superbes figuiers. Il est clair qu'elles nous ont observés de leur côté, et que notre présence éveille leur curiosité. Bientôt l'une d'elles se détache du groupe, franchit la haie vive qui clôture le verger, pénètre dans le bois et, quoique avec hésitation, se dirige manifestement vers nous. Cette démarche nous paraît aussi bizarre qu'inaccoutumée. Que nous veut-elle? L'un des nôtres, le capitaine Varigault, attaché depuis longtemps au service central des affaires indigènes d'Algérie, connaissait assez bien la langue arabe. Grâce à cette circonstance, il nous fut possible de comprendre ce que réclamait de nous l'étrange visiteuse. Elle s'était décidément approchée, et, à vrai dire, quand ses intentions ne furent plus douteuses, nous l'y avions un peu encouragée. Elle venait, nous dit-elle, de la part de sa maîtresse, nous demander de lui offrir quelques-unes des oranges qu'elle nous avait vu savourer avec tant de plaisir. Sous tous les climats, sous toutes les latitudes, la femme se montrera donc toujours fille d'Ève et se laissera tenter par la pomme ou par l'orange! De la meilleure grâce du monde nous accordons à cette hardie messagère ce qu'elle désirait, et lui offrons pour sa maîtresse tout ce qui nous restait de la petite provision que nous avions emportée avec nous. Là-dessus, joyeuse et fière du succès de sa démarche, elle retourne précipitamment vers ses compagnes qui semblaient attendre avec anxiété le résultat de sa mission.

Nous fûmes curieux de constater de près l'effet de notre générosité. Aussi, pour regagner nos tentes, eûmes-nous soin de nous approcher du verger où nos trois femmes se tenaient toujours accroupies devant leur travail. Cela n'exigeait de nous qu'un petit détour; il ne nous en eût guère coûté de le faire plus grand. Nous arrivâmes ainsi à quelques pas d'elles, mais séparés par la haie vive et un petit fossé que nous n'essayâmes pas de franchir. Leur occupation consistait à cueillir des fèves fraîches que nous eûmes un instant la présomption de nous croire destinées. Elles avaient le visage découvert, selon l'habitude des campagnes; toutes trois étaient jeunes, piquantes, et leur teint mat n'aurait pas déparé une brune Européenne. Leurs vêtements de laine blanche étaient propres et coquettement jetés. Tout en elles et autour d'elles respirait l'aisance. L'enclos était bien fourni d'arbres et de légumes; deux vaches d'assez robuste apparence y paissaient une herbe grasse et abondante.

Notre présence, loin d'effaroucher le groupe féminin, semble provoquer leur rire et leur caquet. Leur attitude n'a rien de désobligeant. Bien au contraire, nous comprenons à leurs regards expressifs, plus encore qu'à leurs paroles, qu'elles cherchent à nous témoigner leur reconnaissance. Profitant de ces bonnes dispositions, le capitaine Varigault cherche à leur faire entendre qu'à notre tour nous venions réclamer d'elles une faveur, et que la vue de leurs plantureuses vaches avait fait naître en nous le désir de boire du lait. Dès qu'il a réussi à se faire comprendre, l'une des jeunes femmes, la maîtresse, se relève avec le plus aimable empressement. D'un mouvement rapide et instinctif, elle saisit son marmot qui gisait par terre, à ses côtés, le jette sur ses épaules légèrement inclinées, et relevant, par derrière, son vêtement extérieur, le ramène en haut pour en faire un soutien et un abri au frêle rejeton. Munie de ce précieux fardeau, elle s'engage d'un pas rapide sur un sentier escarpé qui conduit à son douar, tandis que ses compagnes nous expliquent qu'elle a couru chercher un vase pour contenir le lait qu'elle sera bientôt heureuse de nous offrir.

Son absence ne devait pas durer cinq minutes, et cependant elle n'avait pas hésité à emporter son enfant, préférant en avoir la charge et l'embarras que de le laisser un instant abandonné à des soins étrangers. Il est certain que plus la femme se rapproche de l'état de nature, plus elle se montre attachée à sa progéniture. La femme arabe possède au plus haut degré ce sentiment naturel. Elle ne se sépare pas de son enfant, elle le porte le plus souvent sur elle, le couve pour ainsi dire, et dans ses déplacements comme dans ses occupations, lui forme avec ses vêtements, ne fussent-ils que des lambeaux, une gaine qui le maintient et le fixe sur son propre corps, comme pour lui faire subir une seconde incubation. Ne dirait-on pas ces bizarres animaux d'Australie, qui longtemps après la naissance de leurs petits, les transportent et les protégent dans leur poche marsupiale?

Nous eûmes bientôt une large coupe de lait que la jeune maitresse venait de traire sous nos yeux, et qu'elle vint nous présenter elle-même à la limite de son domaine. J'eus la mission d'enjamber le fossé pour recevoir le vase de ses mains. Mais, soit distraction, soit manque de mesure, mon pied glissa, et je répandis sur le sol une bonne partie du séduisant breuvage. Un grand éclat de rire, provoqué par cet accident, attire auprès de nous les deux autres femmes, restées jusque-là à l'écart. Ce fut alors un échange de plaisanteries, de badinages et surtout de quiproquos amusants, amenés par la difficulté que nous avions de nous bien comprendre. Ce n'était pourtant pas faute de bon vouloir; nous en mettions beaucoup, elles aussi bien que nous. Le fait est que nous trouvions le jeu plaisant, et que, de part et d'autre, nous n'eussions pas mieux demandé que de le prolonger. Mais, hélas! une douche froide et bien inattendue nous tombe sur la tête. Deux affreux Arabes, débouchant brusquement à l'extrémité de la haie, font mine d'approcher. Nous étions épiés et surpris. La situation devenait délicate. Non point que nous eûmes un instant d'inquiétude pour nous-mêmes, bien protégés d'ailleurs par la proximité du camp; mais les pauvres femmes! Nous n'étions pas absolument rassurés sur leur compte, connaissant trop bien le rôle du bâton en pareille circonstance.

Notre parti fut vite arrêté, et un changement de front aussitôt opéré dans notre attitude. Avec une indifférence calculée, nous jetâmes à la jeune femme une pièce de monnaie pour prix du lait que nous en avions reçu. Puis, d'un air insouciant et dégagé, nous poursuivîmes notre chemin, au nez et à la barbe de nos trouble-fête, dont le regard soupçonneux n'avait encore rien de bien rassurant.

CHAPITRE II

Disposition habituelle du camp. — Organisation et emploi du temps. — Cultures et désert. — Oasis et village de Frouga. — Absence de l'oranger dans les campagnes; causes de sa proscription à peu près générale au Maroc. — Manoir fortifié du caïd de Medjat; son utilité et son importance.

En pays chaud, l'eau est toujours l'élément rare, autant qu'indispensable. Il faut l'atteindre là où elle se trouve. C'est le but à poursuivre, l'objectif constant, qui règle la durée de nos marches quotidiennes. L'emplacement de notre camp est donc toujours déterminé par la présence de l'eau; encore faut-il qu'elle soit en quantité suffisante pour les besoins de la caravane, d'une force déjà assez respectable.

Cette ressource assurée, on choisit, autant que possible, un sol plat et uni pour y dresser les tentes. Celles-ci sont disposées de façon à circonscrire un grand cercle, d'une centaine de mètres de diamètre. Celles des membres de la mission, une douzaine environ, n'occupent qu'une portion de la circonférence. Elles sont de forme conique, élégantes, spacieuses et bien fournies de tout le nécessaire, lit, table, linge, chaises et ustensiles de toilette. Chargées d'arabesques aux vives couleurs, surmontées de sphères de cuivre qui brillent au soleil, elles donnent au camp son cachet bien oriental. L'une de ces tentes, de forme oblongue, sert de salle à manger. A l'heure des repas, on y réunit bout à bout chacune des petites tables qui nous sont particulièrement affectées, de façon à n'en former qu'une seule, grande et longue, autour de laquelle nous avons tous les jours le même plaisir à nous retrouver. Du côté opposé à celui que nous occupons, le cercle est fermé par les tentes du chef d'escorte et de ses hommes. Je n'ai pas besoin d'ajouter qu'elles sont moins grandes et moins confortables que les nôtres.

Le centre du cercle reste libre. C'est un lieu sûr pour nos promenades et nos récréations du soir. En dehors, derrière le campement de l'escorte, sont placés les animaux. Ils sont attachés par les pieds de devant à des cordes fixées presque au niveau du sol, et disposées de façon à former entre elles un vaste carré, vers le centre duquel toutes les têtes sont tournées. Ces animaux reçoivent pour unique nourriture de l'orge qu'on nous apporte chaque jour en abondance, mais qui ne leur est pas distribuée toujours avec la même générosité.

Le commandant de Breuilhe, à qui vingt ans d'Afrique ont appris la valeur du cheval et les soins qu'il réclame, qui de plus s'est pris d'une véritable affection pour son excellent petit *rousset,* ne manque plus, chaque soir, d'aller s'assurer par lui-même que la ration est bien et largement distribuée. La précaution n'est pas inutile. A diverses reprises, nous avions cru remarquer, à l'allure de nos bêtes, à leur pas chancelant, qu'il leur était arrivé de repartir le lendemain sans avoir mangé la veille. Il devenait évident que l'orge était détournée et livrée à des brocanteurs, toujours postés aux abords du camp pour s'approprier à bon compte les résidus parfois énormes de la mouna. Le chef d'escorte fut averti de nos soupçons. Il fit aussitôt exercer une active surveillance, et l'Arabe chargé de la distribution fut bientôt, en effet, surpris en flagrant délit de détournement. Des cris, des hurlements entendus la nuit dans le camp nous avertirent que le coupable était sous le bâton et recevait le juste châtiment de son méfait.

Autour des animaux, à l'abri extérieur des tentes de l'escorte, dans les plis et les anfractuosités du terrain avoisinant, la bande des convoyeurs se gîte pêle-mêle et s'endort, la nuit, sous le ciel étoilé.

Deux petites tentes sont encore dressées, derrière la salle à manger, à l'usage de la cuisine et de son personnel; et, pour ne rien omettre, un petit abri, agencé pour la satisfaction des besoins particuliers, est établi dans un lieu un peu écarté, opposé à la direction du vent. Telle est la disposition habituelle de notre camp.

D'ordinaire, à notre arrivée, il est installé et tout prêt à nous recevoir. La place occupée par chacun de nous étant toujours la même, nous n'avons pas d'hésitation à nous y diriger. Le drapeau tricolore qui flotte au devant de la tente du ministre est le point de repère. Des hommes de service se tiennent prêts à prendre notre monture, dès que nous mettons pied à terre. Ils en auront soin jusqu'au lendemain, et nous la ramèneront tout équipée, à l'heure du départ. Nous avons, dès lors, la libre disposition de notre temps, sans autre souci que celui de nous occuper de nos personnes.

Lorsque nous avons accompli l'étape d'une seule traite, sans autre halte que les quelques minutes que nous nous accordons toutes les heures pour dégourdir nos jambes, nous arrivons généralement entre onze heures et midi. La salle à manger est alors en état, le déjeuner est tout préparé, et sans plus attendre, nous courons y faire honneur. Ensuite, nous consacrons à la sieste les instants les plus chauds de la journée. Après quoi nous cherchons à gagner l'heure du dîner, par des occupations personnelles, des visites d'une tente à l'autre, des promenades solitaires ou par groupes, des excursions dans la campagne ou les villages voisins. Les jarrets les plus robustes ne craignent pas même de s'aventurer, avec leurs fusils, à la recherche d'un gibier le plus souvent imaginaire. Notre ami de Gaspary se distingue, entre tous, dans ce genre d'exercice. Grand, nerveux, implanté depuis longtemps sur le sol africain, ayant éprouvé le soleil sous toutes les latitudes, il se montre indomptable à la fatigue et d'une intrépidité à toute épreuve.

Si, au contraire, nous avons été obligés de couper notre route, ce qui est encore trop fréquent, il n'est guère moins de quatre heures quand nous atteignons le but. C'est qu'alors l'étape a été longue et la chaleur accablante. Nous arrivons perclus, recuits, exténués. Il faut une rare énergie pour ne pas donner au repos tout le temps qui nous sépare de l'heure où le clairon nous appellera à la table du dîner.

Oh! alors, vient le bon moment de la journée. Le signal est entendu et compris de tous; on est exact au rendez-vous. L'air est frais, la nuit tombe; deux coups de fusil saluent le drapeau qui va être abaissé. Commodément installés, largement servis, bien reposés des fatigues du jour, chacun, pour égayer la société, fournit le contingent de ses petits moyens. On cause, on jase, on chante, on récite, on pérore, on discute, et toujours joyeusement, toujours agréablement, souvent spirituellement. La soirée passe et s'envole. La raison d'ordinaire, beaucoup plus que le désir, nous commande d'y mettre un terme.

Au matin, en effet, le jour paraît à peine, que le camp se met en mouvement. Les chevaux hennissent au loin, devant leur picotin du départ, tandis que sous mon oreille, les cuisiniers s'agitent autour de leurs fourneaux. Davin, leur chef, les presse et les gourmande par tous les jurons de son répertoire. Et il est long et bien fourni, son répertoire! Jurer, pour lui, est une nécessité, un besoin de nature qui semble particulièrement se faire sentir au réveil. Tous les jours, invariablement, je subis de mon lit son interminable kyrielle, empruntée successivement à toutes les langues qu'il possède. Français, espagnol, arabe, tout y passe. C'est un feu roulant. Et pendant qu'il jure et tempête, le remue-ménage et le bruit augmentent tout autour. Inutile d'attendre la sonnerie; l'heure est venue de mettre pied à terre. On se lève, on s'habille à la hâte, et bientôt nous sommes tous de nouveau réunis devant la salle à manger où le café nous est servi. Bottés, cravachés, équipés à notre guise, nous assistons à l'enlèvement de nos tentes, au chargement des derniers mulets; nous prenons texte de la conversation de la veille pour commencer la causerie du jour; le corps est reposé, l'esprit dispos, l'air pur et frais du matin nous vivifie. C'est avant de monter en selle, un quart d'heure de la plus agréable flânerie.

En quittant Adjefaït, pour entreprendre notre seconde étape, la route s'engage d'abord dans une contrée riche et fertile. L'eau y abonde, les blés, les seigles et les orges y sont magnifiques. L'aisance se manifeste de toutes parts. Aux tentes et aux gourbis succèdent dans les douars de véritables constructions, à demi cachées dans le feuillage de grands arbres; la population y est dense; les enfants pullulent. De nombreux paysans se rendent aux champs, leur bêche sur l'épaule. Costume à part, c'est un joli paysage européen. Nos exclamations ne suffisent pas à rendre le plaisir que nous éprouvons à le contempler.

Mais bientôt, subitement en quelque sorte, inclinant plus au sud, vers les montagnes, le spectacle se transforme. Plus d'arbres, plus de cultures; les lauriers-roses et les ricins du sentier ont même disparu; c'est la plaine nue et aride, avec ses tristes broussailles de jujubiers. L'horizon cependant n'est pas immense et désolant. Dans le lointain, des bouquets d'arbres isolés indiquent par places la présence d'habitants, de culture et d'eau courante.

La plupart de ces petites oasis n'abritent qu'une seule famille; mais l'une d'elles plus considérable, développée à la faveur d'un large torrent qui coule à ses côtés, renferme au milieu de sa verdure l'important village de Frouga. Le village occupe toute la largeur de l'oasis que nous mettons plus de vingt minutes à traverser. Ce sont d'abord de nombreuses maisons, agglomérées autour d'une mosquée et d'un emplacement destiné aux marchés, puis des habitations éparses et isolées au milieu de jardins, clos de murs, de cactus, ou plus rarement de simples broussailles. L'architecture de ces constructions est des plus primitives : quatre murs en terre, réunis à angle droit; par-dessus, des branchages recouverts encore de terre; le tout constituant un cube parfait, percé d'une seule petite ouverture sur l'une de ses faces; tel est le réduit d'une famille. Les matériaux sont à la portée de tous, ils sont pris sous la main. On creuse le sol à l'endroit même où l'on veut élever l'édifice, et la terre retirée sert à élever les murs. Rien de plus simple, on le voit. Chaque maison conserve religieusement à côté d'elle le trou témoin de son origine. Pas plus qu'on n'a eu l'idée de le pratiquer un peu plus loin, pas plus il ne viendrait à l'esprit de personne qu'il pût être bon de le combler.

La terre des jardins y semble d'une fertilité exceptionnelle. Deux ânes, traînant une petite charrue de bois, suffisent à l'ameublir. La femme supplée l'âne, au besoin; nous en avons eu des exemples sous les yeux. Pas de grandes cultures : de petits enclos, bien tenus, coquets et de grande production. Les arbres à fruits y prospèrent au-dessus des céréales dont ils ne gênent pas la venue; les oliviers y dominent; viennent ensuite le figuier, l'amandier, l'abricotier et le grenadier. La figue de Barbarie y foisonne. On y voit aussi, en assez grande abondance, la vigne cultivée en treille et soutenue par des roseaux. Fait assez inattendu en pays musulman, où l'usage aussi bien que la préparation du vin sont absolument interdits. Mais les producteurs, à ce qu'on assure, en font des raisins secs dont l'emploi est, en effet, très-fréquent dans la préparation de leurs mets.

Au milieu de ces vergers, parmi ces arbres vigoureux qui en font l'ornement et la richesse, on chercherait vainement la présence d'un oranger. C'est d'autant plus surprenant que cette remarque ne s'applique pas seulement à l'oasis de Frouga; elle est beaucoup plus générale et s'étend du moins à toute la partie du Maroc que nous avons parcourue.

L'oranger n'existe guère que dans les domaines impériaux, ou aux abords des villes. Nous n'en avons pas rencontré un seul sur notre parcours de Mazagan à la ville de Maroc; nous n'en verrons pas davantage de Maroc jusqu'à Mogador. Et cependant c'est un fruit délicieux, fait tout exprès, semble-t-il, pour apaiser la soif dans ces contrées arides. Est-il nécessaire de se demander s'il est apprécié des indigènes? Les jeunes femmes d'Adjefaït nous l'ont assez prouvé. D'un autre côté, le climat est des plus favorables à son développement; le sol, d'une richesse merveilleuse, ne saurait mieux lui convenir. L'eau qui lui est nécessaire manque, il est vrai, en quelques points, mais sur d'autres elle ne fait pas défaut, et ici tout particulièrement, dans la vallée de l'Oued-Tensift, elle est d'une extrême abondance. Quelle est donc la cause d'une telle proscription?

L'orange n'est pas un fruit de longue et facile conservation. Elle doit être consommée dans les quelques jours qui suivent sa maturité. De ce fait et de l'extrême difficulté des communications, il en résulte qu'une production tant soit peu importante ne peut être recherchée que dans le voisinage de quelque centre de consommation. Là seulement elle est rémunératrice.

Mais de ce que la culture en grand de l'oranger est impossible, s'ensuit-il que l'arbre doive être absolument proscrit? Comment n'est-il pas au moins représenté dans le verger? C'est plus difficile à concevoir. Certes, les Arabes ne dédaignent pas les fruits. Partout invariablement, pourrait-on dire, autour de leurs douars prospèrent l'amandier, le figuier, l'abricotier. Pourquoi cette préférence à peu près exclusive? C'est que les produits qu'ils en récoltent, secs ou charnus, mais alors susceptibles d'être desséchés, peuvent servir longtemps aux besoins de l'alimentation. C'est pour eux une ressource durable, une richesse précieuse à laquelle ils puiseront pendant de longs jours; tandis que l'orange, à peu près dépourvue d'éléments substantiels, uniquement recherchée pour la valeur de sa pulpe juteuse, ne pourrait jamais leur fournir qu'un aliment décevant et passager. Ce n'est pas pour un si mince profit, quelque plaisir momentané qu'il puisse en retirer, que l'Arabe mettra en œuvre et ses soins et sa prévoyance. L'orange lui semble un produit inutile et superflu, un objet de luxe, en quelque sorte, et il ne saurait lui venir à l'esprit de faire quelques sacrifices pour en procurer l'agrément et à lui-même et à sa famille. Toujours la même insouciance et la même incurable apathie.

De même que pour pénétrer dans Frouga, nous avions dû passer brusquement de l'aridité absolue à une prodigieuse fertilité, de même en sortant des chemins ombragés, nous retombons tout à coup dans le sable et les cailloux. Pas un brin d'herbe ne pousse au delà de là limite des derniers oliviers; tout est sec et poudreux. Il n'en est pas toujours ainsi, nous dit-on. L'année est exceptionnelle pour le manque de pluie, et il est certain qu'en bien des points la récolte est perdue. Dans les années humides, toute cette pleine inculte qu'il nous reste à parcourir se couvre, paraît-il, d'une herbe abondante, qui fournit d'excellents pâturages à de nombreux troupeaux. Nous avons le regret de n'avoir trouvé trace ni des uns ni des autres jusqu'aux approches de notre campement. Là seulement ont reparu quelques champs ensemencés.

L'habitation du caïd de Medjat, auprès de laquelle nos tentes sont dressées, représente une véritable forteresse ou tout au moins un manoir solidement fortifié. Elle est entourée d'une triple enceinte, dont l'extérieure, haute de cinq mètres, est crénelée et flanquée de tours carrées; à l'intérieur s'élèvent de nombreuses constructions élégantes et même luxueuses, blanches, bien bâties, avec étages et donjons; elles abritent une population de deux à trois cents individus, parents ou serviteurs du caïd. A la sortie du village de Frouga, nous avions aperçu au sommet d'un mamelon une ceinture de murailles, au milieu desquelles se dressait une tour élevée. C'était un petit fort destiné, au besoin, à protéger les habitants de la contrée. Dans les attaques de tribu à tribu, c'est là, en effet, que se retire la population pour s'y défendre. L'habitation du caïd de Medjat, avec une importance autrement sérieuse, doit avoir la même destination.

Ces moyens de protection, que nous rencontrons pour la première fois depuis notre entrée au Maroc, s'expliquent par la position même de ces contrées que nous parcourons aujourd'hui. Éloignés du gouvernement central qui réside d'ordinaire à Fez, ne pouvant attendre de lui ni appui ni secours, les chefs de tribu cherchent naturellement à se protéger eux-mêmes. Mais il arrive le plus souvent qu'ils tirent de cette situation privilégiée une force et un prestige qui les amènent à méconnaitre l'autorité du Sultan. De là sur toutes les parties éloignées de l'Empire, ces révoltes permanentes, ces refus continuels d'impôts, qui entrainent le gouvernement à de longues et coûteuses expéditions, et consomment peu à peu la ruine du pays.

On n'a pas oublié que c'est dans le but de préparer une expédition de ce genre, que le Sultan est venu fixer sa résidence à la ville de Maroc. Les tribus qu'il va combattre appartiennent à la province du Sous, justement située non loin d'ici, de l'autre côté de l'Atlas. Quand il aura réussi à soumettre les rebelles, ce qui ne semble pas une tâche si aisée, il ne lui restera plus qu'à recommencer la même entreprise sur un autre point de son territoire.

CHAPITRE III

Encore le pays de la soif. — Frais vallon et sources de Raz-el-Aïn. — Un bain dans le torrent. — Grande erreur d'appréciation sur les distances. — Citerne dans le désert. — Jeune gazelle au camp. — Méthode employée pour relever le tracé de la route. — Marches forcées.

A une très-petite distance du camp de Medjat, les maigres cultures qui entouraient l'imposante kasbah du caïd disparaissent complétement. Sur tout le parcours de notre troisième étape, l'aridité, la monotonie, la tristesse d'une plaine sans fin, C'est encore le pays de la soif. Des jujubiers sauvages, quelques rares sédums, c'est tout ce que produit ce sol ingrat, constitué par des cailloux agglomérés, assez désagrégés toutefois à la surface pour être difficiles aux pieds des animaux.

A peine quelques tentes dans cette solitude. De loin en loin, un maigre troupeau de chèvres ou de brebis cherche, à travers les broussailles, une nourriture chimérique. Les jeunes chevreaux, les tendres agneaux, si nombreux en ce moment dans les troupeaux, font à la fois plaisir et pitié. Ils nous saluent au passage de leurs bêlements grêles et plaintifs.

Nous rencontrons sur la route un misérable chamelier, marchant comme endormi à côté de sa bête lourdement chargée. Un charmant petit chamelet, à peine venu au monde, mignon à croquer, suit sa maman avec un air de mélancolique résignation. Haut perché sur ses membres frêles, on dirait un œuf d'autruche posé sur quatre baguettes. On le regarde, on l'admire, on l'appelle; lui, reste insensible à nos amicales provocations, et, sans déranger son allure, passe indifférent à toute l'attention dont il est l'objet.

Après quatre heures de marche dans cette solitude, nous découvrons un vert et frais vallon, profondément encaissé entre deux rangs de collines, et au fond duquel coule un torrent d'eau limpide. Au point où nous l'atteignons, désigné sous le nom de Raz-el-Aïn-Chichaoua, le vallon est assez largement ouvert, des jardins plantés d'arbres et bien cultivés s'étagent en pente légère sur ses deux flancs. Mais, à une petite distance en aval, la vallée se resserre, et sur les bords escarpés du torrent s'élèvent plusieurs villages, que leur construction calcaire laisse à peine distinguer de la roche qui les supporte. Au milieu des tristesses de la route, il nous eût semblé déraisonnable de rêver un si beau site pour notre campement.

Le soir venu, après la sieste de rigueur, nous descendons près du torrent qu'ombragent des oliviers et où se mirent les tamarins et les lauriers-roses en fleur. Son eau fraîche et transparente, son lit de sable et de cailloux nous invitent et nous séduisent. Le plus audacieux ou le plus sage de nous s'y plonge le premier; après quoi la société tout entière s'empresse de suivre son exemple. Jamais bain plus agréable ni plus opportun. Nous en sentons bientôt les effets bienfaisants, mais nous continuons longtemps encore à nous ébattre sous le choc du courant, à la joie et à l'ébahissement de quelques gamins, accourus des villages voisins pour assister à ce spectacle inaccoutumé parmi eux.

Circonstance singulière, ce volumineux torrent n'a fourni, jusqu'à Raz-el-Aïn, qu'un parcours de quelques centaines de mètres. On le voit naître brusquement du milieu des rochers, d'où jaillissent, on ne sait comment, des sources d'une extrême abondance. A leur sortie, elles forment un petit lac charmant, tout bordé de délicieux ombrages qui se continuent dans la vallée avec le fil de l'eau. Immédiatement au-dessus, au contraire, vers la montagne, toute trace de végétation a disparu ; on n'aperçoit que la roche sèche et dépouillée.

C'est au point d'émergence de ces sources que le lendemain nous franchissons le vallon, pour gagner les collines opposées et poursuivre notre route. Nous avons à effectuer d'abord une véritable escalade pour atteindre les sommets. Puis, après une course assez longue sur un plateau décharné, nous opérons une descente pénible à travers des gorges profondes et chaotiques. De ces pentes, nous apercevons en face de nous une chaîne assez élevée qui nous barre l'horizon. C'est un des contre-forts de l'Atlas que la route plus septentrionale des N'zlas doit sans doute éviter.

Quoi qu'il en soit, sur les flancs qui nous regardent, les guides nous désignent déjà le point où sera établi notre campement Il semble que nous n'ayons pour l'atteindre qu'une étroite vallée à traverser. Que nous faudra-t-il pour parcourir cette distance? Trois quarts d'heure, une heure au plus. Quelques-uns disent une heure et demie ou deux heures; c'est évidemment là une exagération.

Allons, du courage! Partis de très-bonne heure ce matin, nous arriverons à temps pour ne pas trop souffrir de la chaleur qui s'annonce devoir être rude aujourd'hui.

On talonne les mules, on éperonne les chevaux. Ah bien, oui! A mesure que nous avançons, le prétendu vallon devient une plaine démesurée. Nous marchons, nous marchons encore, sans que le lieu de campement devienne plus distinct à nos yeux. Il y a deux heures que nous avons fait nos supputations sur la durée du trajet, et les collines que nous avons laissées derrière nous sont encore plus proches que celles qui se dressent en avant. Les pays chauds ont le privilége de ces incroyables illusions d'optique. Et toujours, depuis que nous avons quitté les sources du torrent, à travers les collines comme dans la plaine, l'aridité et la désolation, les pierres et la roche. Pas un être humain, pas un être vivant.

Nous sommes accablés. Dès huit heures du matin la chaleur est sensible; à neuf heures elle est pénible, à dix heures elle devient insupportable. C'est à ce moment que, perdus dans cette immense arène que nous avions prise pour un étroit vallon, nous découvrons les murs d'une citerne. Nous pénétrons sous sa voûte, et au fond de ses degrés nous trouvons à peine vestige d'une eau croupie et boueuse. Tout autour, pas un brin d'herbe, pas le plus petit ombrage. L'air est étouffant, le siroco nous apporte des bouffées brûlantes; la soif nous dévore, mais il faut se garder de boire. Quelques gorgées de thé ou de café, quelques gouttes de cognac, c'est tout ce que nous pouvons nous permettre; et nous avons la sagesse de nous en contenter. Inutile de songer à nous arrêter ici. Même sous la tente une insolation serait à redouter. Malgré la lassitude, malgré le soleil brûlant, il nous faut continuer.

Au prix de souffrances réelles, nous accomplissons

encore trois grandes heures de marche. Après avoir gravi les premières pentes de la chaîne que nous avions enfin réussi à atteindre, nous trouvons une source, suffisante sans excès, et quelques oliviers miraculeusement poussés au milieu des rochers. Des gourbis de l'aspect le plus misérable se montrent à côté. C'est le village d'Aïn-Tiazart. Nous arrivons littéralement exténués. La faim ne se fait plus sentir, mais il faut des efforts héroïques pour résister au désir de boire. La bouche est sèche, la gorge douloureuse; de petits dérangements intestinaux se manifestent. Ce n'est rien encore, mais quelques journées aussi rudes que celle-ci ne tarderaient pas à nous épuiser. Nous ne sommes qu'au milieu d'avril, mais nous marchons sous le 31e degré de latitude; la saison est déjà trop avancée pour voyager dans ces parages.

Notre ménagerie, composée jusqu'à ce jour de la seule Blanche de Sidi-ben-Nour, s'augmente ici d'un nouveau sujet. On est venu offrir au ministre une jeune gazelle capturée dans les environs. La gazelle, on le sait, habite le désert, et rien, certes, ne représente mieux le désert que la contrée que nous venons de parcourir. C'est pourtant le seul animal que nous ayons rencontré. Nulle part on ne nous a signalé l'existence de fauves, et jamais ni traces ni cris ne nous ont révélé leur présence.

La difficulté était de faire vivre la chétive créature; on lui présente le sein d'une chèvre qu'elle s'empresse de teter avec toute l'ardeur d'une bête affamée. Il n'y avait plus qu'à lui assurer l'existence pour le reste du voyage; on fait l'acquisition de la mère nourricière. La jeune gazelle parcourt sa première étape dans une cage de bois placée sur le bât d'un mulet. Une couverture de laine jetée par-dessus la protége du soleil; on a réservé pour sa vue, sa distraction et son air, la partie antérieure de la cage tournée vers le couchant. Un homme à cheval porte, en travers de sa selle, la chèvre nourrice. Le cavalier a eu soin de fixer quelques brins d'herbe à son turban, dans le double but peut-être de se préserver lui-même du soleil et d'avoir une nourriture à la disposition de l'animal.

Nous en avons fini heureusement avec la morne solitude et les désolants tableaux. A peine avons-nous quitté Aïn-Tiazart que le paysage devient frais et riant. Une teinte verte répandue dans la campagne repose et réjouit la vue. Les genêts à fleurs blanches y abondent, et par places on rencontre déjà des tentatives de culture qui n'eussent demandé pour être belles que quelques ondées bienfaisantes. La contrée est accidentée, souvent pittoresque. Des habitations se montrent bientôt, de plus en plus nombreuses à mesure que nous avançons. Les villages succèdent aux villages; de l'eau presque partout; la population se presse sur notre passage; des femmes nous accueillent avec leurs cris de joie. On serait en pays riche si les pluies l'eussent voulu. Les propriétés sont closes de murs en pierres sèches; les jardins sont richement meublés; mais les céréales, qui occupent des étendues considérables, sont brûlées et desséchées sur pied. La misère fera place cette année à l'abondance qui règne d'ordinaire dans cette région.

Nous avons bien encore à souffrir des ardeurs du soleil et des effets brûlants du siroco; mais quand l'esprit est distrait et agréablement occupé, les fatigues physiques se supportent plus aisément. La marche de la colonne se ressent d'ailleurs de nos dispositions. Dans les tristes et monotones parcours, tout ressort se brise, toute énergie s'épuise. On s'abandonne insouciant au pas de sa monture, on va comme on peut, presque sans but et sans préoccupation, et, le plus souvent, des distances énormes nous séparent les uns des autres. Dans les trajets intéressants, au contraire, on a du plaisir à se trouver réunis, à échanger ses impressions. Volontiers on presse, on ralentit sa marche, pour se tenir à côté d'un camarade, lier conversation avec lui, et cheminer ensemble jusqu'à ce que le hasard ou quelque petit événement nous sépare et nous amène auprès d'un autre. Le temps passe ainsi agréablement, et l'étape en paraît d'autant plus raccourcie.

Un mois de vie commune a d'ailleurs fait naître parmi nous une agréable intimité; nous avons eu tout loisir de nous observer, de nous connaître et de nous apprécier. Avec des natures différentes, des aptitudes variées, nous en sommes arrivés, je crois bien, à avoir les uns pour les autres une estime réciproque, si ce n'est encore chez tous un sentiment de réelle sympathie. Dans tous les cas, nous vivons dans la plus heureuse harmonie, et nos relations offrent maintenant la facilité et l'abandon qui leur avaient peut-être manqué dans la première partie de notre voyage. Nos petites causeries, surtout pendant la route, sont devenues tout à fait cordiales et familières.

Que nous courions en avant ou que nous traînions en arrière, il nous faut, tôt ou tard, ou perdre notre avance, ou rattraper notre retard, de façon à régulariser notre marche. Tout n'est pas livré à l'aventure, et il y a, pour l'ensemble du trajet, une mesure que nous devons observer un jour tout comme l'autre. Notre allure est donc plus réglée qu'il ne semblerait tout d'abord; on va comprendre de quelle manière.

Le capitaine Martin, à qui nous devons déjà le plan configuré de la ville de Maroc, s'est donné la tâche de relever la route que nous parcourons, d'en déterminer les distances, et d'en fixer la direction. Il est évident qu'il n'est pas fait usage ici d'instruments de précision, difficiles à transporter et surtout longs à manier. Ces sortes de relevés, saisis pour ainsi dire au passage, ne sont qu'approximatifs, mais cependant d'une exactitude suffisante pour les besoins auxquels ils sont destinés.

Le procédé suivi par le capitaine Martin est des plus simples, et ne demande qu'une attention soutenue, quoique souvent difficile à observer. La position du soleil, ou, au besoin, une petite boussole en breloque, lui donnent la direction suivie. Pour la mesure des distances, c'est à son cheval qu'il la demande. Il sait qu'à un pas déterminé, sa bête parcourt en un laps de temps un certain nombre de kilomètres. Dès qu'il se met en mouvement, il consulte sa montre et en marque l'heure; dès qu'il s'arrête, sa montre de nouveau consultée lui indique la durée de sa marche, qu'il inscrit encore sur son calepin. A chaque départ et à chaque arrêt, même observation, même constatation. L'étape terminée, il possède une petite série de temps de marche qu'il additionne et dont le total lui donne le nombre exact d'heures et de minutes pendant lesquelles son cheval est resté en activité, défalcation faite des temps d'arrêt. Il n'a plus qu'à multiplier ce nombre par les kilomètres, six je crois bien, que sa bête accomplit à l'heure, et il obtient la distance kilométrique parcourue du point de départ à celui d'arrivée. Toute la difficulté réside, ici, à maintenir l'animal dans une allure régulière. C'est un effort continuel et absorbant, surtout quand on n'a pas une monture à souhait;

mais avec du soin et de l'attention, on arrive ainsi, paraît-il, à obtenir une indication précise, à un ou deux kilomètres près, pour la marche d'une journée.

Il est bien un autre procédé que MM. les officiers emploient pour mesurer le chemin parcouru, mais je ne le donne pas comme offrant la garantie du précédent. La distance ne se mesure plus au kilomètre, mais au nombre de pipes consumées. Le capitaine Varigault, cet excellent cœur, toujours plein du souvenir de sa famille, dont il avait pris goût à m'entretenir, usait souvent, en guise de plaisanterie, de ce mode d'appréciation. Voyant que ça m'amusait, il ne manquait pas, quand la route était rude surtout, de venir m'encourager et me faire prendre patience : « Allons, docteur, du courage, plus que deux pipes encore, et nous y sommes. » Dans ces cas, on ne dédaigne aucune occasion de rire et de se distraire.

De Maroc jusqu'au dernier campement d'Aïn-Tiazart, nous avions franchi 119 kilomètres, répondant assez exactement aux évaluations faites avant le départ. Les nécessités de la route nous avaient imposé des étapes de 35 et même de 37 kilomètres, par des chemins difficiles et des plus fatigants. Les officiers en étaient prévenus d'avance, et s'ils avaient exigé de nous ces premiers efforts, c'était avec la pensée de nous offrir un ample dédommagement dans la seconde partie du trajet.

D'Aïn-Tiazart à Mogador, ils ne comptaient, en effet, que soixante et quelques kilomètres, qu'ils avaient divisés en quatre étapes, dont la plus longue ne devait pas dépasser 20 kilomètres. C'était le paradis que nous entrevoyions; beaucoup d'agrément et peu de fatigue. Mais si ces messieurs ont pu, tout à leur aise, tracer les étapes sur la carte, ils n'ont pas eu la liberté de les déterminer en route. C'est à M. Benchimol que le soin en a été confié; et sans tenir compte des plans arrêtés, sous prétexte de répondre au désir du ministre qui se montre pressé de retourner, il nous condamne à avaler bouchée double et à fournir encore aujourd'hui une route démesurément longue. Nous n'envoyons pas nos bénédictions à M. Benchimol, et dans nos mauvaises dispositions à son égard, nous l'accusons même d'agir moins dans les vues du ministre que dans un but personnel et intéressé. On fait remarquer que depuis le départ de Tanger, le samedi a toujours été un jour respecté, que nous avons quitté Maroc le dimanche, au lieu de la veille qui avait été primitivement désignée, et l'on présume enfin que tous ses efforts tendent à nous faire arriver à Mogador le vendredi, afin que notre censal, excellent homme d'ailleurs, puisse sanctifier le samedi, suivant les préceptes de sa religion.

Certes, nous sommes tous désireux de rentrer au plus vite. N'avons-nous pas des intérêts puissants, des liens affectueux qui nous réclament et nous attirent? Mais pour un jour ou deux, faut-il épuiser toutes nos forces et risquer de compromettre notre santé? Nous en sommes là cependant; la soif nous brûle, le soleil nous cuit, le siroco nous énerve; et c'est dans de telles conditions que nous devons encore voyager jusqu'à une heure assez avancée du jour, pour ne trouver au camp qu'un abri insuffisant et un repos précaire, sous des tentes échauffées comme des fournaises.

CHAPITRE IV

Le marabout de Si-Abdallah. — Grande affluence d'Arabes à l'occasion de la fête du saint. — Membres de la mission lapidés par la foule. — Arrestation des coupables. — Fin de l'incident. — L'arganier et ses forêts. — Approches de la mer. — Deux officiers du *Desaix* venus à notre rencontre.

Le parcours de cette longue distance, qu'un programme rigoureux a imposé à nos forces, nous a conduits des puits de Tiazart à Souk-Tléta-el-Hoccin, point de raccordement des deux routes qui conduisent de Maroc à Mogador : la route habituelle des caravanes et celle que nous venons de parcourir. On ne peut s'empêcher, une fois l'effort accompli, d'éprouver quelque satisfaction à sentir en arrière et désormais franchis ces espaces jusque-là délaissés, trop souvent brûlés et désolés, où nous allions un peu à l'aventure, et dont nous nous sommes tirés à notre honneur, quoique au prix de réelles fatigues.

Nous campons sur un plateau assez élevé, au pied d'un monticule sur la pente duquel s'élève un important marabout. C'est la koubba de Si-Abdallah-ben-Ouasmin, dont le blanc édifice domine au loin une grande partie de l'horizon. Cette koubba est à la fois un centre de réunion pour des marchés hebdomadaires et un lieu de pèlerinage pour les fidèles musulmans.

A notre arrivée au camp, une foule énorme couvre le

mamelon, jusqu'à la limite où nos tentes sont dressées. Ce n'est pas jour de marché, mais ce qui est mieux, on célèbre la fête du saint qui repose sous la coupole de la koubba. Des prédicateurs fanatiques ne manqueront pas de se faire entendre à cette occasion; aussi l'affluence est-elle considérable; de trois à quatre mille personnes y sont rassemblées. Ce flot de population s'étage sous nos yeux, et, du point où nous sommes, nous l'apercevons dans toute son immense étendue. C'est l'aspect et l'animation d'un champ de foire. La plupart s'agitent et se pressent dans un confus pêle-mêle; d'autres, plus nonchalants ou plus recueillis, se tiennent en grandes lignes, accroupis à l'ombre des murs de la koubba. Le bruit des crincrins et des tambourins, dominant le murmure de la foule, nous apporte le lointain souvenir d'une fête de banlieue.

Au début de notre voyage, impatients de curiosité, avides d'impressions nouvelles, notre première pensée et notre premier soin eussent été de courir nous mêler à cette cohue, trop heureux d'avoir une semblable occasion d'en observer le caractère, les mœurs et les coutumes. Plus rassis aujourd'hui, un peu blasés même sur ces sortes de réunions, nous prenons conseil de nos forces et nous préférons consacrer les premières heures de notre entrée au camp, à combattre notre extrême lassitude et apaiser notre soif immodérée.

Ce n'est pas chose aisée. Les tentes, ai-je dit, seul abri que nous possédions, sont des fours surchauffés; l'eau qu'on nous présente semble visqueuse, tant elle est chaude : le vin et notre approvisionnement d'eaux minérales sont au degré de la température ambiante. Et cependant tout le monde veut boire, et boire frais. Le besoin rend industrieux, on l'a souvent observé; aussi s'avise-t-on d'un moyen dont les résultats sont merveilleux. On entoure le vase, une bouteille, par exemple, dont on veut rafraichir le contenu, d'une serviette fortement trempée, au préalable, dans de l'eau ordinaire. On suspend ce vase ainsi empaqueté à l'extérieur de la tente, en plein soleil. Peu à peu l'eau qui mouille la serviette s'évapore, et cette évaporation amène un refroidissement très-sensible du vase et du liquide qu'il renferme. Plus il y a de vent, plus l'évaporation est active, et plus aussi la réfrigération se fait vite. C'est ainsi qu'on peut transformer les chaudes bouffées du siroco en haleines rafraichissantes.

Ce n'est pas tout de boire, il faut surtout ne pas en abuser. Là est l'écueil, bien difficile à éviter dans l'état où nous sommes. Quand le désir est si pressant, il faut pour résister à la tentation une bien rare énergie. Quelques-uns de nos camarades sont loin de la posséder; nous devons leur arracher des mains les verres qu'ils tiennent prêts à avaler. Le peintre Mousset, doté d'un agréable et honnête embonpoint, se signale entre tous par sa soif immodérée et ses extravagantes libations. Il essaye successivement, coup sur coup, de tous les liquides; les bouteilles ne rafraichissent pas assez vite à son gré, il invente de nouveaux procédés réfrigérants. Rien ne peut le calmer ni le satisfaire : il est trempé comme une éponge, suinte par tous les pores, et volontiers il donnerait en ce moment ses plus charmants croquis pour un kilo de glace. Il faut avoir éprouvé de pareilles souffrances pour les concevoir.

Peu à peu, cependant, la soif s'apaise, le corps se répare, la fibre se remontre, mais la chaleur reste accablante. Il ne faut rien moins que l'ardeur impatiente et juvénile de notre ami Schlumberger, pour l'entraîner à nous fausser compagnie et courir écouter de plus près les tam-tams de la foire. Il contemplera une fois de plus les petites boutiques des marchands de fruits et de gâteaux, ces auxiliaires obligés de toute fête publique, fût-elle religieuse; peut-être son humeur fantaisiste le pousse-t-elle à la recherche de quelque intéressante nouveauté, dont il se promet la primeur; peut-être encore espère-t-il découvrir, parmi les nombreux pèlerins, quelque convulsionnaire inspiré, exaltant la gloire d'Allah et de son prophète au milieu d'un cercle de fidèles.

Toujours est-il que notre jeune compagnon s'aventure dans la foule, accompagné de M. Pincherlé, ce négociant virtuose, rencontré à Maroc. M. Pincherlé possède quelque connaissance de la langue arabe et peut ainsi nous rendre quelques services. Il a saisi l'occasion qui s'offrait à lui et s'est fait le cicerone de notre ami. Il est vrai que son talent musical nous avait peu servi. Dès la première étape, son malheureux violoncelle, échoué sous le pas d'une mule, avait été réduit en paquet d'allumettes.

Le départ du couple intrépide s'était effectué à notre insu, tandis que nous reposions encore tranquillement sous la tente commune. Tout à coup, une rumeur se produit, un mouvement se manifeste. Notre torpeur s'éveille à ce bruit inusité. Schlumberger, courant, haletant, suffoqué, se précipite vers nous; ses traits sont bouleversés. Pincherlé le suit de près, non moins émotionné, plus déprimé encore. Que se passe-t-il? « Nous sommes lapidés, nous sommes lapidés! » s'écrient-ils. Des pierres, en effet, ont été lancées contre nos camarades. Schlumberger, en opérant une retraite prudente, les a vues rouler autour de lui; Pincherlé, moins heureux, en a reçu les atteintes sur diverses parties du corps; son nègre, frappé à la tête, en porte une blessure profonde. La cause de l'agression était insignifiante, inexplicable : un mulet caressé sur la croupe, quelques paroles échangées, imprudentes peut-être dans ce milieu surexcité par ses pratiques religieuses.

L'émoi s'empare de tout le camp. Est-ce un simple incident? N'est-ce pas le signal d'une attaque générale contre des étrangers, des chrétiens, des infidèles détestés et gênants? L'escorte, prévenue, monte précipitamment à cheval, et se lance à fond de train vers le théâtre de l'événement. A son approche, le désarroi se met dans la foule; les femmes et les enfants s'enfuient à toutes jambes dans les différentes directions; beaucoup d'hommes suivent leur exemple; l'assemblée se désagrége comme par enchantement.

Cependant les cavaliers se sont emparés des auteurs présumés de l'attentat. Ils les ramènent au camp, liés ensemble, les mains attachées derrière le dos. On les fait mettre à genoux en attendant qu'on décide de leur sort. Que faire de ces quatre malheureux? Il est certain que, dans leur posture actuelle, ils n'ont rien moins qu'une mine rassurante. Placés sous un soleil ardent, la tête nue et rasée, la face vultueuse, inondée de sueur, les yeux hors de l'orbite, les vêtements en désordre, tout en eux respire le dépit, la haine ou la rage, plutôt qu'un sentiment de repentir et de regret. Leur châtiment est entre les mains du ministre. Il n'a qu'à prononcer; sa sentence, quelle qu'elle soit, sera exécutée, ce n'est pas douteux. Mais M. Ordega, porté par nature à la commisération, ne demande qu'un prétexte pour se soustraire à un acte de sévérité. Ce prétexte ne tarde pas à s'offrir à lui.

L'alerte donnée, une douzaine de caïds chefs de tribu ou de personnages notables se sont empressés d'accourir au camp. Ils viennent répudier l'acte dont quelques individus seuls, disent-ils, se sont rendus coupables; ils assurent le ministre des intentions pacifiques de la population, et répondent, sur leur tête, que rien désormais ne serait tenté contre aucun de nous. Ils présentent leurs excuses les plus humbles, témoignent de leurs regrets les plus sincères, et finalement implorent la grâce des égarés, en immolant, suivant l'usage, un mouton sous nos yeux.

M. Ordega leur répond par le langage net et ferme qui convenait à la circonstance. Puis, reconnaissant qu'il n'y avait en réalité rien d'hostile contre nous dans les dispositions générales; que notre sécurité n'était ni compromise, ni menacée; que l'agression dont nos camarades avaient été l'objet n'était qu'un fait isolé, un accident comme il peut s'en produire partout, dans les foules, le ministre, cédant aux instantes supplications des chefs, leur accorde la grâce entière des coupables, qui sont aussitôt remis en liberté.

Quelle autre solution donner à cet incident regrettable? Il eût été difficile d'en trouver de plus sage. La tranquillité renaît aussitôt dans le camp; l'effarement de la population se dissipe; le marché reprend peu à peu sa physionomie normale; l'ordre est partout rétabli, et bientôt, sans crainte d'être molestés, nous pouvons à notre tour aller nous mêler à la foule des Arabes, où notre présence n'a d'autre effet que de provoquer une curiosité bien naturelle et bien légitime.

La soirée se passe dans le calme le plus parfait. L'événement du jour, n'ayant pas eu de conséquences fâcheuses, y ajoute même un charme particulier; et le lendemain matin, nous poursuivons notre marche comme à l'habitude, avec un épisode de plus à l'actif de notre voyage.

A partir d'El-Hocein, la route prend décidément un aspect agréable. C'est une série de collines boisées et de vallons riants. La population y est dense, les troupeaux nombreux, et de tous côtés se montrent au loin les dômes blancs des marabouts.

Ce qui donne une physionomie particulière au paysage, c'est la présence d'un arbre dont nous avons déjà vu la veille quelques spécimens, et que nous trouvons ici en production considérable. Cet arbre est l'arganier. Il est susceptible de tous les développements, depuis l'état de simple buisson épineux, jusqu'à celui d'arbre énorme, au tronc colossal, quoique encore bas et court, à la cime gigantesque et touffue. L'écorce de ses branches, comme celle des jeunes sujets, semble faite d'écailles régulières et rappelle la peau des grands reptiles. Pour la forme et la couleur, son fruit ressemble à une grosse olive, à un gros gland sans cupule. Ce fruit, ou noix d'argan, fournit une huile estimée, qui fait l'objet d'un important commerce d'exportation, dont la contrée tire une grande richesse.

Plus rare d'abord au début de la route où les genêts occupent encore d'assez grandes étendues, l'arganier couvre bientôt les collines, pour envahir ensuite tout l'espace que nous avons sous les yeux. Il constitue d'immenses forêts montagneuses dont nous avons à parcourir les gorges et franchir les défilés.

L'ombre des bois, quelques bouffées de vent frais qui nous arrivent par instants, annoncent l'approche de la mer et nous disent sûrement que nous avons quitté les parages brûlants de l'intérieur. Ces douces sensations raniment le courage. Poursuivrons-nous aujourd'hui jusqu'à Mogador? On se le demande, on se tâte; volontiers on le voudrait. Tout dépend cependant de la distance qu'il nous reste à parcourir. Les renseignements à ce sujet sont, comme toujours, des moins précis et des plus contradictoires; il en résulte toutefois qu'il s'agit encore de plusieurs heures de marche. Tout bien mesuré, nous ne nous sentons pas de force à fournir une si longue route, et, d'un commun accord, nous prenons la résolution de camper une dernière fois.

Un délicieux plateau nous offre un lieu propice. Il domine l'horizon du côté du couchant. La brise le caresse agréablement et nous apporte le sourd murmure de la mer. Il nous semble distinguer la ligne bleuâtre de ses eaux. Nous passerons là une tranquille et douce journée. Plus de soucis, plus de préoccupations! Demain, sans fatigue et sans effort, nous arriverons au terme du voyage. La rigueur de la saison nous l'a rendu pénible; des symptômes de maladie commencent à se manifester; il était temps de gagner des rives hospitalières.

Le *Desaix*, l'aviso chargé de nous ramener, est depuis quelques jours en rade de Mogador. Le commandant, prévenu la nuit dernière de notre prochaine arrivée, a autorisé deux de ses officiers à venir à notre rencontre. Ils sont doublement les bienvenus, car ils nous apportent des lettres de Tanger. Les nouvelles sont bonnes, mais notre désir de retour n'en est que plus vivement allumé. Enfoncés dans l'intérieur, on vit, en quelque sorte, dans l'ombre et dans la nuit; l'esprit se resserre, les souvenirs s'émoussent. A la longue, l'oubli et l'indifférence doivent étouffer tout autre sentiment. Nous n'avions pas absolument échappé à cette action déprimante du milieu et du climat. Mais le paysage nouveau, la température plus douce, le voisinage de la mer, les nouvelles reçues, la vue des officiers, ont vite raison de notre engourdissement passager. Tout aussitôt, l'esprit se dilate, la pensée s'éclaire, l'idée se manifeste, les sentiments s'éveillent; on se sent revivre à ces premières impressions, et l'on appelle de tous ses vœux le moment prochain qui doit nous rendre à nos chères habitudes et à nos douces affections.

La soirée se ressent de nos heureuses dispositions; nous nous abandonnons à une joie exubérante. Nos hôtes, les deux officiers de marine, ont dû être satisfaits de notre accueil, s'ils n'en ont pas été scandalisés. Pendant et après le dîner, où nous n'avions plus à ménager nos provisions, chacun s'évertue à fournir le meilleur de son cru pour égayer la société. On réédite tous les bons mots, toutes les calembredaines, toutes les farces qui nous avaient souvent amusés. Ce sont des monologues comiques, des histoires pouffantes, des strophes insensées, des chansons de tout genre; puis, à la demande générale, nous entendons une dernière fois le curieux morceau littéraire où tous les noms propres de la Grèce ancienne sont rapprochés avec un sens plaisant : « Je m'étais Borée d'Homère Encelade, peu s'en fallait que j'Eurotas... » Il y en a comme ça pendant un quart d'heure. Le morceau est fait avec esprit, drôle d'un bout à l'autre, sans trivialité. On rapporte qu'il a été composé par des officiers, lors de nos premières expéditions en Algérie. Le duc d'Aumale n'aurait pas dédaigné d'y apporter sa collaboration.

A ces joyeuses réunions il n'y a qu'un écueil, toujours le même. C'est que le temps passe vite, et qu'on oublie trop aisément l'heure de la retraite.

CHAPITRE V

Dernière journée de marche en caravane. — Brusque et saisissante apparition de Mogador. — Les dunes, la mer et la ville. — Marche à travers les sables. — Rencontre du pacha et de son escorte. — Exercices et fantasias. — Enthousiaste réception. — Généreuse hospitalité. — Description de Mogador. — Nos fonctionnaires à l'étranger.

Pour la dernière fois nous assistons à la levée du camp. Le plateau de Sidi-Zeid est bientôt débarrassé des tentes et de tout le matériel. Nous voilà décidément en route pour Mogador.

Une bande de brume, élevée au-dessus de la mer, nous en masque la vue, mais nous en sentons les fraîches émanations. L'arganier se montre de plus en plus rare. Des pins rabougris, des lentisques, des genêts et des palmiers nains poussent sur un sol rocailleux. Après deux heures de marche au milieu de cette maigre végétation, celle-ci disparait à son tour, étouffée sous des couches de sable.

Tout à coup, un escarpement se dresse devant nous et semble nous barrer le passage. Au prix d'un vigoureux élan, nos bêtes l'escaladent, et en un instant atteignent le sommet. C'est alors un saisissement, un cri général de surprise et d'admiration. A nos pieds, une mer de sable jaune et fin s'incline et se déroule à l'infini avec des ondulations de moire; au loin, bien au loin, l'Océan, la mer bleue, dont l'immensité va se perdre dans le ciel; un petit liséré d'écume serpente sur ses bords et en dessine les contours; entre l'azur de l'eau et les sables de la plage, comme un lys échoué, un point blanc, nacré, éblouissant sous les feux du soleil; c'est Mogador. A ses côtés, un étroit îlot, parallèle au rivage, marque d'une seule tache verte l'ensemble de ce clair et lumineux tableau.

Nous avions mis pied à terre. Longtemps nous restons absorbés dans la contemplation de ce spectacle saisissant et grandiose. Nous sommes éblouis, fascinés. Il faut tout un effort pour nous en arracher.

Ce que nous avions pris d'abord pour de molles et douces ondulations, sont de véritables montagnes de sable, ou, tout au moins, d'imposantes collines. Nous passons de la descente vertigineuse à l'escalade à pic. La ville disparaît et se montre tour à tour. Quelle marche pénible au travers de ces dunes! Les chevaux enfoncent jusqu'aux genoux; le sable, déplacé par le vent, nous aveugle; nous en avalons par gorgées; la route que nous traçons s'efface aussitôt derrière nous.

Masqué jusqu'ici par les accidents du terrain, un groupe de cavaliers et de fantassins sorti de la ville s'est porté à notre rencontre. Il nous apparaît tout à coup, dans un pli de la dune. C'est le pacha et sa nombreuse escorte. Les costumes blancs, les selles éclatantes et bariolées des cavaliers, leurs burnous bleus ou rouges, les armes étincelantes, tout cet ensemble ruisselant de couleur et de lumière, jailli subitement des profondeurs du sable, est d'un effet éblouissant.

A notre approche, le groupe s'arrête. Les hommes se rangent en ligne. Le pacha se détache, et, suivi de quelques chefs, se porte majestueusement au-devant du ministre. A ce moment, aperçus à travers une échancrure des collines, les minarets blancs de la ville se profilent sur le ciel bleu. La scène emprunte au site étrange où elle se produit un caractère particulier de grandeur et de solennité. On ne peut se défendre d'une émotion profonde et indéfinissable. La fibre patriotique en est excitée. N'est-ce pas au prestige de la France que nous devons cette touchante manifestation?

Avec cette nouvelle et brillante escorte, notre marche au milieu des sables est superbe. De la ville et des bateaux d'où l'on guette notre approche, le coup d'œil doit être splendide. De distance en distance, les fantassins s'arrêtent, font cercle autour de leurs chefs, et au commandement exécutent un feu de peloton. Le coup parti, ils se précipitent en avant, rechargent leur arme en courant, pour recommencer plus loin le même exercice. Quelques-uns sont munis de très-élégantes carabines, auxquelles en passant nous envoyons un regard d'envie.

Les collines de sable succèdent aux collines de sable, décroissant peu à peu de puissance et d'élévation. Le vent les effleure et les ride légèrement. Ce sont plutôt des pyramides irrégulières aux arêtes vives, que des mamelons arrondis; on voit glisser sur leur surface plane le petit nuage de poussière que la brise soulève et déplace.

Les dernières dunes sont enfin franchies. Nous abordons une grève immense, plate, unie, à peine inclinée vers la mer. Le sol a pris de la consistance. Les animaux n'enfoncent plus dans le sable. La ville se montre distinctement; les lignes de son enceinte, avec son élégante et régulière crénelure, se dessinent avec netteté; de nombreux pavillons flottent au-dessus des terrasses. A ce moment, un navire que nous avions déjà aperçu à l'horizon s'apprête à rentrer en rade; on voit la pointe de ses mâts défiler derrière les minarets. Coïncidence singulière : c'est l'aviso parti de Tanger, qui apporte la mission espagnole. Le canon qui nous accueille salue en même temps l'arrivée du bateau.

En effet, les bastions se sont mis en branle, et semblent ne compter ni ménager leurs coups. Le *Desaix,* à son tour, lâche ses bordées en notre honneur. Le malheureux bateau se signale entre tous dans le port par son balancement désordonné, présage du roulis qui nous attend bientôt.

En même temps, les cavaliers, profitant du terrain propice, se mettent en devoir d'exécuter leurs fantasias. Il faut à tout instant nous arrêter, pour admirer leurs jeux et voir passer leur course vertigineuse. Notre marche en est sensiblement ralentie. Nous avions déjà mis une heure et demie à descendre du sommet des dunes, qui d'ailleurs s'étendent à perte de vue, à droite et à gauche, le long du rivage.

Les abords de la ville sont couverts de soldats et de curieux. Les troupes font la haie pour nous ménager un passage. Le chancelier du consulat français, en tenue officielle, arrive au-devant de nous. Il est entouré de quelques Européens, fonctionnaires ou négociants, et suivi d'une nombreuse députation de Juifs, reconnaissables à leur costume sombre, à leur fichu de cotonnade bleue à pois blancs qui recouvre leur tête et encadre leur visage; ils n'ont pas voulu, cette fois encore, laisser échapper l'occasion de manifester en notre faveur.

A mesure que nous avançons, la foule se referme derrière nous. Notre suite grossit démesurément. L'enthousiasme est immense; les femmes, à notre passage, poussent leurs cris de joie bien connus. Deux fifres s'essoufflent vainement; nous entendons à peine leur son. Le bastion qui commande l'entrée continue à faire rage; nous en sommes étourdis. Les créneaux, les terrasses qui dominent, regorgent de monde; on se presse, on se bouscule; nous sommes débordés, envahis.

C'est au prix des plus grands efforts que nous parvenons à franchir la porte des remparts, pour en trouver aussitôt une seconde, où les mêmes difficultés de passage se représentent. Celle-ci débouche dans une large rue qui rappelle aussi bien l'Europe que le Maroc. Les maisons qui la bordent sont hautes et bien construites; on ne voit que balcons et miradorés, tout garnis de curieux. De belles Juives s'y montrent en brillantes toilettes. La plus petite ouverture est occupée, le plus étroit recoin d'où l'on peut lancer un regard est utilisé. Tout le monde est en mouvement; la ville entière est en fête.

Le cortége se dirige vers l'habitation du consul français. C'est là que le pacha prend congé du ministre. M. Ordega, avec son secrétaire de la Boulinière, et le commandant de Breuilhe, restent auprès de notre représentant, qui s'est réservé l'honneur de leur offrir l'hospitalité. De notre côté, nous sommes dirigés sur une autre maison de la ville où tout a été disposé, par ordre du gouverneur, pour une large et généreuse réception.

Les appartements mis à notre disposition sont frais et confortables, aménagés avec le plus grand luxe. La vue en fait du bien. Les pièces, au premier étage, donnent sur une galerie qui règne autour d'une cour carrée. La maison tout entière est à notre usage. Le proprétaire, qui l'a cédée pour la circonstance, veille de sa personne à ce que nos moindres désirs reçoivent satisfaction.

Une splendide table est dressée dans une spacieuse salle à manger. Nous n'avons qu'à y prendre place pour être servis. Des buffets sont garnis à profusion de tout ce que peuvent réclamer les plus impérieuses exigences de la soif. Il y en a pour tous les goûts. Les meilleurs crus de Bordeaux et de Bourgogne y sont représentés; le champagne y abonde à côté des vins de Ténériffe; on y voit la gamme entière des liqueurs connues, depuis la plus apéritive jusqu'à la plus digestive. Le service de la table n'est pas moins plantureux, ni moins recherché; c'est une abondance folle, une prodigalité insensée. A moitié repas, nous nous déclarons satisfaits et demandons grâce pour une demi-douzaine de plats qui restent encore à présenter.

Afin de nous faire dignement les honneurs jusqu'au bout, le café est servi dans une pièce voisine, un magnifique salon somptueusement meublé. Certains jugent ce déplacement inopportun et hésitent à l'opérer; bien assis sur leur siége, ils eussent mieux aimé n'avoir pas à le quitter. On argumente, on discute à ce sujet, et finalement on adopte cette sage motion : « qu'il faut se livrer sans réserve à l'enthousiasme des populations ». Nous nous y livrons.

Le café fume encore dans nos tasses que le maître de maison vient nous demander la faveur de nous présenter trois de ses nièces. Plus de protestations, cette fois. On introduit aussitôt nos visiteuses, trois jeunes Juives, charmantes et gentilles, que la curiosité entraîne sans doute, et qui certainement ont voulu avoir sur leurs amies le privilége de nous voir de plus près. Leur présence est pour nous une heureuse distraction. A l'aide de l'espagnol qu'elles possèdent parfaitement et que certains de nous savent assez bien, nous pouvons entretenir la conversation et nous procurer ainsi un passe-temps aussi agréable qu'inattendu. Les trois jeunes filles portent l'élégant costume des Juives marocaines, tout étincelant de soie et d'or. Espérons, dans l'intérêt des voyageurs de l'avenir, que le progrès de la civilisation ne viendra pas leur inspirer le goût des modes européennes, et que les Juives de Mogador sauront conserver, avec leur riche et gracieuse parure, toute leur attrayante originalité.

Il est possible que l'étranger qui débarque directement de Londres ou de Paris n'éprouve pas de la ville l'impression que nous en avons reçue. Pour nous, venus de l'intérieur, cette impression a été certainement des plus agréables. Avec son cachet bien oriental, Mogador, je l'ai déjà dit, présente encore quelques aspects d'une cité d'Europe. Ce n'est plus ce réseau inextricable de ruelles sombres et étroites que nous avions à Maroc; ce ne sont plus ces voies décharnées, sales et poudreuses, ni ces maisons de terre à l'aspect de vieilles ruines. Nous trouvons ici de véritables maisons, hautes, solides et bien bâties; des rues droites, régulières, assez bien pavées, suffisamment propres, souvent étroites sans doute, mais présentant parfois aussi un assez large developpement. Toutes ces rues se coupent symétriquement à angle droit, ce qui achève de donner à la ville un caractère moderne, et fournit l'indice de sa récente et rapide création.

Mogador, en arabe « Souïra » (petit rempart), ne remonte pas en effet au delà de la fin du siècle dernier. Le sultan Sidi-Mohammed, ne pouvant venir à bout des tribus du Sous, déjà à cette époque insoumises et belliqueuses, trouva un moyen ingénieux de les réduire ou du moins de rendre leur indépendance moins préjudiciable aux intérêts du trésor impérial. Le port d'Agadir, situé au sud de l'Atlas, et placé sur le territoire des rebelles, fournissait à ceux-ci les bénéfices et les ressources de son important commerce. Sidi-Mohammed résolut de leur arracher ces précieux avantages. Pour cela, il conçut le projet de créer un peu plus au nord, sur la côte, une ville nouvelle, destinée à combattre la prépondérance d'Agadir et bientôt même à la détrôner entièrement. De là l'origine de Mogador. La ville fut construite en dix années (1770), sur les plans d'un architecte français au service du Sultan. Le noyau de ses habitants fut constitué au moyen de fractions berbères, transportées d'Agadir et de ses environs par ordre du souverain.

Mogador a depuis longtemps éclipsé sa rivale. Elle possède aujourd'hui une population d'environ vingt mille âmes. Sa prospértié est grande, son commerce considérable, et c'est par son port, devenu un des plus importants du Maroc, que se fait la plus grande partie des échanges entre les produits du pays et les marchandises de l'étranger. Son importance ne nous avait pas échappé lorsqu'en 1844, à l'occasion de nos affaires d'Algérie, la flotte française fut envoyée devant Mogador, et la ville occupée après un simulacre de bombardement.

On jouit à Mogador d'un climat d'une douceur exceptionnelle. L'hiver y est inconnu, cela va sans dire, et les chaleurs de l'été s'y font à peine sentir. C'est le climat des îles sur un point de la côte d'Afrique; aussi l'a-t-on recommandé et vanté comme un séjour favorable aux phthisiques. Cette opinion me semble peu justifiée. La pureté de l'atmosphère est pour le moins aussi indispensable aux malades de cette sorte qu'une température douce et constante. Que trouveraient-ils ici, au contraire? Un air le plus souvent chargé de particules de sable que les vents continuels soulèvent et promènent de toute part.

Suivant la disposition habituelle des cités musulmanes, Mogador se divise en trois parties : la Médina, ville arabe proprement dite; le Mellah, quartier juif, et la Kasbah, comprenant la résidence du pacha ou gouverneur, et de plus ici des habitations occupées par les consuls et les résidents européens. Mais ces divisions n'y sont pas aussi nettement délimitées qu'elles le sont à Maroc par exemple. Il en est d'ailleurs ainsi dans la plupart des villes du littoral, où la présence de l'étranger a déjà fait sentir son influence civilisatrice.

Nous ne pouvons malheureusement juger par nous-mêmes de l'activité commerciale de la ville. Nous sommes au samedi, jour consacré au repos par les Israélites. La plupart des boutiques sont fermées, toutes les affaires importantes suspendues. Les rues si pleines d'animation à notre arrivée le matin, maintenant que nous les parcourons en visiteurs, sont à peu près désertes. Les places, les endroits habituels de réunion sont absolument vides. L'intérêt de notre promenade en est d'autant plus vite épuisé.

Devant la porte de notre habitation nous retrouvons l'orchestre de cinq musiciens que nous y avions découvert à la sortie. Accroupis en ligne sur un banc de pierre, immuables dans leur posture, avec une nonchalance souveraine, ils poursuivent, au son des fifres et des tambourins, leur interminable mélopée. Engagés pour la durée de notre séjour, ils ne failliront pas à leur devoir, et nous sommes assurés d'entendre encore leur sérénade bien avant dans la nuit.

Une circonstance m'a privé du plaisir de passer dans notre hospitalier logis la joyeuse soirée que, dès le déjeuner, nous nous étions promise. Un mot bien inattendu de notre consul, M. X..., m'apporte au dernier moment une invitation à dîner. C'est à l'instigation de M. Ordega qu'elle m'est adressée; impossible de m'y soustraire. Après avoir donné quelques instants au regret de me séparer de mes camarades, j'éprouve bientôt la très-réelle satisfaction de me trouver en charmante et parfaite compagnie, dans une famille honorable et distinguée.

Mogador n'offre à l'étranger et à l'Européen aucune espèce de distraction, et lorsqu'on est condamné à y fixer sa résidence, les seuls agréments qu'on puisse s'y procurer consistent dans le confortable et le bien-être de la vie intérieure. M. X..., marié à une femme intelligente et affable, n'avait rien à désirer sous ce rapport. Mais, souffreteux, maladif, à peine remis d'une attaque de rhumatisme, il s'était laissé envahir par la nostalgie et songeait sérieusement à quitter la carrière diplomatique. Madame X..., accablée elle-même par un deuil cruel et récent, la perte d'un enfant, encourageait de son mieux les dispositions de son mari, et envisageait déjà avec une visible satisfaction leur retour prochain à Paris. Il y avait chez eux tous les symptômes d'une défaillance morale très-accusée.

Sans avoir toujours des causes aussi réelles, cet état d'esprit est plus fréquent qu'on ne saurait le croire, parmi nos fonctionnaires expatriés. Condamnés à l'éloignement, à l'oubli, à l'abandon, dans des contrées à peine visitées; isolés au milieu d'une population dont ils ignorent le plus souvent la langue; trouvant à peine les ressources nécessaires à l'existence; menant une vie oisive, sans stimulant et sans but; privés de contact, d'appui et d'affection, on conçoit sans peine qu'ils arrivent bientôt à l'ennui, à la lassitude et au découragement. J'en ai constaté de nombreux exemples.

L'accueil que nous avons reçu de M. et madame X... ne s'est nullement ressenti de leur mélancolique disposition. Il n'a été ni moins gracieux, ni moins cordial, ni moins empressé. L'heure était déjà bien avancée, quand un maghazni du consulat, muni d'une énorme lanterne, m'a reconduit jusqu'à ma demeure, à travers les rues sombres de la ville.

CHAPITRE VI

Mogador regretté. — Dernière mouna. — Retour à bord du *Desaix*. — Un homme à la mer. — Le bateau espagnol *Tornado*. — Horrible traversée. — Le carré des officiers et la balle du prince Napoléon. — Arrivée de nuit en rade de Tanger. — Lumière électrique, salve de canon, feux d'artifice. — Débarquement.

Moins d'une journée passée à Mogador, c'était insuffisant. La ville valait mieux et méritait de nous retenir davantage A peine avions-nous eu le temps de la connaître, encore moins de la juger. De plus, un temps d'arrêt nous était bien dû pour réparer les fatigues de nos six journées de marche en caravane et nous préparer aux épreuves d'une assez longue traversée. Nous étions d'ailleurs si bien choyés, si bien traités, qu'aucun de nous n'eût protesté contre l'idée de faire un plus long séjour dans la cité hospitalière.

Mais notre ministre était dévoré par la fièvre du retour. Il demeura insensible à tous nos arguments et résolut de poursuivre, sans désemparer. Le départ fut ainsi décidé pour le lendemain dimanche. Encore devions-nous être prêts à nous rendre à bord dès cinq heures du matin. De sorte qu'aux courtes heures dont nous pouvions disposer pour notre agrément ou notre repos, il fallait emprunter le temps nécessaire pour arranger nos caisses, disposer nos petites affaires et mettre notre équipement de voyage en harmonie avec notre nouvelle destination.

N'ayant plus qu'à nous conformer à ces prescriptions, nous arrivons, au moyen d'un petit prélèvement opéré sur notre sommeil, à nous trouver en état de nous rendre à la mer à l'heure indiquée. La matinée est fraîche, l'air humide; notre corps, déshabitué au froid, en éprouve une impression désagréable. Avec cela, les embarcations chargées de nous prendre à terre se livrent, dès les premiers coups d'aviron, à des bonds désordonnés. Le port est agité par une forte houle; l'îlot qui le constitue le laisse ouvert à tous les vents; nous sommes trempés par les embruns, et nous abordons le *Desaix,* grelottants, déprimés, affadis, exactement dans les conditions voulues pour donner prise facile aux atteintes du mal de mer.

Tandis que nous renouvelons connaissance avec les officiers du bord, les hommes achèvent d'embarquer nos bagages. Parmi les chalands qui vont et viennent de terre à bord, l'un d'eux nous arrive tout chargé de victuailles. C'est encore une mouna, dernier acte de générosité du pacha de Mogador, dernière dîme, et non la moins importante, prélevée sur la population. Il s'agit encore de hisser sur le pont tout ce chargement, qui comprend, au milieu d'innombrables produits de toute sorte, un bœuf vivant et un véritable troupeau de moutons.

Le commandant donne le signal du départ. Il est sept heures et demie. Des saluts de pavillon sont échangés avec les navires qui restent au port; la ville nous envoie ses salves d'adieu, auxquelles répondent les canons du *Desaix.* Les matelots complètent leur arrimage; ils relèvent les chaînes, mettent en ordre les caisses, dégagent le pont, font de l'ordre et de la propreté. C'est le remue-ménage habituel des bateaux qui démarrent.

A peine l'aviso est-il lancé à sa vitesse normale, qu'un cri se répand de l'avant à l'arrière : « *Un homme à la mer!* » Au premier signal d'alarme, un matelot préposé à cet office a coupé d'un coup de hache la corde qui retient une bouée de sauvetage toujours suspendue à bâbord et en arrière, en dehors du navire. La bouée est ainsi faite, qu'en plongeant dans l'eau, une fusée s'enflamme, de façon à pouvoir, la nuit surtout, signaler sa présence au naufragé. L'homme à la mer est celui qui devait accrocher et fixer l'ancre. Il est donc tombé tout à fait à l'avant. Le navire doit lui passer sur le corps, et la quille sans doute le broyer. Il y a un moment d'angoisse. Mais bientôt, du milieu des remous de l'hélice s'échappe un nageur intrépide, aussi tranquille dans l'eau que s'il prenait un bain hygiénique. Il vient d'apercevoir la bouée, et sans hâte et sans trouble se dirige à sa rencontre.

Cependant le *Desaix* continue sa marche à peine ralentie. Il n'est pas possible de stopper. Des courants très-forts risqueraient de nous entraîner sur les récifs. Il faut abandonner le malheureux à ses seules ressources. Le pavillon est mis en berne, et l'accident signalé au port. Un navire espagnol, le *Tornado*, le même qui avait apporté la mission, détache aussitôt un de ses canots. Nous en pouvons suivre les mouvements; mais nous avons perdu de vue notre homme, dont nous nous sommes sensiblement éloignés.

La marche du *Desaix*, de plus en plus ralentie, permet enfin de virer de bord, et nous retournons vers Mogador. Dès notre entrée au port, un officier espagnol vient nous accoster; il rapporte la bouée et annonce que l'homme a été sauvé. Une embarcation française est aussitôt armée. Le docteur et un lieutenant de vaisseau, tous deux en grande tenue officielle, y prennent place. Ils vont apporter des remerciments au commandant du *Tornado* et ramener à notre bord l'infortuné matelot.

Deux heures s'écoulent ainsi en manœuvres et en démarches, avant que nous puissions reprendre la mer; deux heures perdues, que le mécanicien principal se propose heureusement de nous faire regagner. Très-drôle et très-amusant le mécanicien Féraud, avec ses vives et spirituelles reparties, lancées avec cet inimitable accent de la Cannebière, dont il a gardé les plus pures traditions!

Dès que nous avons franchi la passe, nous filons en effet de douze à treize nœuds. Cette marche rapide est pour les officiers l'occasion de nous fournir une explication nouvelle des secousses insensées que nous subissons. Le bateau roule à tout rompre, nous ne tenons pas debout, tout craque et semble prêt à se briser; la mer est terrible et furieuse, c'est du moins notre avis. Eh bien! non! pour ces messieurs, tout cela est l'effet de la vitesse. Il y a bien un peu de houle, mais ils n'insistent pas. La houle, comme explication, est usée depuis le dernier voyage; c'est la vitesse. Quoi qu'il en soit, houle, vitesse ou gros temps, le fait est que nous sommes tous affreusement démontés, et pour le moment peu sensibles aux consolations qu'on nous prodigue.

La journée est horrible, la nuit ne l'est pas moins, et, après avoir dansé une sarabande folle dans nos couchettes suspendues, nous ne sommes pas plus avancés le lendemain. Le navire roule, roule encore, et nous avec lui. Impossible de se tenir à table pour ceux qui ont encore l'énergie de s'y rendre. A force de chevillettes, passées dans les trous dont la table est percée et dont on forme une palissade circulaire, on réussit à fixer les verres, plats et assiettes; mais couteaux et fourchettes, rebelles par leur forme à ce moyen contentif, voltigent de droite à gauche et vont se promener, partout ailleurs que là où leur besoin se ferait sentir. Les chaises elles-mêmes sur lesquelles nous sommes assis se dérobent au-dessous de nous, sous le choc d'une *lame sourde,* et nous laissent tout confus dans des postures absolument ridicules. Le commandant Gadaud s'efforce de son mieux à relever notre moral, mais lui-même n'est pas entièrement à l'aise. Il reconnait que nous sommes secoués d'une façon exceptionnelle; il ose affirmer que la navigation serait impossible, si l'on devait être toujours soumis à ce balancement insupportable. On a beau résister au mal de mer, on n'est pas moins à la longue énervé et épuisé par les exercices continuels auxquels il faut se livrer, pour se maintenir en équilibre.

Nous faisons peu d'honneur à la table, pourtant bien appétissante et bien servie. A peine pouvons-nous toucher à tous les bons cordiaux que le commandant nous signale comme un excellent *fixatif.* Va pour le fixatif. Le mot est bon et nous amuse, mais il ne contient qu'une promesse décevante. Nous continuons à n'être pas *fixés* du tout.

A midi de notre seconde journée de navigation, le point relevé n'indique plus qu'une distance de quatre-vingt-dix-neuf milles jusqu'à Tanger. A raison de douze milles à l'heure, la délivrance est prochaine; nous coucherons à terre cette nuit. Cette perspective réconforte d'autant mieux que nous sommes déjà un peu aguerris. La promenade sur le pont devient possible; nous reprenons intérêt à ce qui se passe sous nos yeux ; nous allons causer et nous instruire avec l'officier de quart ; nous faisons des expériences avec le loch électrique, mécanisme ingénieux, mais trop peu régulier dans son fonctionnement, pour être d'une pratique usuelle. Aussi le temps passe, le but se rapproche, et nous entrevoyons déjà les côtes d'Afrique lorsque la nuit nous gagne.

Après le dîner, nous sommes tous invités à nous réunir au *carré*, où un thé d'adieu nous est offert par MM. les officiers. Nous trouvons là jeunesse, esprit, cordialité, entrain, tout ce qui donne du charme et de l'attrait à une réunion. Mais pour en bien jouir, il faut être plus cuirassés que nous ne le sommes encore, accoutumés, de plus longue date, à vivre dans ces espaces étroits et confinés. Les vapeurs du punch, les senteurs du thé et du champagne, la chaleur des lampes, la fumée de nombreux cigares en perpétuelle combustion, rendent l'atmosphère de ce petit réduit peu supportable à nos estomacs toujours affadis. Pour dissiper notre malaise et desserrer nos tempes, nous devons à chaque instant grimper sur le pont, aller humer un peu d'air pur et frais. Grâce à ce manége, nous arrivons à faire assez bonne contenance.

Dans le *carré*, fixée à l'une des parois, se voit une petite plaque de cuivre, avec cette date gravée : 3 *octobre* 1865. La plaque cache un trou de balle ; elle est donc destinée à rappeler quelque tragique événement accompli en ce lieu même.

Le *Desaix*, je l'ai rappelé, est l'ancien yacht *Jérôme Napoléon*. Le prince Napoléon, en cours de voyage, vint un jour visiter le *carré*. Il se tenait debout parmi les officiers et s'entretenait avec eux, quand un coup de feu retentit. Le coup était tiré dans la direction du prince, mais la balle, sans l'atteindre, alla se loger dans la paroi. On ne peut affirmer s'il y avait eu attentat ou imprudence. Toujours est-il que le lieutenant de vaisseau qui en était l'auteur disparut des cadres de la marine. Son nom n'a pas été conservé à bord. Voilà ce qu'on a pu répondre à notre curiosité, justement mise en éveil par la laconique inscription de la plaque.

Cependant un petit branle-bas au-dessus de notre tête nous signale l'approche du port. Nous remontons prendre des postes d'observation, tandis que les officiers se rendent à leur poste de devoir. L'un d'eux, sur la dunette, met en action des feux électriques. Leurs faisceaux lumineux, projetés sur la côte, l'éclairent comme le jour. Nous doublons le cap Spartel, et nous distinguons, dans leurs moindres détails, les rochers qui supportent son phare. Nous voyons ainsi défiler successivement les collines qui du côté africain limitent le détroit de Gibraltar. Bientôt enfin le *Desaix,* ralentissant sa marche, entre en rade de Tanger, où il jette l'ancre vers dix heures du soir.

La ville est plongée dans l'ombre et sans doute le sommeil. La rade elle-même est calme comme un lac. Ainsi que

> Dans Venise la Rouge,
> Pas un bateau qui bouge,
> Pas un pêcheur dans l'eau,
> Pas un falot.

Rien que la nuit, le silence et l'immobilité. On est bien averti de notre prochaine arrivée; mais n'ayant pu transmettre l'indication précise de notre départ de Mogador, il n'y a pas de raison pour qu'on nous attende à cette heure tardive.

Il ne saurait être question de débarquer encore. Il nous faut subir au préalable la visite du corps sanitaire, qui seul peut nous donner l'autorisation de descendre à terre. C'est une formalité inévitable qui promet d'être particulièrement longue dans la circonstance, et qui, pour sûr, semble déjà cruelle à notre impatience. Il s'agit donc de signaler au plus tôt notre présence et de réveiller la ville endormie.

Pendant que les feux électriques fouillent les rues et inondent de leur brillant clair de lune les terrasses étagées des maisons et les blancs minarets, à bord, le canon gronde et tonne au milieu d'un vrai feu d'artifice de fusées et de flammes de Bengale. C'est pendant quelques minutes un bombardement continu, un embrasement général. Enfin un falot s'agite sur la plage dans le voisinage de la porte principale. Nous sommes compris et sans doute reconnus. Les chaloupes du *Desaix* sont aussitôt armées ; nous nous y précipitons, et sans plus attendre la *santé*, nous poussons hardiment vers le rivage.

La petite jetée du port est déjà couverte de tous ceux qu'intéresse notre retour. Nous y éprouvons la suprême joie d'être reçus, après une longue absence, dans les bras de ceux qui nous sont chers.

FIN.

TABLE DES MATIÈRES.

AVANT-PROPOS. VII
EMPIRE DU MAROC. Aperçu général. 1

LIVRE PREMIER.

TANGER.

But de la mission. — Le détroit de Gibraltar. — Scènes de débarquement à Tanger. — Types maures. — Aspect de la ville. — Échoppes et marchands. — Quelques croquis notés au passage. — Café chantant et fumeurs de kief. — Attractions de Tanger. 5

LIVRE II.

DE TANGER A MAZAGAN.

CHAPITRE PREMIER. — Impressions de départ. — État social du Maroc. — L'ancien yacht *Jérôme Napoléon*. — Armement de l'aviso de guerre *le Desaix* : canons; nouveau modèle de torpilles. — Installation à bord. — En vue de Mazagan. — Difficultés de débarquement. — Entrée au port. — Réception solennelle. . 15

CHAPITRE II. — Une première visite au camp. — Le caïd, chef d'escorte. — La mouna ou tribut en nature. — La mission au complet. — Aspect de Mazagan. — La police dans les rues. — Visite officielle au gouverneur. — Un ultimatum posé. . . 26

LIVRE III.

DE MAZAGAN A MAROC.

CHAPITRE PREMIER. — Suite de l'ultimatum; le pacha s'exécute. — Levée du camp. — Ordre de marche. — Tribu d'El-Fhas. — Goum de la tribu. — Fantasia arabe. — Le caïd sous la tente. — La koubba de Sidi-Brahim. 35

CHAPITRE II. — Une première nuit sous la tente. — Voyage en litière. — Les puits des Ouled-Zied. — Visite du village. — Enclos ou douars. — Tente arabe. — École de garçons. — Une femme reconnaissante. — Feu de joie au camp. 45

CHAPITRE III. — Brillante fantasia. — Une chasse au faucon. — Mendiants lépreux. — Important marché de Sidi-ben-Nour. — Délicats procédés du caïd à notre égard. — Puritanisme marocain. 53

CHAPITRE IV. — Coup d'œil de la caravane dans les gorges. — Cavaliers grands seigneurs. — Apparences de gisements métalliques. — Femmes vêtues de noir. — Pays de la soif. — Entretien muet avec le chef d'escorte. — Camp de Smira. . . . 63

CHAPITRE V. — Montagnes et plateau de Guentour. — Une bande de convoyeurs. — Petit Sahara. — Les phénomènes de mirage. — Illusions sans cesse renaissantes. — Citerne de Saharidj. 73

CHAPITRE VI. — Du meilleur mode de locomotion. — La chaîne du Djébilat. — Rencontre de notre mission militaire, en permanence au Maroc; impression réciproque. — Plaine de Maroc. — Minarets de la ville — Campement dans une forêt de palmiers. 79

LIVRE IV.

SÉJOUR A LA VILLE DE MAROC.

CHAPITRE PREMIER. — Entrée solennelle à Maroc. — Pont sur l'Oued-Tensift. — Personnages de la cour venus à notre rencontre. —

La garnison sous les armes. — Cavalerie; infanterie; musique militaire. — Bataillon exercé par des instructeurs anglais. — Imposante manifestation. — Enceinte fortifiée de la ville. — Arrivée au palais de la Mahmounia. 87

Chapitre II. — Le palais de la Mahmounia — Pavillon principal. — Pavillon attribué au ministre. — Pavillon des sultanes. — Jardins et leur disposition. — Petit campement. 95

Chapitre III. — Aperçu général de la ville. — La Medina. — Rues couvertes. — Ksaria. — Places et marchés. — Quartiers non commerçants. — Costume de la population. — Son attitude à notre égard. — Mellah, ou quartier juif. — Casbah, résidence officielle. 101

Chapitre IV. — Nos commerçants au Maroc. — Une dame française de passage. — Visite du grand vizir. — Entretien avec M. Ordega. — Préliminaires de la réception officielle accordée par le Sultan. — Modification réclamée dans le cérémonial. — Négociations difficiles. 112

Chapitre V. — Audience solennelle accordée par le Sultan. — Promenade dans les jardins réservés. 120

Chapitre VI. — Cadeaux offerts au Sultan et aux principaux personnages de la cour. — Mode de correspondance. — Courrier dévalisé et blessé; enquête et jugement. — Enfants demandant grâce pour un père prisonnier. — Mouton égorgé à la porte du palais. — Intervention du ministre français. — Grâce accordée par le Sultan. 130

Chapitre VII. — Distribution de notre temps. — Bons et mauvais côtés de notre existence matérielle. — Une ressource imprévue. — Mœurs arabes révélées. — Le chef de la mission militaire. — L'après-midi et nos promenades en ville. — Achat de divers objets. — Luttes et compétitions. 139

Chapitre VIII. — Soldat d'escorte blessé à la ksaria. — Exemple de rare énergie. — Peintre et photographe molestés par la population. — Rixe au marché. — Explication de ces divers incidents. — Arrivée d'une mission anglaise. — Accueil qu'elle reçoit du ministre de France. — La *Marseillaise* au palais de la Mahmounia. 149

Chapitre IX. — Audiences privées du Sultan. — Cérémonial des réceptions. — Si-Sliman et les événements militaires de la frontière algérienne. — Indemnités réclamées pour incursions sur notre territoire. — Chemin de fer trans-saharien. — Réclamations de négociants français. — Physionomie du Sultan et de ses délégués. 160

Chapitre X. — Une après-midi dans un intérieur arabe. — L'habitation. — L'hôte et les convives. — Le thé. — Les parfums. — Le repas servi par terre. — Les mets et la boisson. — Procédés primitifs. — Chants. — Coutumes bizarres. — Effets de digestion. 172

Chapitre XI. — Particularités de la ville. — La Koutoubia, principale mosquée. — Pratiques religieuses. — Amusements sur la place. — Charmeur de serpents et convulsionnaire. — Casernes et soldats. — Armée marocaine. — Prisons et prisonniers. — Léproserie 182

Chapitre XII. — Fête donnée par le Sultan dans son palais de Saridj-Menarah. — Déjeuner chez le grand vizir. — Diner chez le Caïd-el-Méchouar 195

Chapitre XIII. — Marché aux esclaves. — Enchères publiques. — Divers types de femmes vendues. — Examen des acheteurs. — Fonction des esclaves. — Trafic entretenu par la corruption des mœurs. — Les femmes au Maroc. — La femme du riche et celle de l'artisan. — Conditions d'infériorité de l'une et de l'autre. — Mariage. — Divorce. 206

Chapitre XIV. — Condition des Juifs. — Visite au mellah. — Un intérieur juif. — Fête donnée en notre honneur. — Femmes juives. — Le Maroc et les puissances étrangères. — Les Juifs au point de vue politique. — Cadeaux offerts par le Sultan aux divers membres de la mission. 218

LIVRE V.

DE MAROC A MOGADOR ET TANGER.

CHAPITRE PREMIER. — Départ de Maroc. — Sortie de la ville. — Raisons de toute absence de solennité. — Nouvelle route pour Mogador, imaginée par les officiers de la mission. — Hésitations du chef d'escorte. — Une halte sous les oliviers. — Amusante aventure. — Trois Français et trois femmes marocaines. — Échange de politesses. — Entretien désagréablement interrompu. 231

CHAPITRE II. — Disposition habituelle du camp. — Organisation et emploi du temps. — Cultures et désert. — Oasis et village de Frouga. — Absence de l'oranger dans les campagnes; causes de sa proscription à peu près générale au Maroc. — Manoir fortifié du caïd de Medjat; son utilité et son importance. 243

CHAPITRE III. — Encore le pays de la soif. — Frais vallon et sources de Raz-el-Aïn. — Un bain dans le torrent. — Grande erreur d'appréciation sur les distances. — Citerne dans le désert. — Jeune gazelle au camp. — Méthode employée pour relever le tracé de la route. — Marches forcées. 254

CHAPITRE IV. — Le marabout de Si-Abdallah. — Grande affluence d'Arabes à l'occasion de la fête du saint. — Membres de la mission lapidés par la foule. — Arrestation des coupables. — Fin de l'incident. — L'arganier et ses forêts. — Approches de la mer. Deux officiers du *Desaix* venus à notre rencontre. 264

CHAPITRE V. — Dernière journée de marche en caravane. — Brusque et saisissante apparition de Mogador. — Les dunes, la mer et la ville. — Marche à travers les sables. — Rencontre du pacha et de son escorte. — Exercices et fantasias. — Enthousiaste réception. — Généreuse hospitalité. — Description de Mogador. — Nos fonctionnaires à l'étranger. 274

Chapitre VI. — Mogador regretté. — Dernière mouna. — Retour à bord du *Desaix*. — Un homme à la mer. — Le bateau espagnol le *Tornado*. — Horrible traversée. — Le carré des officiers et la balle du prince Napoléon. — Arrivée de nuit en rade de Tanger. — Lumière électrique, salves de canon, feux d'artifice. — Débarquement. 285

FIN DE LA TABLE DES MATIÈRES.

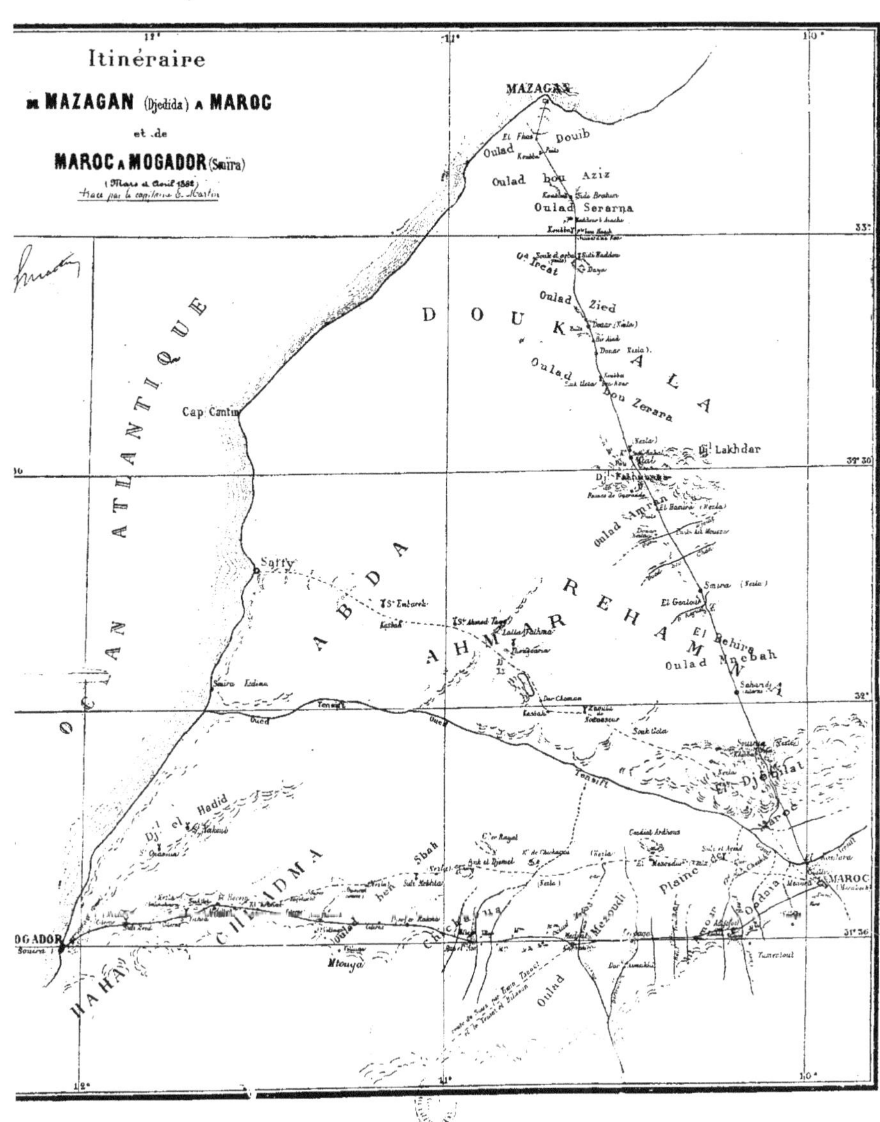
Itinéraire
DE MAZAGAN (Djedida) A MAROC
et de
MAROC A MOGADOR (Saïra)
(Mars et Avril 1882)
tracé par le capitaine E. Martin
12°
11°
10°
33°
32° 30
32°
31° 30
MAZAGAN
Douib
Oulad
Oulad bou Aziz
Oulad Serarna
Oulad Zied
D O U K A L A
Oulad bou Zerara
Cap Cantin
Dj.l Lakhdar
Oulad Amran
Saffy
O C É A N A T L A N T I Q U E
A B D A
A H M A R
R E H A M N A
El Behira
Oulad Mnebah
Oued Tensift
El Djebilat
MAROC
Dj.l el Hadid
C H I A D M A
Oulad
Chichaoua
Plaine de
Mezouda
MOGADOR
H A H A
Mtouga

PARIS
TYPOGRAPHIE DE E. PLON, NOURRIT ET Cie
Rue Garancière, 8.

www.ingramcontent.com/pod-product-compliance
Ingram Content Group UK Ltd.
Pitfield, Milton Keynes, MK11 3LW, UK
UKHW020600230726
13926UKWH00005B/2127